Brigitte Chevalier
Effektiver lernen

Brigitte Chevalier

Effektiver lernen

Die eigenen Fähigkeiten erkennen
Textverständnis und
Lesekapazität erhöhen
Nutzen aus einer Vorlesung ziehen
Arbeitsorganisation
Schriftliche Arbeiten
und mündliche Prüfungen bewältigen

Eichborn.

Brigitte Chevalier ist Dozentin für Kommunikationswissenschaften
an der Université de Paris VIII.

4 5 6   04 03 02

© Éditions Nathan, Paris, 1992
Titel der Originalausgaben:
Lecture et prise de notes
Préparer un examen

© für die deutsche Ausgabe:
Eichborn AG, Frankfurt am Main, Mai 1999
Umschlaggestaltung: Christina Hucke
Lektorat: Barbara Rumpf, München
Aus dem Französischen übersetzt: Ortrud Krömer, Püttlingen
ISBN 3-8218-1566-3

Verlagsverzeichnis schickt gern:
Eichborn Verlag, Kaiserstraße 66, 60329 Frankfurt
www.eichborn.de

Vorwort

Dieses Buch verfolgt das Ziel, all denen, die studieren, effiziente Arbeitsmethoden zu vermitteln, insbesondere in den Bereichen des gezielten Lesens, des Notizenmachens, der Arbeitsplanung und der Prüfungsvorbereitungen. Zahlreiche Untersuchungen, die in verschiedenen Ländern durchgeführt wurden, zeigen deutlich, daß der Erfolg an der Universität unmittelbar von den angewandten Arbeitsmethoden abhängt: Die Studenten mit den besten Ergebnissen sind die, die verschiedenartige, effiziente Techniken einsetzen.

Welchen Weg schlägt dieses Buch vor?

Eine allgemeingültige Zauberformel für die richtige »Denkarbeit«, die für jeden paßt, gibt es nicht. Das Herausfinden der richtigen Methode beginnt mit der Selbsterkenntnis. Daher schlägt dieses Buch folgende Vorgehensweise vor: Bevor Sie Informationen über das Gedächtnis, das Zuhören, den Aufbau eines Textes etc. erhalten, bevor das Buch Ihnen zeigt, wie Sie die vorgeschlagenen Methoden anwenden, führt es Sie im *Baustein Einführung* zur Entdeckung Ihrer »Gehirnverwaltung«, zu der Erkenntnis, wie Ihr Gehirn eigentlich funktioniert. Dadurch werden Sie in die Lage versetzt, Ihre intellektuellen Fähigkeiten optimal auszunutzen – unverzichtbare Voraussetzung, um Ihr Studium zu einem guten Ende zu bringen und darüber hinaus auch in Ihrem zukünftigen Berufsleben erfolgreich zu sein.

Aus dem Wunsch, den individuellen Besonderheiten und Veranlagungen der Lernenden Rechnung zu tragen, bietet das Buch einen zweifachen Zugang: einerseits über Wörter und andererseits über bildliche Darstellungen. Wenn Sie mit Hilfe des Tests auf Seite 13 Ihren bevorzugten Lernstil herausgefunden haben, können Sie jedes Kapitel auf die Art angehen, die Ihnen am besten entspricht: entweder durch Lesen des Textes oder durch Lesen der Schemata, die sich jeweils am Ende eines Kapitels befinden. Anschließend können Sie auch die umgekehrte

Reihenfolge probieren. Durch dieses Vorgehen testen Sie nicht nur neue Arbeits-
strategien, sondern das Wissen wird gleichzeitig gefestigt und die Gesamtheit Ihres
Gehirns genutzt.

Was werden Sie in diesem Buch finden?

- einen Test, mit dem Sie Ihre bevorzugte Gehirnhälfte herausfinden können;
- Informationen über die verschiedenen Fähigkeiten, die entwickelt werden sollen;
- methodologische Wegweiser;
- eine Palette von Übungen mit Lösungsvorschlägen.

Ich wünsche Ihnen mit diesem Handbuch viel Erfolg!

Brigitte Chevalier

Inhalt

Baustein Einführung

Wer sich selbst besser kennt, kann leichter studieren 13

Test: Welche Gehirnhälfte dominiert bei Ihnen? 13

1. Bleibt das Gehirn eine »Black box«? 15

2. Was versteht man unter Reptilienhirn, limbischem Hirn, Kortex? 16

3. Haben die linke und die rechte Gehirnhälfte wirklich
   unterschiedliche Funktionen? 18

4. Welche praktischen Konsequenzen kann man aus
   den neuen Erkenntnissen der Hirnforschung ziehen? 20

   Trainingsaufgaben 25

   Der Baustein als Schema 28

Baustein 1

Die Lesefähigkeit erhöhen 30

1. Lesen – ein Geheimnis? 30

   Fragebogen: Ihre Einstellung zum Lesen 30

   Trainingsaufgaben 33

2. Lesen mit »einer Länge Vorsprung« 39

   Trainingsaufgaben 41

3. Das genaue visuelle Erfassen 42

   Trainingsaufgaben 44

4. Das Gesichtsfeld 46

   Trainingsaufgaben 50

5. Das Auge auf Beweglichkeit trainieren 54
   Trainingsaufgaben 56

6. Die Lesegeschwindigkeit steigern 57
   Der Baustein als Schema 63

Baustein 2
Die Techniken des selektiven Lesens 65
1. Analyse 65
   Trainingsaufgaben 68

2. Das Wichtigste herausfiltern 69
   Trainingsaufgaben 69
   Trainingsaufgaben 74

3. Lokalisieren 76
   Trainingsaufgaben 79
   Der Baustein als Schema 86

Baustein 3
Lernerfolg beim Lesen 89
   Fragebogen: Ihre Vorstellungen vom Notizenmachen 89
1. Vertieftes Lesen 90
   Trainingsaufgaben 97

2. Notizen machen 98
   Trainingsaufgaben 119
   Der Baustein als Schema 121

Baustein 4
Sich etwas einprägen 123
   Trainingsaufgaben 124
1. Wie bereitet man sich auf das Lernen vor? 125

2. Wie begreife ich die Information? 129

3. Wie kanalisiert man die Information? 131

4. Wie kann man abspeichern: Die Phase des Lernens 132

5. Wie behalte ich? Die Phasen der Reaktivierung 138

6. Wie findet man das wieder, was man gelernt hat? – Das Erinnern 140

7. Die mnemotechnischen Vorgehensweisen 141
    Trainingsaufgaben 143
    Mind-Map 145

Baustein 5
Den größten Nutzen aus einer Vorlesung ziehen 146
1. Hören ist nicht gleich hören 146

2. Wie kann man sein Zuhören verbessern 147

3. Vor der Vorlesung 149

4. Die Vorlesung 150

5. Nach der Vorlesung 152
    Trainingsaufgaben 154
    Mind-Map 160

Baustein 6
Die eigene Arbeit organisieren 161
1. Planung für ein Jahr oder ein Semester 161

2. Wochenplanung 162

3. Programm für einen vorlesungsfreien Tag 162

4. Eine schwierige Aufgabe – sich an die Arbeit zu setzen 164

5. Die Jagd nach »verlorener« Zeit 165

6. Gruppenarbeit 166

7. Fit sein 167
    Trainingsaufgaben 168
    Mind-Map 170

Baustein 7
Die Prüfung 171
1. Seine Zeit einteilen 172

2. Das Thema analysieren 172

3. Seine Kenntnisse aktivieren 178
    Trainingsaufgaben 181
    Zusammenfassendes Schema: Die Prüfung 184

Baustein 8
Gliedern, strukturieren 185
1. Die unterschiedlichen Gliederungsarten 185

2. Für welche Gliederung soll ich mich entscheiden? 193
    Trainingsaufgaben 195
    Schema: Wahl der Gliederung abhängig von der Anweisung 205

Baustein 9
Der Arbeit eine Form geben 206
1. Die Technik der Einleitung 206

2. Die Technik der Absatzgliederung 208

3. Die Technik des Schlußworts 213

4. Ein Spezialfall: Die mündliche Prüfung 214
    Trainingsaufgaben 215
    Schema: Anatomie eines Textes 222

Anhang
Lösungen zu den Aufgaben der einzelnen Bausteine 223

Nachwort 246

Quellen 247

Baustein Einführung
Wer sich selbst besser kennt,
kann leichter studieren

Sie befinden sich mitten im Studium. Daher beginnt das folgende Kapitel, das die Grundlage dieses Buches darstellt, mit einem Test, der es Ihnen ermöglicht, *Ihre spezielle Art und Weise zu denken herauszufinden*. Wenn Sie dann die Funktionsweise des Gehirns kennengelernt haben, werden Sie in der Lage sein, Ihre *Fähigkeiten besser auszuschöpfen* und dadurch zum Erfolg Ihres Studiums beizutragen.

Test: Welche Gehirnhälfte dominiert bei Ihnen?

Kreisen Sie Ihre Antwort ein oder notieren Sie sie: a oder b?

1. Wenn Sie jemanden nach dem Weg fragen, ist es Ihnen lieber,
   a. daß derjenige Ihnen einen Plan macht
   b. daß derjenige Ihnen den Weg erklärt (z. B. »2. links« usw.)?

2. Wenn Sie jemanden kennengelernt haben, erinnern Sie sich eher an
   a. sein Gesicht
   b. seinen Namen?

3. Denken Sie an ein Ereignis, das Sie beeindruckt hat. Was ist Ihnen auf Anhieb in den Sinn gekommen?
   a. Orte, Personen
   b. Sie haben Worte wiedergehört, die klangliche Umgebung erinnert.

4. Wenn Sie einen Aufsatz/Referat vorbereiten, wie gehen Sie bei der Sammlung von Ideen vor?

   a. Sie lassen die Ideen einfach kommen, ungeordnet

   b. Sie erforschen systematisch alle möglichen Wege.

5. Wenn Sie im Kopf 54 + 17 ausrechnen, liegt es Ihnen eher,

   a. sich die Zahlen im Kopf so vorzustellen, als wenn Sie die Rechenoperation schriftlich durchführen würden

   b. die Zahlen (laut oder leise) vor sich hin zu sprechen: »4+7= 11, 1 im Sinn« usw.?

6. Was bevorzugen Sie?

   a. Geisteswissenschaften

   b. Naturwissenschaften?

7. Was bevorzugen Sie?

   a. Geographie

   b. Geschichte?

8. Liegt Ihnen in Mathematik mehr

   a. die Geometrie

   b. die Algebra?

9. Wenn Sie die Rechtschreibung eines Wortes lernen (in Deutsch oder in einer Fremdsprache),

   a. fotografieren Sie sie geistig

   b. buchstabieren Sie oder sprechen Sie das Wort aus (laut oder leise)?

10. Wenn Sie verreisen,

    a. fahren Sie eher aufs Geratewohl drauflos

    b. bereiten Sie einen minutiösen Fahrplan vor?

11. Im Kino setzen Sie sich eher

    a. leicht links zur Leinwand

    b. leicht rechts zur Leinwand?

Auswertung des Tests

Rechnen Sie die **a**-Antworten und die **b**-Antworten zusammen. Wenn die **a**-Antworten überwiegen, ist Ihr Gehirn von der rechten Gehirnhälfte beherrscht (vgl. S. 224), wenn die **b**-Antworten überwiegen, ist es die linke Gehirnhälfte. Diese Tendenz ist mehr oder weniger stark ausgeprägt je nach der Anzahl der **a**- und **b**-Antworten. Im Verlauf des ganzen Buches finden Sie immer wieder Hinweise, die es Ihnen ermöglichen, die Lernmethode auf Ihre Persönlichkeit abzustimmen. Sie werden lernen, Ihre bevorzugte Gehirnhälfte voll zu nutzen und auch der anderen zur Entfaltung zu verhelfen.

Die eher »Rechtshirnig«-Orientierten können sich von Anfang an an die Mind-Maps am Ende einiger Kapitel halten. Wir werden noch sehen, welche Bedeutung das für sie hat.

1. Bleibt das Gehirn eine »Black box«?

Über lange Zeit waren die Möglichkeiten, das Gehirn zu verstehen, sehr eingeschränkt: Auf der einen Seite untersuchten Biologen und Mediziner durch Sezieren des Gehirns seinen stofflichen Aufbau, auf der anderen Seite die Psychologen den geistigen Aspekt, niemand konnte jedoch in das Innere der »Black box« vordringen.

Erst Ende des 19. Jahrhunderts wurden die verschiedenen Zonen des Gehirns entdeckt. 1865 stellte Paul Broca fest – er operierte verletzte Personen –, daß Verletzungen an der rechten Gehirnhälfte fast immer Sprachschädigungen hervorriefen, während Verletzungen an der linken Gehirnhälfte Schwierigkeiten bei der räumlichen Orientierung nach sich zogen. So war die These geboren, daß die beiden Gehirnhälften nicht die gleichen Funktionen hatten.

Die neue Disziplin der Neuropsychologie bildet die Verbindung zwischen der Neurologie, die sich um die lebende Materie kümmert, und der Psychologie, der Geisteswissenschaft.

Seit 1970 hat die Hirnforschung einen spektakulären Sprung nach vorn gemacht: Innerhalb von etwas mehr als 20 Jahren haben wir über die Funktionen des Gehirns mehr gelernt als in den 2 000 Jahren davor.

Die Einführung neuer Techniken ermöglichte es, die einzelnen Zonen des Gehirns in ihrer Aktivität zu beobachten: In der »Black box« ist es hell geworden. Der Beitrag der Neuro-Wissenschaften zur Grundlagenforschung der geistigen Arbeit ist nicht hoch genug einzuschätzen und wir werden viele der Anwendungsbereiche kennenlernen.

2. Was versteht man unter Reptilienhirn, limbischem Hirn, Kortex?

Im Lauf der Entwicklung des Menschen sind nach Paul D. MacLean drei Gehirnarten entstanden. Das älteste Hirn ist das **Reptilienhirn.** Hierbei handelt es sich um das Hirn der niederen Wirbeltiere (Fische, Echsen), dessen Grundfunktion darin besteht, das *Überleben* des Einzelwesens und der Art zu sichern. Es steuert die Grundbedürfnisse (Hunger, Durst, Schlaf, Sexualtrieb) und den Instinkt zur Verteidigung (Flucht, Kampf) und reagiert nur auf Stimulus und Respons (Reiz und Reaktion). Es ist nicht lernfähig.

Alle instinktiven Handlungen gehen auf das Reptilienhirn zurück: Daumenlutschen, Nasenbohren, Nägelkauen, den Arm zum Schutz heben. Auch in manchen Gewohnheiten, wie z. B. sich immer auf denselben Platz setzen, sein Gebiet markieren mit persönlichen Dingen (Auto, Büro), findet man dieses Gehirn wieder.

Das **limbische Hirn** (vom lat. Limbus = Rand), manchmal auch als limbisches System bezeichnet, umschließt das Reptilienhirn. Es ist so groß wie ein kleiner Apfel und ist das Gehirn, das dem der Säugetiere wie Kühe, Affen, Delphine am nächsten ist. Hier ist das *Gefühlsleben* angesiedelt, und da es allzu leicht von Gefühlen beeinflußt wird, kann es sich der Logik gänzlich verschließen. Wenn Sie weiß vor Angst, rotwangig vor Freude oder rot vor Wut sind, ist Ihr limbisches System aktiv.

Seine wichtigste Funktion ist, Informationen über empfundene Gefühle zu filtern. Taucht eine neue Information auf, vergleicht es diese mit den bereits gespeicherten Informationen: Wenn dieser Vergleich angenehme Erinnerungen weckt, gibt es die Information an den Kortex weiter, der dann wiederum die beste Entscheidung für eine Reaktion trifft. Sie haben z. B. ein Referat gemacht, für das Ihnen Anerkennung und Lob ausgesprochen wurde, danach sind Sie gerne bereit, eine ähnliche Arbeit erneut anzufertigen.

16

Hat der Vergleich dagegen negative Erinnerungen aufleben lassen, geht das limbische System in Verteidigungsstellung und kann sogar das Passieren der Information verhindern. Dem Kortex bleibt so unter Umständen die Information vorenthalten.

Wenn der Vergleich kein besonderes Gefühl auslöst, läßt das limbische System die Information passieren, aktiviert den Kortex jedoch nicht eigens, beispielsweise bei Situationen des täglichen Lebens.

Dieses Hirn ist uns in dem Maße nützlich, als es unser psychisches und physisches Gleichgewicht aufrechterhält. Es reagiert nach fertigen Schemata. Standardisiertes Verhalten ist zwar oft notwendig, schränkt aber auch sehr ein. Wenn also die standardisierte Reaktion immer bevorzugt wird, handelt das Individuum immer auf die gleiche Weise; es kann sich so nicht weiterentwickeln und Neues entdecken.

»Gebranntes Kind scheut das Feuer«, dieses Sprichwort entspricht genau der Funktionsweise des limbischen Systems.

Der **Kortex,** auch Großhirnrinde genannt, hat sich als letzter Teil entwickelt und unterscheidet uns von den übrigen Säugetieren. Von Größe und Funktion her ist er das wichtigste Hirn. Ihm verdanken wir, daß wir sprechen, analysieren, kombinieren, argumentieren, erfinden, Strategien verfolgen und Entscheidungen treffen können (und nicht nur stereotyp reagieren).

Im Gegensatz zu den beiden vorher genannten Gehirnarten ermöglicht es der Kortex, in einer bestimmten Situation individuell und frei von Stereotypen zu reagieren. Er ist in der Lage, sich weiterzuentwickeln, Irrtümer zu korrigieren, sich anzupassen und Fortschritte zu machen.

Die drei Stufen des Gehirns sind nicht getrennt voneinander, sondern übereinandergelagert.

3. Haben die linke und die rechte Gehirnhälfte wirklich unterschiedliche Funktionen?

Das Gehirn ist, ähnlich einer Walnuß, in zwei Teile unterteilt, die beide – wie zahlreiche Untersuchungen z.b. von Prof. R.W. Sperry, Kalifornien, gezeigt haben – ihre Eigenarten haben.

Einige Studien sind vorsichtiger bei der räumlichen Zuordnung der Gehirnfunktionen, was aber für unsere Betrachtung keine Rolle spielt. In jedem Menschen sind Fähigkeiten vorhanden, die der rechten oder der linken Gehirnhälfte zugeordnet werden können. Unser Anliegen ist es, aus den vorhandenen Ressourcen den besten Nutzen zu ziehen.

Die **linke Gehirnhälfte**, auch linke Hemisphäre genannt, ist der Sitz der Sprache. Sie ermöglicht es uns, eine Person zu beschreiben, ein Ding bei seinem Namen zu nennen oder eine Situation mit Worten zu beschreiben.

Sie ist der Bereich der Analyse, des linearen Vorgehens, Schritt für Schritt. Um die Informationen zu verstehen, prüft diese Gehirnhälfte genau eine nach der anderen, sie geht schrittweise vor, wodurch die Zeit für sie zu einem wichtigen Faktor wird.

Sie ist auch der Sitz der Logik, des klaren Denkens. Die linke Gehirnhälfte stützt sich auf Fakten, die sie analysiert, bevor sie ihre Schlüsse zieht: Sie leitet ab.

Dadurch fühlt sich die linke Gehirnhälfte sehr wohl in naturwissenschaftlichen Gebieten, in denen Sprache und Logik wichtig sind (Mathematik, Physik usw.).

Die **rechte Gehirnhälfte**, auch rechte Hemisphäre genannt, ist die Heimat der Bilder, des Raumes. Die Worte sind für sie von geringerer Bedeutung und sie zieht eine schöne Skizze einer langen Erklärung vor.

Sie ist der Bereich der Synthese, der umfassenden Gesamtschau. Während die linke Seite die einzelnen Teile trennt, kombiniert die rechte die Elemente miteinander, um ein Ganzes zu schaffen. Die Art, wie sie erfaßt, ist global. Statt der Unterschiede betrachtet sie die Gemeinsamkeiten, die Verbindungen, die Assoziationen und baut daraus Strukturen.

Die linke Gehirnhälfte ist logisch und macht eine Sache nach der anderen, die rechte Gehirnhälfte dagegen reagiert analog und bearbeitet mehrere Informationen gleichzeitig; sie ist der Bereich der Intuition, der Kreativität, der Phantasie und der Emotion.

Daher zieht die rechte Gehirnhälfte die geisteswissenschaftlichen und künstlerischen Gebiete wie Literatur und Kunst den Naturwissenschaften vor.

Die linke Körperhälfte des Menschen wird von der rechten Gehirnhälfte dominiert und die rechte von der linken Hemisphäre. Beim Sehen schickt jedes Auge die Information an beide Hemisphären. Die linke Hälfte des Gesichtsfeldes wird normalerweise von der rechten Hemisphäre gesehen, die rechte von der linken. Die folgende Tabelle zeigt, wie die rechte und linke Gehirnhälfte arbeiten.

Linke Gehirnhälfte (oder linke Hemisphäre)	Rechte Gehirnhälfte (oder rechte Hemisphäre)
auditiv	visuell
analytisch	zusammenfassend
rational	intuitiv
logisch	analog
linear	global
zeitlich	räumlich
schrittweise	gleichzeitig
ist empfänglich für Unterschiede	ist empfänglich für Ähnliches

Spezialisierung ist nicht gleichbedeutend mit Trennung. Der »Balken«, der die Hirnhälften miteinander verbindet, erlaubt ihnen zu kommunizieren. Immer wenn eine Aktion erfolgreich ist, haben die beiden zusammengearbeitet. Beide, rechte und linke Hälfte, sind notwendig, um effektiv zu denken.

Generell ist bei jedem Individuum eine Hälfte dominant: rechts oder links. Diese Dominanz kann sowohl angeboren als auch durch Erfahrung und Umwelt bedingt sein (Bildung, Lernen). Die psychologischen Unterschiede zwischen Individuen lassen sich großenteils durch die Art der Hirnfunktionen erklären, aber jeder Mensch verfügt über beide Arten, eine Information zu verarbeiten; sie sind unterschiedlich, ergänzen sich jedoch:
– die lineare, analytische Art, die mit Worten arbeitet und
– die globale, räumliche Art, die mit Bildern und Strukturen arbeitet.

Allerdings muß man mit beiden Hemisphären arbeiten, d.h. sie anregen, um sie zu ihrer vollen Funktionsfähigkeit zu bringen. Beim Lernen folgt die Information einem bestimmten Verlauf der Neuronen, der Zellen des Gehirns. Damit sich dieser Verlauf einprägt – eine Struktur wird geschaffen –, sind Wiederholungen notwendig. Die am häufigsten benutzten Wege stabilisieren sich, die anderen verschwinden wieder. Darin liegt eine Gefahr.

Wenn etwa durch Vorliebe oder Notwendigkeit in einer bestimmten Situation das linke Gehirn und nicht das rechte benutzt wurde, neigen wir aus Sicherheitsgründen dazu, in ähnlichen Situationen wieder das linke anzusprechen (das limbische System natürlich). Und wenn es dann an dem nötigen Reiz fehlt, wird die rechte Hälfte einen Teil ihrer Fähigkeiten einbüßen. Wie ein Feld, das nicht bestellt wird, wieder zu Brachland wird, wird der erlernte Weg wieder verwischt.

Das Schulsystem fördert insbesondere den linearen und analytischen Ansatz. Die wissenschaftlichen Disziplinen werden wichtiger genommen als literarische, die künstlerischen Fächer hintangestellt. Dadurch wird die linke Gehirnhälfte viel häufiger aktiviert, während die rechte vor sich hin schlummert. Wenn es dann aber einmal darum geht, eine Zusammenfassung zu machen, Ideen für eine Dissertation zu sammeln, oder ganz allgemein dann, wenn die rechte Hälfte gefordert ist, wird es schwierig.

4. Welche praktischen Konsequenzen kann man aus den neuen Erkenntnissen der Hirnforschung ziehen?

Diese Frage werden wir im Verlauf der einzelnen Kapitel und der Themen, die sie behandeln, beantworten. Jetzt wollen wir zunächst die generellen Konsequenzen für die Art, wie Sie studieren sollten, beleuchten.

Glauben Sie an Ihre Fähigkeiten

Die Auswirkung der geistigen Einstellung auf das Lernen ist immens.

Sie sind jetzt besser in der Lage, den ablaufenden Prozeß zu begreifen und haben gesehen, daß das limbische System nur das passieren läßt, was ihm genehm ist.

Es hat sich die Spuren früher erlebter Situationen eingeprägt, und wenn sich eine neue Situation ergibt, vergleicht es.* Wenn der Saldo positiv ist, schickt es die Informationen an den Kortex, der dann tätig wird: Alle intellektuellen Kräfte sammeln sich, um den Vorgang zum Abschluß zu bringen. Wenn der Saldo negativ ist, wird das Programm verzögert oder gar verhindert.

Um diese unseligen Mechanismen auszuschalten und sie durch positivere zu ersetzen, gibt es ein Mittel: die Herausforderung annehmen, einen ersten Erfolg auf einem Gebiet erzielen, mit dem Sie Schwierigkeiten haben. Wie können Sie das erreichen? Nehmen wir ein Beispiel.

Sie haben Angst davor, in der Vorlesung, im Seminar etwas mündlich darzulegen? Üben Sie schrittweise, das Wort zu ergreifen. Informieren Sie sich über ein Thema, von dem Ihre Umgebung nur wenig weiß, das Sie jedoch gerne besser kennenlernen möchten (warum z. B. nicht das Funktionieren des Gehirns?). Irgendwann bei Tisch sprechen Sie das Thema mit ein paar Sätzen an. Bestimmt wird man Ihnen interessiert zuhören, wodurch Ihr limbisches System beruhigt wird. Zu einem späteren Zeitpunkt, z. B. bei Freunden, sprechen Sie etwas länger über dieses Thema; antworten Sie auf die Fragen, die dabei sicher auftauchen. Nach und nach wird es Ihnen gelingen, ohne Angst vor einem immer größeren Publikum zu sprechen, Sie werden Ihre Angst besiegt haben; wenn die Blockierung erst einmal behoben ist, ist der Weg frei.

Stellen Sie sich einmal den kleinen Jungen vor, dessen Eltern ihm immer wieder gesagt haben, daß er ungeschickt sei und daß er den Krug zerbrechen werde. Und er hat ihn tatsächlich zerbrochen ... Denken Sie an jenen Schüler, der davon überzeugt war, eine Niete in Mathematik zu sein; er ist es auch geworden, denn er hat nicht einmal mehr versucht, auch nur ein bißchen zu verstehen. Die negativen Prophezeihungen erfüllen sich, aber, keine Angst, die positiven Prophezeihungen verwirklichen sich noch leichter.

Da ein Erfolg einen anderen nach sich zieht, gönnen Sie sich Erfolge, auch wenn es nur kleine sind. Um das zu erreichen, setzen Sie sich nahe, erreichbare Ziele. Oft beginnen wir, unsere Fähigkeiten in Frage zu stellen, nur weil wir am Anfang zu ehrgeizig waren. Wenn Ihr Aufnahmevermögen (vgl. S. 127) bei zwanzig Minuten durchschnittlich liegt, setzen Sie sich als Ziel, nach einigen Übungen fünfundzwanzig Minuten zu erreichen und nicht etwa vierzig.

---

* H. Laborit in seinem Werk Les Comportements (Das Verhalten), Masson, 1979, spricht von B.I.S., Behaviour Inhiting System oder hemmendem Verhaltenssystem.

Entwerfen Sie einen Aktionsplan

Das limbische System hat nicht nur Angst vor Streß, sondern auch vor allem Unbekannten. Wenn es vor einer großen Aufgabe steht und keinen Bezugspunkt hat, mißfällt ihm das total. Stellen Sie daher ein klares Programm auf mit genau festgelegten Terminen. Dieser Vertrag, den Sie mit sich selbst abschließen, wird Ihnen Sicherheit geben, allerdings nur, wenn er nicht zu ehrgeizig ist.

Fördern Sie Ihre Motivation

Der Lernerfolg hängt zum großen Teil von der Motivation ab. Die Motivation kann nur aus einem Gefühl der Freude oder wenigstens der gespannten Erwartung dessen, was man lernt, erwachsen. Bei Gebieten, die Sie mögen, ist das kein Problem. Aber was machen Sie mit den anderen? Versuchen Sie, die Bedeutung dieses Gebietes für Ihr Studium herauszufinden. Da Sie es nicht streichen können, finden Sie seine positiven Aspekte heraus: Wie kann es mir nützlich sein? Was kann es mir bringen? Es ist äußerst wichtig, sich an sein Ziel zu erinnern, dessen Verfolgung einem auch in einem solchen Fall weiterhilft. Das Ziel kann natürlich der Beruf sein, den Sie am Ende Ihrer Studien ausüben wollen. Aber wenn Sie sich noch nicht genau entschieden haben, wird Ihr Ziel eben das Bestehen der Prüfung sein oder auch Ihre persönliche Bereicherung.

Wenn Sie Zweifel an Ihrem Studium haben, wenden Sie sich an einen Studienberater, an eine Lehrkraft, ackern Sie alle Informationsblätter durch. Ein Abschluß Ihres Studiums bietet Ihnen mehr und vielfältigere Möglichkeiten, als Sie denken. Lassen Sie sich nicht von Pessimisten entmutigen.

Denken Sie immer daran, daß ein Ziel zu erreichen, auch wenn es nur ein kleines ist, sehr stark motiviert.

Übrigens vergessen Sie nicht, sich immer wieder auf die gemachten Fortschritte zu stützen. Es gibt nämlich eine MOTIVATION in Großbuchstaben, aber auch viele, viele kleine Motivationen. Wenn man ein Ziel erreicht, und sei es auch nur ein kleines, unwichtiges, so gibt das der Motivation neuen Schwung, um die nächste Etappe zu erreichen.

Nutzen Sie die Komplexität Ihres Gehirns

Gehen Sie von Ihrer bevorzugten Seite aus. Zu Beginn dieses Bausteins haben Sie einen Test gemacht, aus dem Sie Ihre bevorzugte Gehirnhälfte erkennen konnten: entweder rechts oder links. Es ist wichtig, Ihre stärkere Seite zu kennen, um vorrangig die bevorzugte Seite in Gang zu setzen, wenn Sie z.b. auf einen neuen Begriff stoßen, insbesondere wenn Ihnen dieser Begriff schwierig erscheint.

Wenn Sie die **linke** Seite bevorzugen, brauchen Sie, um eine Information aufzunehmen, Worte. Wenn Sie also etwas Geschriebenes haben, beschreiben Sie es, kommentieren Sie es.

Einprägen und Erinnern von Informationen geschehen auditiv durch geistiges Wiederaufsagen des Inhaltes z.b. einer Vorlesung.

So sollten Sie, bevor Sie versuchen, ein Problem zu lösen oder einen Lehrsatz zu verstehen, ihn erst einmal beschreiben und darüber sprechen.

Wenn Ihre Stärke eher die **rechte** Seite ist, brauchen Sie eine bildliche Darstellung der Informationen, um zu verstehen und zu behalten. Zeichnungen, Schaubilder, Skizzen oder Karten sind Ihnen eine beachtliche Hilfe. Ebenso sind für Sie die räumliche Anordnung des Textes, seine Typographie, die Farben von vorrangiger Bedeutung. Einprägen und Erinnern von Informationen geschehen durch bildliches Sich-Vorstellen, durch Voraugenführen von Inhalten. Verwandeln Sie daher immer die Informationen in eine Form, die visuell erfaßt werden kann.

Sie können auch zu Metaphern greifen, zu geistigen Bildern oder zu Vergleichen:»Das sieht aus wie ...«, »das erinnert mich an ...«. Zum Beispiel:»Lernen ist wie ein Fernsehapparat: Er kann das Programm auf mehreren Kanälen empfangen, bevorzugt wird jedoch meist einer.«

Sie verstehen jetzt, warum ich einen zweifachen Einstieg in dieses Buch gewählt habe: die Sprache der Wörter für die von der linken, eher auditiven Gehirnhälfte dominierten Personen, die Sprache der Bilder für die von der rechten, eher visuellen Gehirnhälfte gesteuerten Menschen.

Um einen komplexen Sachverhalt zu erfassen, ist es wichtig, die dominante Hirnhälfte zu aktivieren. Ebenso wichtig ist es aber auch, die in den Hintergrund getretene Hemisphäre systematisch zu trainieren.

Es wurde bewiesen, daß die Wege, eine Information zu erfassen, um so zahlreicher sind, je solider der Erwerb von Wissen erfolgte. In dem Moment des Erinnerns verfügen Sie über mehrere Möglichkeiten, die Information wiederzufinden:

Einmal ist es ein Bild, das Ihnen plötzlich ins Auge springt, ein anderes Mal ein Wort oder ein Satz.

Wie dem auch sei, wenn man beide Gehirnhälften einsetzt, wird man neue Wege entdecken, neue Möglichkeiten und so sein intellektuelles Potential voll ausschöpfen und sich entfalten können.

Wie kann man das Gehirn in seiner Gesamtheit einsetzen?

Nehmen wir zum Beispiel das Nacharbeiten eines Kurses/einer Vorlesung. Denken Sie daran, abwechselnd im Geiste mit Worten und mit Bildern zu wiederholen im steten Wechsel zwischen rechter und linker Gehirnhälfte. Sie haben ein Schaubild vorliegen, Sie sehen es an und fassen es dann in Worte: Kommentieren Sie es, schreiben Sie einen kurzen Satz, der den Inhalt zusammenfaßt.

Sie haben einen Text vor sich? Wenn Sie ihn gelesen haben, setzen Sie ihn nun in ein Schaubild um, visualisieren Sie ihn. Wenn Sie ein neues Wort entdecken (in Ihrer Muttersprache oder in einer Fremdsprache), schließen Sie die Augen und lassen Sie es vor Ihrem inneren Auge wieder auftauchen, buchstabieren Sie es und sprechen Sie es aus.

Im täglichen Leben mobilisieren Sie gleichzeitig die rechte und linke Gehirnhälfte:

Ist Ihr Leben organisiert, planen Sie? Behalten Sie diese Eigenschaften bei, aber lassen Sie von Zeit zu Zeit Ihrer Phantasie freien Lauf, lassen Sie Ihre Intuition zu Wort kommen, gehen Sie aufs Geratewohl los, machen Sie etwas Ungewöhnliches.

Sie sind erfinderisch, kreativ? Behalten Sie auch diese Eigenschaften bei, aber stellen Sie auch einmal einen Arbeitsplan auf, ordnen Sie Ihre Papiere, schreiben Sie, statt zu telefonieren.

▨ Zusammenfassung
Denken Sie daran ...
– Die linke Hemisphäre ermöglicht Verstehen und Behalten durch den auditiven Sinn. Die Informationen werden mit Hilfe von Worten verwaltet.
– Die rechte Hemisphäre ermöglicht Verstehen und Behalten durch das Sehen: Die Informationen werden visuell verwaltet.
– Schonen Sie sich: Nach jedem Lesen für Ihr Studium legen Sie eine Zeit des geistigen, auditiven oder visuellen Wiederholens ein.

– Benutzen Sie die linke und die rechte Hemisphäre: Sie werden Ihre Chancen des Verstehens und Behaltens vervielfachen.
– Je mehr man lernt, um so mehr kann man lernen. Das Phänomen ist kumulativ und exponentiell. Seine Wirkung entfaltet sich und dehnt sich weiter aus. Im Gegensatz dazu verliert ein Gehirn, das nicht beansprucht wird, nach und nach seine Fähigkeiten.
– Das limbische Gehirn registriert und vergleicht: Mißerfolg zieht Mißerfolg nach sich, ein Erfolg bringt einen weiteren mit sich.
– Lernen kann nur durch Wiederholung und praktische Anwendung erfolgen.

Trainingsaufgaben

Ziel: Die Ausführungen dieses Kapitels verinnerlichen, um sich besser kennenzulernen.

Übung 1

Falsch oder richtig? Kreuzen Sie an oder schreiben Sie Ihre Antwort auf.

	falsch	richtig
1. Der Kortex ist das jüngste Gehirn	☐	☐
2. Das limbische Hirn kann das Denken blockieren	☐	☐
3. Seinen Namen in einen Baum schnitzen, ist Ausdruck des Kortex	☐	☐
4. Das limbische Gehirn kann ein Hemmschuh beim Aneignen neuer Methoden sein	☐	☐
5. Lampenfieber kann dank des Kortex überwunden werden	☐	☐
6. Wenn Sie durch die rosarote Brille schauen, mischt der Kortex mit	☐	☐
7. Reflexe werden durch das Reptilienhirn gelenkt	☐	☐
8. Dem Kortex verdanken wir, daß wir sprechen	☐	☐

Zahl der richtigen Antworten: ....

Übung 2

In welcher Gehirnhälfte sind die nachfolgenden zwölf Begriffe angesiedelt?
Kreuzen Sie das Ihrer Antwort entsprechende Kästchen an.

linke/rechte
Gehirnhälfte

1. geordnet		
2. intuitiv		
3. die charakteristischen Merkmale unterscheiden		
4. die Information neutral aufnehmen		
5. ästhetisches Empfinden		
6. genau		
7. Gefühle empfangen		
8. auditiv		
9. Schritt für Schritt vorgehen		
10. visuell		
11. methodisch		
12. deduktiv		

Zahl der richtigen Antworten: ....

Übung 3

Suchen Sie möglichst viele Metaphern.

1. Wenn das Reptilienhirn ein Ding wäre, wäre es ....
2. Wenn das Reptilienhirn eine Person wäre, wäre es ....
3. Wenn das limbische Hirn ein Ding wäre, wäre es ....
4. Wenn das limbische Hirn ein Tier wäre, wäre es ....
5. Wenn das limbische Hirn eine Person wäre, wäre es ....
6. Wenn die linke Gehirnhälfte ein Ding wäre, wäre sie ....
7. Wenn die linke Gehirnhälfte ein Beruf wäre, wäre sie ....

8. Wenn die linke Gehirnhälfte ein bekannter Detektiv wäre, wäre sie ....
9. Wenn die rechte Gehirnhälfte ein Ding wäre, wäre sie ....
10. Wenn die rechte Gehirnhälfte ein Beruf wäre, wäre sie ....
11. Wenn die rechte Gehirnhälfte ein bekannter Detektiv wäre, wäre sie ....

Übung 4

Bitten Sie jemanden, Ihnen zwanzig einzelne Wörter vorzulesen. Schreiben Sie die auf, die Sie behalten haben.

Lesen Sie selbst zwanzig andere Wörter. Schreiben Sie wiederum auf, welche Sie behalten haben. Wenn die Anzahl im ersten Fall größer ist, sind Sie zweifellos ein auditiver Typ (linke Gehirnhälfte); wenn die Anzahl im zweiten Fall größer ist, sind Sie eher ein visueller Typ (rechte Gehirnhälfte). Stimmt das mit dem überein, was Sie anfangs im Test festgestellt haben?

Der Baustein als Schema

Schema 1: Das limbische Gehirn

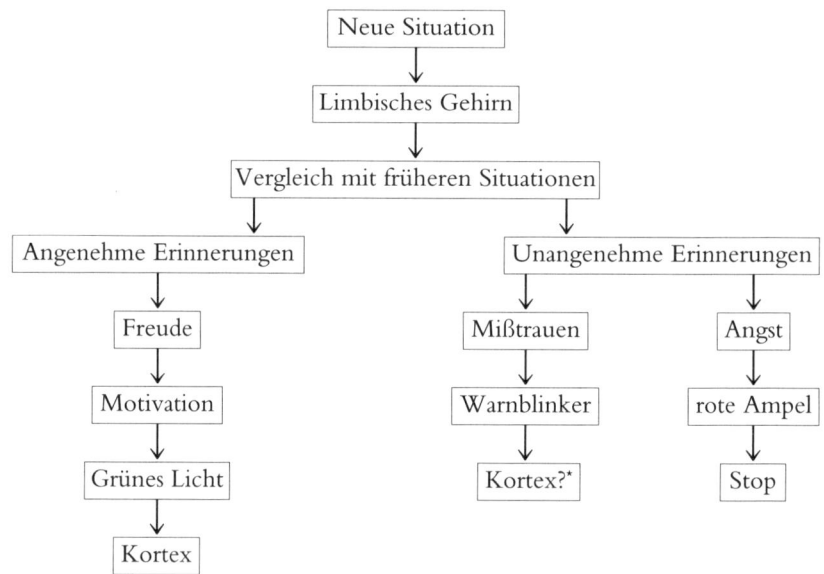

Schema 2: Die Bedingungen des Erfolges

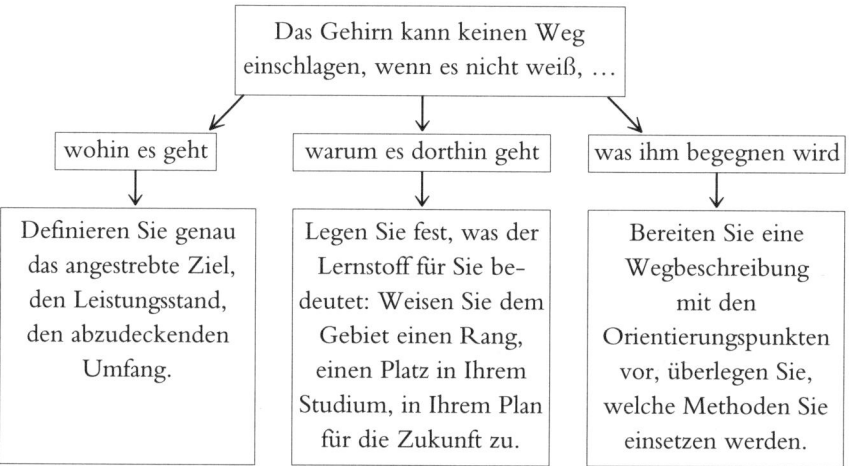

Das Gehirn kann keinen Weg
einschlagen, wenn es nicht weiß, …

wohin es geht	warum es dorthin geht	was ihm begegnen wird
Definieren Sie genau das angestrebte Ziel, den Leistungsstand, den abzudeckenden Umfang.	Legen Sie fest, was der Lernstoff für Sie bedeutet: Weisen Sie dem Gebiet einen Rang, einen Platz in Ihrem Studium, in Ihrem Plan für die Zukunft zu.	Bereiten Sie eine Wegbeschreibung mit den Orientierungspunkten vor, überlegen Sie, welche Methoden Sie einsetzen werden.

Schema 3: Linke Gehirnhälfte, rechte Gehirnhälfte

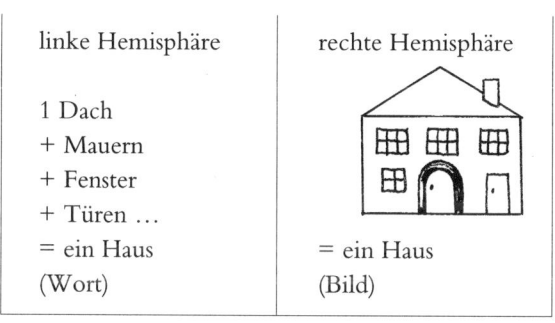

linke Hemisphäre   rechte Hemisphäre

1 Dach
+ Mauern
+ Fenster
+ Türen …
= ein Haus   = ein Haus
(Wort)   (Bild)

Baustein 1
Die Lesefähigkeit erhöhen

Das Lesen ist ein zentraler Bestandteil geistiger Arbeit, es beeinflußt den Erfolg des Studiums. An verschiedenen Universitäten hat man festgestellt, daß Studenten, die bei den Prüfungen am Ende des Grundstudiums durchfielen, das Lesen weniger gut beherrschten, als diejenigen, die die Prüfungen bestanden hatten.

Aktives, dynamisches und schnelles Lesen – in einem Wort »leistungsstarkes« Lesen – zu erreichen, ist das Ziel dieses Bausteins, der Ihnen folgendes Vorgehen anbietet:

– Ihre Vorstellungen über das Lesen ermitteln;
– mit Hilfe eines Testes Ihre aktuelle Lesegeschwindigkeit, Ihr Leseverstehen und Ihren Leseerfolg ermitteln;
– die Prozesse erkennen, die beim Akt des Lesens ablaufen;
– verschiedene Techniken erlernen, die es ermöglichen, kontrolliertes und bewußtes Lesen zu beherrschen (Vorausschau, visuelle Genauigkeit und Gewandtheit, Schnelligkeit).

1. Lesen – ein Geheimnis?
Fragebogen: Ihre Einstellung zum Lesen

Was denken Sie über die folgenden Behauptungen?

Kreuzen Sie das Ihrer Antwort entsprechende Kästchen an (vermeiden Sie dabei möglichst »weiß nicht«). Am Ende des Bausteins kommen Sie wieder zu diesem Fragebogen zurück. Wir werden sehen, ob Sie dann noch derselben Meinung sind.

richtig/falsch/weiß nicht

1. Man soll immer ein Wort nach dem anderen lesen.			
2. Wenn man schnell liest, kann man nicht erfassen, was man liest.			
3. Wenn man schnell liest, behält man schlechter.			
4. Jeder hat seine eigene durchschnittliche Lesegeschwindigkeit, an die er sich halten muß.			
5. Man darf niemals Abschnitte oder Seiten überspringen.			
6. Wenn man ein Lehrwerk oder ein Skript liest, ist es am besten, mit dem ersten Wort anzufangen.			
7. Wenn man ein Wort nicht versteht, muß man sofort zum Wörterbuch greifen.			
8. Beim Lesen zurückzublättern ist eine gute Technik, den Text zu verstehen.			

Bestandsaufnahme am Anfang: Wo stehen Sie?

Lesen Sie den folgenden Text in Ihrem gewöhnlichen Rhythmus. Beantworten Sie dann die Fragen, ohne noch einmal zum Text zurückzukommen.

Notieren Sie die genaue Uhrzeit (Minuten, Sekunden) zu Beginn und am Ende des Lesens oder noch besser benutzen Sie eine Stoppuhr.

Und los geht es, Stoppuhr drücken!

Die Bedeutung der ersten Bücher für das Lesen

Eines der grundlegenden Dinge und auch eines der schwierigsten, die jedes menschliche Wesen erlernen muß, ist es, sich selbst kennenzulernen und den Umgang mit anderen zu lernen. Das bedeutet, daß der Mensch lernen muß, sein eigenes Verhalten und das der anderen richtig vorauszusehen. Die Menschen, mit denen ein Kind zuerst lernen muß auszukommen, sind sein Vater und seine Mutter. Daher sollte man erwarten können, daß seine ersten Bücher ihm ein realistisches Bild vom Verhalten der Eltern und deren Umgang miteinander und mit ihm selbst geben würden.

31

Aber, obwohl die Eltern eine wichtige Rolle in den Büchern spielen, schildern die Geschichten nie Situationen, in denen Vater und Mutter uneins sind. Daraus schließt das Kind entweder, daß die Geschichten unwahr und nicht wert sind, gelesen zu werden, oder daß seine Eltern unnormal sind, weil sie sich ab und an streiten. In Wirklichkeit sollten die Kinder lernen, daß Menschen unterschiedlicher Auffassung sein können, sich auch streiten und dennoch glücklich zusammen leben können. Sie sollten lernen, daß es bei unterschiedlichen Meinungen besser ist, wenn man diese auch vertritt und sie nicht etwa verschweigt.

In den Geschichten, die von Familien erzählen, ist die Mutter stets bereit, spazierenzugehen und zu spielen; sie ist nie mit Hausarbeit beschäftigt. Wenn sie außerhalb des Hauses arbeitet, hat sie damit auch keine Probleme: Es scheint so, als hätte sie eine unerschöpfliche Energie und Zeit, um sich um das Kind und den Haushalt zu kümmern. Ebenso ist der Vater in diesen Geschichten niemals müde und muß sich zuerst ausruhen, wenn er von der Arbeit kommt. Das Kind wird dadurch verleitet, zu glauben, daß seine eigenen Eltern keine guten Eltern sind, weil sie sich nicht so verhalten, wie die Eltern in den Geschichten. Seine eigenen Eltern benehmen sich wie menschliche Wesen, die manchmal müde, besorgt oder z.B. verärgert sind, wenn sie der ewigen Hausarbeit nachgehen müssen, das genaue Gegenteil dessen, was in den Büchern steht.

In vieler Hinsicht stellen die bebilderten Kinderbücher Familien und Verhaltensweisen als erstrebenswert und normal vor, die in krassem Gegensatz zu dem stehen, was das Kind in seinem täglichen Leben kennenlernt. Die Folge ist, daß die Texte und Bilder das Kind gegen die Realität seines Lebens aufbringen, oder aber es schließt daraus, daß man Büchern nicht vertrauen kann, wenn man die Realität kennenlernen will.

Mit den ersten Büchern, mit denen wir die Kinder von der Wichtigkeit, Lesen zu lernen, überzeugen wollen, müssen wir sicherstellen, daß sie das Material, das wir ihnen zum Lesen geben, nicht zu ernst nehmen; sonst gelangen sie zu der Überzeugung, daß das Lesen nur falsche Informationen liefert. Wenn z. B. in solch einer Geschichte ein Kind einen Unfall hat, was manchmal vorkommt, so benimmt es sich nie, als ob es verletzt, verängstigt oder wütend wäre. Alles, was geschieht, ist immer sehr lustig. Solche Geschichten bereiten das Kind nicht darauf vor, erfolgreich Schwierigkeiten zu begegnen, und lehren es nicht, daß man durch Lesen richtig informiert werden kann.

So erzählen die Geschichten auch oft, wie glücklich Kinder sind, wenn ein Neugeborenes in die Familie kommt. Dabei ist es viel wahrscheinlicher, daß ein Kind eifersüchtig auf das Baby ist, das in seine Welt eindringt. Ausgehend von dem, was es gelesen hat, macht es sich ein Bild und weiß nun nicht mehr, woran es mit den eigenen Gefühlen ist bzw. es glaubt die Geschichten nicht mehr. In Wirklichkeit liefern diese ersten

Bücher ein Bild der Welt, wie sie vom Standpunkt der Erwachsenen sein sollte, aber nicht wie sie tatsächlich ist.

Lernen baut auf einem Gefühl der emotionalen Geborgenheit auf; ein Kind, das sich nicht geborgen fühlt, ein verstörtes Kind, ist ein schlechter Schüler. Wenn die falschen Bilder seiner ersten Lesebücher ihm den Eindruck vermitteln, daß seine Gefühle nicht mit dem übereinstimmen, was die Gesellschaft von ihm erwartet, wird das Kind unfähig sein, gut zu lernen. Fast alle Gefühle, die in den ersten Büchern beschrieben werden, sind positiv und klar; sie sind fast nie gemischt oder ganz negativ. Es ist ebenso unrealistisch zu behaupten, alle Kinder wären eifersüchtig auf ihre Geschwister, wie: alle Kinder freuen sich über ein Baby, das in die Familie geboren wird. Als wir klein waren, waren die meisten von uns zwischen den beiden Gefühlen gespalten: Man liebte das neue Kind, war aber gleichzeitig böse darauf, weil es sich einem in den Weg stellte. Wenn doch unsere ersten Lesebücher die Einstellung eines Kindes zu einem neuangekommenen Kind realistischer beschreiben würden, hätte das Kind Anlaß, darüber nachzudenken, und wäre überzeugt, daß es durch das Lesenlernen etwas ganz Wichtiges gewinnt.[1]

Uhr stoppen!

Trainingsaufgaben

Kreisen Sie die Antworten ein, die dem Text entsprechen:

1. Was sollte ein Buch Kindern vermitteln?
   a. die elementaren Überlebensstrategien;
   b. die Reaktionen der Eltern;
   c. die Welt, die es umgibt, kennenzulernen.

2. Welches ist der Hauptvorwurf, den der Autor den Kinderbüchern macht?
   a. Mangel an Bildern;
   b. schwieriger Stil und Wortschatz;
   c. Mißverhältnis zwischen Büchern und Realität.

3. Welche Beispiele führt der Autor an, um seine These zu verdeutlichen?
   a. Unfälle;
   b. Ferien;

    c. Meinungsverschiedenheit zwischen Eltern;

    d. Freundschaften zwischen Kindern;

    e. die Geburt eines anderen Kindes;

    f. den Tod;

    g. die Verfügbarkeit der Eltern;

    h. die Trennung der Eltern.

4. Bei der Lektüre seiner ersten Bücher kann das Kind auf zwei Arten reagieren, auf welche?

    a. es lehnt sich eventuell gegen die Realität auf;

    b. es glaubt, vielleicht nie lesen lernen zu können;

    c. es kann denken, lesen sei eine fesselnde Sache;

    d. es kann zu der Vermutung kommen, daß Bücher lügen.

5. Der Autor unterstreicht, daß das Kind, um lernen zu können, folgendes braucht:

    a. sich in einer Gruppe befinden;

    b. Gefühl der Geborgenheit;

    c. Belohnungen.

6. Die Gefühle in Kinderbüchern sind:

    a. negativ;

    b. gemischt;

    c. positiv.

Auswertung

Wie berechnet man die Lesegeschwindigkeit?

Rechnen Sie die Lesezeit aus:

Der Text umfaßt 747 Wörter. Rechnen Sie die Anzahl der in einer Minute gelesenen Wörter aus, so erhalten Sie Ihre Lesegeschwindigkeit.

Beispiel:

Sie beginnen um 10 Uhr 13 Minuten zu lesen und hören um 10 Uhr 15 Minuten und 20 Sekunden auf. Ihre Lesezeit ist 2 Minuten, 20 Sekunden (140 Sekunden).

Ihre Lesegeschwindigkeit ist:

747 x 60 : 140 = 320 Wörter/Minute

Wie berechnet man den Grad des Verstehens-Behaltens?
Geben Sie sich einen Punkt für jede richtige Antwort.

Wie berechnet man den Erfolg des Lesens?
Wir werden noch sehen, daß ein geübter Leser schnell liest und gut versteht. Der gemessene Leseerfolg ermöglicht es, Geschwindigkeit und Verständnis in Verbindung zueinander zu setzen. Um ihn zu messen, multiplizieren Sie das Ergebnis der Geschwindigkeit mit dem Ergebnis des Verstehens und teilen Sie sie durch 10 (es waren 10 Antworten zu geben).

Beispiel:
Sie lesen 320 Wörter in der Minute, Sie haben 6 richtige Antworten beim Fragebogen. Ihr Leseerfolg ist:

320 x 6 : 10 = 192

Ergebnisse:
Geschwindigkeit: .... Wörter/ Minute
Verstehen–Behalten: ....
Leseerfolg: ....

Vergleichswerte für die Lesegeschwindigkeit
– langsamer Leser: weniger als 200 Wörter in der Minute
– durchschnittlicher Leser: 240 Wörter in der Minute
– schneller Leser: ab 400 Wörter in der Minute
Mit etwas Übung könnten Sie 900 Wörter in der Minute erreichen.

1.1 Wie liest man?

Wie liest man, oder mit anderen Worten: wie entnimmt man den geschriebenen Zeichen den Sinn?

Die im Text enthaltenen Hinweise bringen Sie auf den richtigen Weg.
Insgesamt lesen Sie bei flüssigem Lesen einen großen Teil des Textes, ohne ihn zu zerlegen oder zu analysieren. Um zu verstehen, was vorgeht, vervollständigen Sie den folgenden Satz:
»Es war brennend heiß; der Reisende, der sehr durstig war, bat um ein weiteres .... Wasser«.
Sie haben sicher ohne zu zögern, den fehlenden Begriff »Glas« eingesetzt. Was hat Sie dazu veranlaßt?
– Hinweise vom Sinn her, die der Zusammenhang liefert. Was vorausging, hat Sie veranlaßt, eher »Glas« zu erwarten als »Ball«, »Bett« oder »Pferd«;
– syntaktische Hinweise: Der unbestimmte Artikel »ein« hat Sie alle weiblichen Wörter ausschalten lassen; dadurch wurden andere Wörter, die vom Sinn her auch möglich gewesen wären (Becher, Flasche, Krug), ausgeschaltet;
– Hinweise, die der Satzbau liefert: der Leser erwartet, daß Geschriebenes in einem bestimmten Aufbau präsentiert wird: nach einem Subjekt ein Verb; nach einem Artikel ein Substantiv oder ein Adjektiv usw. Sie haben daher im vorliegenden Fall bestimmte Wortarten ausgeschlossen: Verben, Adverbien.
In einem normalen, kompletten Text (ohne Lücken) kommt ein weiterer Hinweis hinzu:
– die Umrisse der Wörter. Bevor Sie ein Wort richtig lesen, nehmen Sie schon seine äußere Form wahr: langes Wort, kurzes Wort, Wort mit mehreren Buchstaben, die die Linie nach oben überschreiten … Bevor Sie sehen, haben Sie Umrisse wahrgenommen.
Alle diese Hinweise – Sinnhinweise, syntaktische Hinweise, Hinweise vom Satzbau und der äußeren Form her – ermöglichen Ihnen vorauszusehen, was folgen wird. Sie veranlassen Sie zu einer sehr schnellen, unbewußten Entscheidung, die das Lesen selbst in den meisten Fällen nur noch bestätigt.

Das Vorgehen des geübten Lesers spielt sich in drei Schritten ab

Erster Schritt:

Ausgehend von Titel und äußerer Aufmachung stellt der Leser seine erste Hypothese über den Inhalt des Textes auf. Die rechte Gehirnhälfte ist hier vorrangig tätig. Zum Beispiel sagt sich der Leser: »Dieser Text ist ein Zeitungsartikel über das Fernsehen und die Jugend. Die Wörter ›Programm‹, ›Sendereihe‹, ›Film‹ werden sehr wahrscheinlich auftauchen«. Bevor er mit Lesen beginnt, stellt sich sein Geist schon darauf ein, dieses oder jenes Wort vorzufinden und sortiert schon in der Vielzahl möglicher Begriffe.

Zweiter Schritt:

Der Leser überprüft seine Hypothese durch das Lesen, hierbei ist die linke Gehirnhälfte besonders angesprochen. Das Wort, das gelesen werden soll, besteht aus mehreren Silben und hat in seinen Umrissen mehrere Buchstaben, die die Linie nach oben überschreiten: Diese Besonderheiten erlauben es, ohne zu zögern, den Begriff »Sendereihe« zu unterscheiden und nicht etwa »Film« oder »Programm«, Begriffe, die ja auch erwartet werden konnten. Er muß sich nicht vergewissern, daß es sich um »Sendereihe« und nicht um »senden« handelt, da an der Stelle kein Verb erwartet wird.

Dritter Schritt:

Der Leser prüft seine Hypothesen und sein Lesen nach mit Hilfe des Sinns. Um das gelesene Wort zu bestätigen, muß es einerseits in den Satz passen, andererseits darf es dem Wissen des Lesers nicht widersprechen. Ein Satz wie »Ein Hase mit leuchtenden Federn lief über den Hof« widerspricht unserem Wissen über dieses Tier, das ein Fell besitzt, und kann daher nicht akzeptiert werden (außer in einem Science-fiction-Buch).

Lesen: Ein ständiger Austausch zwischen dem Geschriebenen und dem Leser
Lesen besteht also nicht nur daraus, Buchstaben zu erkennen und miteinander zu kombinieren; es besteht auch nicht darin, einer Kette von Wörtern zu folgen, sondern das Wissen des Lesers wird eingebracht. Es entsteht eine konstante Hin-und-her-Bewegung zwischen dem Geschriebenen und dem Leser.

Je besser der Leser in der Lage ist, auch das einzusetzen, was er »hinter den Augen«, d.h. »im Kopf« hat, um so weniger visuelle Informationen benötigt er, um Buchstaben oder Wörter zu erkennen. Der Austausch zwischen visuellen und nichtvisuellen Informationen ist ausschlaggebend für das Erreichen eines leichten Lesens. Derjenige, der nur auf das zurückgreift, was er geschrieben sieht, überlastet sein visuelles System; er liest »im Tunnel« und es gelingt ihm viel schwerer, zu verstehen. Im Gegensatz dazu eilt der Leser, der sein Wissen mobilisiert und einsetzt, den Kontext berücksichtigt, den Wörtern voraus; ihm genügt es, sie zu überfliegen, er muß sich nicht lange bei ihnen aufhalten; dadurch ist sein Lesen viel leichter geworden.

1.2 Die Funktion der beiden Gehirnhälften beim Lesen

Das Entschlüsseln von einem Wort nach dem anderen ist ein weitverbreiteter Trend, der dem entspricht, was man gelernt hat. Diese punktuelle Analyse des Geschriebenen, die sich aus der Art, wie wir lesen gelernt haben, ergibt, beteiligt in erster Linie die linke Gehirnhälfte. Der Leser riskiert dabei, wie wir gesehen haben, das Steckenbleiben, das Erlahmen seiner Kräfte.

Ein dem ersten entgegengesetzter Trend ist es, Hypothesen aufzustellen und sie dann nicht zu überprüfen; in dem Fall errät der Leser ungefähr oder liest ein Wort für ein anderes. Dieser Leser nutzt nur seine rechte Gehirnhälfte. Das Vorgehen führt unvermeidlich zu falschen und oft folgenschweren Schlüssen, wenn es zum Beispiel um einen Text geht, der genaues Lesen erfordert. Das Erfassen des Themas ist hierfür das prägnanteste Beispiel. Ein wirklich fähiger Leser ist derjenige, der linke Gehirnhälfte und rechte Gehirnhälfte zusammenarbeiten läßt. Lesen Sie hierzu auch Seite 63.

Im ersten Fall, d.h. wenn die linke Gehirnhälfte vorrangig angesprochen wird, geschieht die Bearbeitung aufsteigend, das heißt vom Text zum Leser; im zweiten Fall, wenn die rechte Gehirnhälfte vorrangig angesprochen wird, dagegen absteigend vom Leser zum Text; im dritten Fall, nämlich dann, wenn linke und rechte Gehirnhälfte gemeinsam eingesetzt werden, ist die Textbearbeitung interaktiv: vom Text zum Leser, vom Leser zum Text.

absteigende Bearbeitung   aufsteigende Bearbeitung   interaktive Bearbeitung

Nur der Leser, der das, was er weiß, und das, was er sieht, kombiniert und damit visuelle und intellektuelle Kompetenzen durch dynamische Interaktion beider Gehirnhälften mobilisiert, ist ein wirklich kompetenter Leser, der effizient liest. Besser lesen heißt, besser sehen und besser voraussehen. Zu diesem Zweck ist es notwendig,

– seine intellektuellen Fähigkeiten durch Vorausgehen, Formulieren von Hypothesen und

– seine Wahrnehmungsfähigkeit durch exaktes Sehen, Überblicken und bewegliches Sehen zu trainieren.

■ Zusammenfassung

Denken Sie daran …

– Lesen = kombinieren auf interaktive Art; zwei Quellen: visuelle Information (Text) und kognitive Information (gespeichertes Wissen des Lesers).

– Der passive Leser nimmt den Sinn hin, der aktive Leser produziert den Sinn.

2. Lesen mit »einer Länge Vorsprung«

2.1 Bereit sein, Dinge gedanklich vorwegzunehmen

Das vorangegangene Kapitel hat die Funktion des Vorausgreifens dargestellt. Wer sich darauf vorbereitet, auf Wörter zu treffen, identifiziert sie leichter. Wie kann man nun diese Fähigkeit, vorzugreifen, verbessern? Es ist gar nicht notwendig, eine Vielzahl von Übungen anzubieten, und ich werde auch nur wenige vorschlagen – was wirklich wichtig ist, spielt sich vor dem Lesen ab. Um ein aktives, teilnehmendes Lesen zu beginnen, insbesondere wenn Sie für Ihr Studium lesen, ist die Zeit, die Sie brauchen, um sich auf die richtige »Umlaufbahn« zu bringen, besonders wichtig. Während dieses Zeitraumes T-1 werden Sie fünf Stadien durchlaufen.

2.2 Die Vorbereitung zum Start

1. Begrenzen Sie die Lesemenge. Wenn Sie ein Lehrbuch oder ein Vorlesungsskript lesen, setzten Sie Markierungen ein, um den Bereich sichtbar zu machen, den Sie abdecken müssen.
2. Bestimmen Sie, wieviel Zeit Sie darauf verwenden wollen. Eine begrenzte Zeit wird besser genutzt und hält die Konzentration aufrecht.
3. Definieren Sie das Ziel Ihrer Lektüre, oder erinnern Sie sich wieder an ein bereits festgelegtes Ziel. Warum werden Sie diesen Text, dieses Kapitel, dieses Skript lesen? Warum ist es für Sie wichtig, den Text zu kennen? Was erwarten Sie von dem Text? Wenn nötig, halten Sie Ihr Ziel in einem Satz fest, um die Abmachung zwischen Ihnen und dem Geschriebenen wirklich festzulegen. Auf jeden Fall wird Ihre Motivation angeregt werden.
4. Mobilisieren Sie Ihr Wissen. Es kommt sehr selten vor, daß Sie überhaupt nichts über ein Thema wissen. Denken Sie an das, was Sie schon gelesen, gesehen, gehört haben, und Sie werden feststellen, daß das Gedächtnis sehr viel mehr Informationen bevorratet, als Sie dachten.
5. Verharren Sie einige Augenblicke beim Titel des Buches, des Textes oder Kapitels und überlegen Sie, welche Hinweise er gibt. Was wird das Thema sein?

Diese Schritte haben das Ziel, die Angst vor dem Unbekannten zu nehmen, den bedrückenden Eindruck zu vermeiden, daß man sich vor einer riesengroßen Aufgabe befindet, ein Gefühl, das insbesondere vom limbischen System gefürchtet wird. Durch dieses Vorgehen werden Sie beruhigt und der Kortex kann alle seine Funktionen einsetzen. Darüber hinaus wird durch das Mobilisieren des vorhandenen Wissens und die Klärung Ihrer Erwartungen an den Text Ihre Neugier geweckt und Ihre Aufmerksamkeit geschärft.

Dann befinden Sie sich in genau dem richtigen Zustand, um vorzugreifen.

■ Zusammenfassung

Denken Sie daran …

– Gedankliche Vorwegnahme beim Sport bedeutet, die Aktionen des Gegners vorhersehen.

– Gedankliche Vorwegnahme beim Lesen bedeutet, den Inhalt des Textes vorhersehen.

– In beiden Fällen ist die gedankliche Vorwegnahme ein Faktor des Erfolgs.

Trainingsaufgaben

Ziel: Ihre Fähigkeit zur Vorwegnahme trainieren.

1. Schauen Sie sich den Titel des unten stehenden Textes an: Welches Thema wird behandelt?
2. Lesen Sie den Text ein erstes Mal ganz durch, ohne sich um die Lücken zu kümmern.
3. Setzen Sie die fehlenden Wörter ein.

Supermärkte mit großer Verkaufsfläche: eine scheinbare Freiheit

In den Selbstbedienungstempeln ist die Freiheit trotz des äußeren Scheins ungemein eingeschränkt.

Schon gleich am Eingang muß der Kunde nach rechts ..... 1) und holt sich ..... 2) einen großen ..... 3) (mit bis zu 170 Liter Inhalt). Keinen Widerspruch duldend, verkündet ein Schild: »Voller Einkaufswagen zu ..... 4) Preisen«.

Stellen wir uns einmal vor, eine Kundin kommt, um eine ..... 5) Tüte Mehl und ein Paket Reis zu kaufen. Diese ..... 6), die zu den Grundnahrungsmitteln gehören, befinden sich oft ..... 7) anderen Ende des Geschäftes oder sogar im Souterrain. In ..... 8) Großmärkten findet man seinen ..... 9) leicht, wenn man den gut lesbaren Schildern folgt und durch ..... 10) breiten Gänge geht. Aber andernorts vermengen ..... 11) die Wegeschilder mit anderen Schildern, die diese oder jene Ware anpreisen dieses oder ..... 12) Schnäppchen. Wie soll man aber durch solche Gänge, die ..... 13) mit Angebots- und Drehständern sind, die während ..... 14) Spitzenzeiten wie absichtlich den ..... 15) blockieren, durchkommen? Oft bezahlt der Hersteller dem ..... 16) für den Platz, an dem er sein Produkt aufstellen und ..... 17) darf. Dafür gibt es inzwischen ..... 18) richtige Werbestrategie, die

41

sogenannte Direktwerbung ..... 19) Ort, die darin besteht, den Artikel, den es »....«20) gilt, oben, ... 21) oder quer über den Gang auszustellen.

Die Verpackung muß in erster Linie den Blick fangen, ... 22) möglich mit einem Farbfoto, das nicht etwa den Reis ..... 23), den unsere ..... 24) sucht, sondern eine üppige Paella mit Riesengarnelen (nicht im ..... 25) enthalten). Die ..... 26) gibt einen verlockenden Vorgeschmack auf das fertige Gericht. Da kein Verkäufer ..... 27) ist, ist es die Verpackung, die den Kontakt ..... 28) dem Käufer herstellt. ..... 29) übergroße Verpackung ist an der Tagesordnung. Die Verpackung schützt ..... 30) hygienisch das Produkt. Aber für die Werbefachleute ..... 31) das Berühren der Ware entscheidend und sie ..... 32), daß berühren schon ..... 33) wie besitzen ..... 34). Die Verpackung ..... 35) damit zwei entgegengesetzten Bedürfnissen entgegen.

Es ist ..... 36) bekannt, daß jede Farbe für unterschiedliche Dinge steht, je ..... 37) Geschlecht, sozialer Schicht oder Produkt. ..... 38) Marken übernehmen die Kombination rot ..... 39) gelb. Hausfrauen, die gebeten wurden, drei ..... 40) Waschmittel zu testen, haben als wirksamstes Waschmittel dasjenige beurteilt, das sich in einem gelb blauen Paket ..... 41). Die neutralen, kalten oder metallischen ..... 42) verführen eher die ..... 43) Schicht: Diese Farbtöne findet man daher auf ..... 44) Whiskyetiketten.

Aber das schlagende Argument bei großen ..... 45) ist die Überfülle. Wenn die »Verkaufsgondel« von einem ..... 46) überquillt, wird 22 % mehr gekauft, ... 47) bei ..... 48) mit leeren Fächern. Die Dimension der ..... 49) Fläche zeugt allein schon vom Überfluß. »..... 50) Produkte indoktrinieren« rief einmal ein dem Rieseneinkaufsmarkt Entkommener aus.[2]

Ergebnis: .... % (2% für jedes richtige Wort)

3. Das genaue visuelle Erfassen

3.1 Die ganzheitliche Wahrnehmung

Stellen wir uns einmal vor, Sie wären in einem Bahnhof und erwarteten einen Freund. Der Zug kommt an, die Reisenden steigen aus und eilen zum Ausgang. Wie erkennen Sie Ihren Freund? An seinem lockigen Haar? Weil er Jeans trägt? Weil er soundso groß ist? Es ist sehr wahrscheinlich, daß Sie nicht alle diese Details unterscheiden werden. Auch andere Personen können die gleichen Besonderheiten aufweisen. Sie erkennen ihn mit einem Blick, weil er es ist und nicht ein anderer.

Der gute Leser geht auf die gleiche Art und Weise vor. Er erkennt die Worte an ihrem Fluß und muß nicht jeden einzelnen Buchstaben ausmachen. Die Wörter können, wie die Menschen, Gemeinsamkeiten haben, aber jedes Wort, wie jedes Individuum, bildet ein einzigartiges Ganzes, das es möglich macht, es sofort zu erkennen, ohne sich zu täuschen.

»Ein Wort an seiner Takelage erkennen, wie ein Matrose ein Schiff erkennt«[3] ist nach Alain eine der Fähigkeiten des echten Lesers. Der gute Leser nähert sich dem Wort in erster Linie ganzheitlich, was ihm einen leichteren Zugang zum Sinn ermöglicht, denn sein Arbeitsgedächtnis* ist nicht überfüttert mit unwichtigen Details wie Buchstaben oder Silben. Nur wenn er auf unbekannte Wörter trifft, nimmt er sein Entschlüsselungssystem in Betrieb.

3.2 Die genaue Wahrnehmung

Um fließend zu lesen, um ein Wort unter anderen ähnlichen Wörtern zu identifizieren, braucht der Leser eine feine Wahrnehmung. Die Genauigkeit der visuellen Wahrnehmung spielt hier eine wichtige Rolle: Sie hilft, Wortverwechslungen zu vermeiden, deren Folgen oft ärgerlich sind, denn sie zwingen den Leser, zurückzugehen und das gleiche ein zweites Mal zu lesen, bevor er es versteht.

Ihre visuelle Genauigkeit verbessern, das ist das, was Sie in den folgenden Übungen trainieren werden.

---

* Arbeitsgedächtnis ist das Gedächtnis, das es uns ermöglicht, die ersten Wörter eines Satzes zu erinnern, wenn wir schon am Ende des Satzes sind.

Trainingsaufgaben

Wie kann man seine visuellen Fähigkeiten trainieren?

Die Übungsphasen sollten kurz sein (nicht mehr als 15 bis 20 Minuten), intensiv und häufig.

So, wie Sie Ihre Muskeln vor dem Sport aufwärmen sollten, sollten diese Übungen, bei denen Sie die erlernten Techniken anwenden, dem Lesen (sei es fürs Studium oder zum Vergnügen) vorausgehen.

Die Übungen, vor denen ein ★ steht, sollten mindestens zweimal ausgeführt werden, in regelmäßigem Abstand während mehrerer Wochen. Als Ziel werden Sie sich setzen, Ihre Genauigkeit und Schnelligkeit zu verbessern. Damit Sie die Übungen mehrfach machen können, benutzen Sie bitte einen Bleistift, um anschließend radieren zu können.

Reihe 1:

Ziel: Die visuelle Genauigkeit entwickeln.

Fotografieren Sie mit dem Blick das erste Zielwort (Meldung) und prägen Sie es sich geistig ein. Durchlaufen Sie dann schnell die Tabelle und kreuzen Sie das Wort jedesmal an, wenn Sie es erblicken. Machen Sie es ebenso mit den anderen Zielwörtern.

Übung 1

Stoppuhr drücken!

Zielwort

Meldung   Informieren   Durchblick   Mund   Zeitung

	A	B	C	D	E
1	Meinung	Malträtieren	Insistieren	Polemik	Meiden
2	Interessieren	Formieren	Intervenieren	Zeitmaß	Augenblick
3	Durchbruch	Deklinieren	Interpretieren	Zeitgemäß	Durchbrennen
4	Schlund	Sendung	Infiltrieren	Rundblick	Munter
5	Rund	Meldung	Informieren	Bunt	Mund
6	Politik	Zeitung	Windung	Gesund	Politik
7	Meinung	Wund	Ausblick	Heilung	Durchblick
8	Nennung	Bund	Rundblick	Zeitung	Augenblick
9	Interesse	Mund	Rettung	Meldung	Informieren
10		Mechanik	Leitung	Interessieren	
11		Augenblick			

Reihe 2:

Ziel: Die visuelle Genauigkeit und die intellektuelle Gewandtheit trainieren.

Jedem Wort der Reihe A entspricht ein Wort der Reihe B, das das Gegenteil bedeutet. Finden Sie es schnell.

★ Übung 1

Stoppuhr drücken!

Reihe A:
1. Dunkelheit, 2. zerstreut sein, 3. loben, 4. sparen, 5. unbedeutend, 6. einführen, 7. gutschreiben, 8. erlauben, 9. einatmen, 10. aufregen.

Reihe B:

debütieren – intervenieren – unterhalten – eskortieren – bedeutend – beteuern – ausgenommen – verletzen – belasten – abstimmen – Schnelligkeit – explodieren – konzentriert sein – verletzen – ermahnen – vermitteln – ausdrücken – Intermezzo – ausstellen – erklären – ausführen – verschwenden – interpretieren – ausdehnen – ausatmen – einschränken – Helligkeit – erinnern – erklären – beruhigen – tadeln – rationieren – führen – verbieten – betreffen – konzertieren.

Stoppuhr drücken!
Zeitaufwand: .... Zahl der richtigen Antworten: ....

★ Übung 2

Reihe A:
1. unfruchtbar, 2. öffnen, 3. Gegner, 4. verengen, 5. Steifheit, 6. implizit, 7. Erfolg, 8. Skepsis, 9. nachlässig, 10. hassen.

Reihe B:
Festigkeit – zuverlässig – formen – Anhänger – sich durchsetzen – prämieren – Schauspieler – feindlich – fruchtig – Neutralität – teilen – ausstellen – setzen – erklären – ungesetzlich – Echo – teilweise – Wahl – Gewandtheit – Elastizität – ungewöhnlich – schließen – prämieren – aktiv – gebürtig – handeln – explizit – ausnutzen – tasten – müßig – Leichtgläubigkeit – lieben – Glaubwürdigkeit – Wahl – ausdehnen – nützlich – fruchtbar – Mißernte – Mißerfolg

Stoppuhr drücken!

4. Das Gesichtsfeld

4.1 Fixieren – Weitergehen – Fixieren – Weitergehen

Wissen Sie, wie das Auge vorgeht, wenn es liest? Schon zu Beginn des Jahrhunderts, im Jahr 1905, hat ein französischer Forscher, Emile Javal, der Direktor des augenheilkundlichen Laboratoriums an der Sorbonne, die Wahrnehmung während des Lesevorgangs untersucht. Er hat bewiesen, daß das Auge nicht an der

…langgeht wie etwa ein Zug auf Schienen, sondern daß es
…ge weitergeht. Während einer ganz kurzen Zeit ist das Auge
…xiert eine Einheit von mehreren Buchstaben oder Wörtern,
…och kürzerer Zeit einen Ruck, um noch einmal eine Einheit
…der Wörtern zu fixieren und immer so weiter.

Der rasch aufeinanderfolgende Wechsel von Ruck und Fixierung zusammen mit dem beharrenden Netzhautbild erweckt den Eindruck der Kontinuität. Der Prozeß ist der gleiche, wie wenn wir uns einen Film ansehen. Während der ruckartigen Bewegungen ist das Sehen sehr vermindert, wenn nicht gleich Null. Sie wollen einen Beweis dafür? Dann versuchen Sie einmal aus einem fahrenden Zug den Namen eines Bahnhofs zu lesen. Das Auge nimmt nur einen Zustand der Unbeweglichkeit wahr.

Seit 1905 haben sich die Techniken zur Beobachtung der Augenbewegungen natürlich verbessert. Trotzdem haben jüngste Untersuchungen die Feststellungen Javals nicht in Zweifel gezogen, sondern nur eine noch feinere Analyse ermöglicht.

Die Dauer der Ruckbewegungen ist konstant, und zwar 35 Tausendstelsekunden, und ihre Größe ist variabel mit zirka acht bis zehn Buchstaben durchschnittlich.

Die ruckartigen Bewegungen eines ungeübten »Neulesers« reichen nicht so weit wie die eines erfahrenen Lesers.

Die Dauer der Fixierungen ist etwas weniger konstant, zwischen 100 und 500 Tausendstelsekunden, wobei der Durchschnitt etwa bei 225 Tausendstelsekunden liegt. Je erfahrener der Leser ist, um so kürzer ist die Fixierung.

Die Weite der Fixierung ist sehr variabel. Das Gesichtsfeld, d. h. hier die Anzahl der während einer Fixierung erfaßten Buchstaben, reicht von 2 bis 25 oder sogar 30. Das ist ein zentraler Punkt. Daher schauen wir uns, bevor wir die Auswirkungen betrachten, erst einmal an, was bei diesen 30 Zeichen genau gesehen und was eher unscharf wahrgenommen wird.

4.2 Zwei sich ergänzende Gesichtsfelder

Die Informationen, die das Auge während der Fixierungen aufnimmt, werden der Retina zugeleitet. Sie hat jedoch nicht in allen ihren Bereichen die gleiche Unterscheidungskapazität. Vom Zentrum der Retina, der Fovea, bis zu ihren Randzonen vermindert sich die Sehschärfe. Es gibt also eine foveale Zone, in der die Zeichen sehr genau gesehen werden und eine Randzone, in der sie eher verschwommen sind. Der Leser nimmt in der fovealen Zone etwa 7 Zeichen auf und zirka 10 in der Umgebung des fixierten Punktes.

Die Aufgaben der fovealen und der Randzonen erweisen sich als komplementär. Die Randzonensicht liefert Informationen über die Umrisse der Wörter, sie ermöglicht das Überblicken; die foveale Sicht dagegen sieht die Wörter selbst. Der Leser kann die Informationen um so eher erkennen, als er sie bereits erwartet (aufgrund des Vorgreifens) und sie flüchtig gesehen hat.

4.3 Die Konsequenz: Lesen Sie mit »Weitwinkel«

Zwischen dem geübten und dem durchschnittlichen Leser besteht einer der großen Unterschiede in der Anzahl der Wörter, die bei jeder Fixierung des Auges erfaßt werden. Der »normale« Leser nutzt oft nur einen kleinen Teil seines Gesichtsfeldes und erfaßt nur eine begrenzte Zahl von Buchstaben. Das traditionelle Lehren des Lesens führt tatsächlich dazu, nur kurze Fixierungen auf ein bis vier Zeichen zu machen – einen Buchstaben, eine Silbe oder ein kurzes Wort. Sie wissen inzwischen, daß das limbische System Unbekanntes nicht liebt und Gewohnheiten, die während des Lernens angenommen wurden, nicht gern verändert. So kommt es schließlich dazu, daß viele Möglichkeiten des Sehens brachliegen.

Um seine Lesefähigkeit zu verbessern, ist es daher notwendig, nicht etwa das Gesichtsfeld zu erweitern – das läßt sich nicht wie Kaugummi ziehen – sondern die vorhandenen Möglichkeiten optimal zu nutzen. Um das zu erreichen, werden Sie üben, bei jeder Fixierung immer die größtmögliche Anzahl von Elementen aufzunehmen und alle Informationen zu nutzen, die Ihnen von den beiden Sehzonen geliefert werden. Die optimale Ausnutzung des Sehvermögens ist die Voraussetzung, um besser und schneller zu lesen.

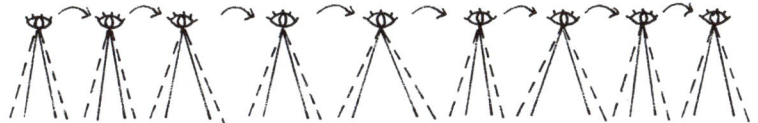

In den großen tropischen Städten ist die Arbeitslosigkeit enorm.
untrainierter Leser: 9 Wörter = 9 Fixierungen + 8 Bewegungen

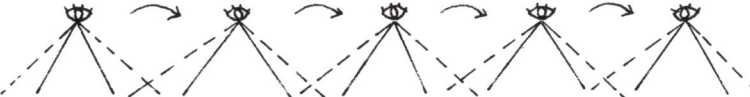

In den großen tropischen Städten ist die Arbeitslosigkeit enorm
wenig geübter Leser: 9 Wörter = 5 Fixierungen + 4 Bewegungen

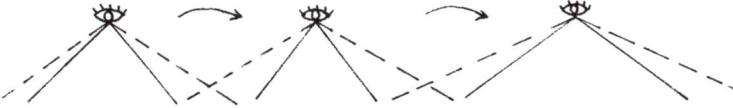

In den großen tropischen Städten ist die Arbeitslosigkeit enorm
geübter Leser: 9 Wörter = 3 Fixierungen + 2 Bewegungen[*]

Ein weites Gesichtsfeld macht das Lesen ebenso wie das Verstehen leichter.

Wenn man seinen Sichtwinkel trainiert, vermindert man die Anzahl der Ruckbewegungen, die ja – wie wir wissen – verlorene Zeit sind; man erhöht damit also
seine Lesegeschwindigkeit und verbessert auch sein Verstehen. Ein Leser, der eine
größere Zahl von Elementen auf einmal erfaßt, hat nicht mehr isolierte Teile vor
sich, die ihm nur wenige Informationen liefern (eine Silbe, einen Artikel), sondern
sinntragende Elemente, die ihn leichter den gesamten Gehalt der Information erfassen lassen. So muß in dem oben gegebenen Beispiel der Leser, der nur wenige
Zeichen auf einmal fixiert, um den Satz zu verstehen, neun Informationen miteinander kombinieren. Der Leser aber, der viele Zeichen mit einem Blick erfaßt,
braucht nur drei Informationen zusammenzubringen; dadurch wird das Verstehen
erleichtert.

[*] Die durchgezogenen Striche stellen die foveale Sicht dar, die gestrichelten die Randzonensicht.

■ Zusammenfassung
Denken Sie daran ...
– Vermeiden Sie unnötige Augenbewegungen.
– Kommen Sie vom groben Überblick zur Gesamtsicht.

Wie kommt man vom groben Überblick zur Gesamtsicht? Das folgende Übungs-
angebot wird Sie darauf vorbereiten. Das allerwichtigste dabei ist, daß Ihnen die
Bedeutung dessen, was Sie tun, bewußt geworden ist; andernfalls wird Ihnen das
limbische System, das die zentrierte, genauere Sicht bevorzugt, die ihm verläßlicher scheint, einen Strich durch die Rechnung machen.

Trainingsaufgaben

Ziel: Das Gesichtsfeld besser nutzen.

Übung 1

Lesen Sie schnell die beiden Reihen von Begriffen, um die Wörter oder Gruppen
von Wörtern zu erkennen,
– die ein Fachgebiet benennen (im Sinne von Wissensgebieten);
– die sich auf das Wetter beziehen.
Achtung! Richten Sie Ihren Blick auf die Stelle, an der sich der Strich befindet
und nehmen Sie die Wortgruppe auf einmal auf.

Stoppuhr drücken!
(Zwischen 7 und 28 Buchstaben)

50

sitzen bleiben	draußen
zwanzig Etagen	Einbahnstraße
die Konferenz	die Geographie
eine Meldung	die Republik
aus diesem Grund	Badezimmer
die Literatur	die Philosophie
ohne Aufzug	die Elektronik
die Psychologie	eine Verabredung
seinen Weg wählen	ein heißer Sommer
ein traumhaftes Leben	freier Eintritt
Privateigentum	stützendes Argument
der Straßenverkehr	die niedrigen Löhne
eine Anwendungsart	eine doppelte Ration
die öffentliche Dienstleistung	Multiplikation
die Mathematik	die nahen Vororte
gewohnt sein	ein Presseartikel
ein Hagelschauer	ein verregneter Herbst
dichter Nebel	säen, um zu ernten
Wohnung zu vermieten	Kultusministerium
eine Großmacht	ein Nylonhemd

Stoppuhr drücken!

Zeitaufwand: .... Zahl der richtigen Antworten: ....

Übung 2

Finden Sie die Wörter bzw. Gruppen von Wörtern heraus,
– die Sie in einer Zeitschrift unter der Rubrik »Wirtschaftliches und soziales Leben« finden könnten;
– die sich auf das Lesen beziehen.

Stoppuhr drücken!
(Zwischen 7 und 30 Buchstaben)

helles Licht

horchen

bezahlter Urlaub

ein Maisfeld

für die Öffentlichkeit zugänglich

Dollarabschwung

zurückblättern

eine Bibliographie

Solarenergie

die linke Gehirnhälfte

Schieferdach

eine eiskalte Dusche

Achtung Bauarbeiten

ein Seidentuch

Totenstille

ein Segelschiff

salzlose Diät

ein Regisseur

Sozialversicherung

ein Personalausweis

Wärmepumpe

ein volles Programm

Rechtswissenschaften

welkes Laub

ein fesselnder Roman

ein Reisebüro

eine Filmvorführung

ein Klassensprecher

Arbeitslohn

Streik im Verkehrswesen

Sonnenbrille

eine aufregende Reise

Radiosendung

eine kurze Reiseroute

Krankenversicherung

eine geglückte Operation

feiner Sandstrand

Kindergeld

elektrisches Heizgerät

Inhaltsverzeichnis

Stoppuhr drücken!

Zeitaufwand: ....   Zahl der richtigen Antworten: ....

Übung 3

Nehmen Sie das Skript oder das Buch zur Hand, das Sie während des Tages lesen wollen.

Beginnen Sie jede Zeile, indem Sie Ihren Blick auf das zweite Wort und nicht auf das erste lenken. Ebenso stoppen Sie Ihren Blick beim vorletzten Wort. Wie Sie wissen, umfaßt Ihr Blick eine bestimmte Anzahl von Buchstaben rechts und links von dem fixierten Punkt; Sie werden also auch das erste und das letzte Wort sehen, jedoch mit weniger Stopps.

Denken Sie immer daran, und gehen Sie nach dieser Methode vor, wenn Sie etwas lesen.

Übung 4

Vorbereitung

1. Nehmen Sie ein Buch zur Hand, das Ihnen gehört, das Ihnen jedoch nicht sehr am Herzen liegt. Wählen Sie einen Text aus, bei dem die Zeilenlänge ziemlich gleich ist und der nicht durch Bilder unterbrochen ist.
2. Wählen Sie willkürlich vier Zeilen aus und zählen Sie die Buchstaben jeder Zeile.
3. Teilen Sie die Zeile in zwei, drei oder vier Teile, indem Sie nach jedem dritten Wort mit dem Bleistift einen dünnen Strich ziehen (oder auch nach mehr Wörtern, je nach der Lesefähigkeit, die Sie in Übung 1 und 2 erreicht haben).
4. In der Mitte eines jeden aus drei oder vier Wörtern bestehenden Teils ziehen Sie einen Strich, den Sie bis zum Ende der Seite oder des Textes durchziehen.

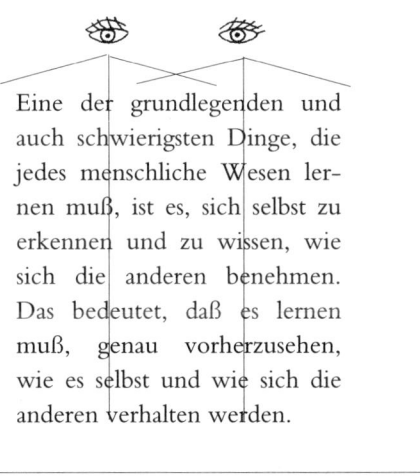

Aufgabe

1. Lesen Sie den vorbereiteten Text und heften Sie dabei Ihren Blick auf die Striche, so daß Sie mit einem Blick den durch den Strich markierten Textteil erfassen.

53

2. Am Ende Ihrer Lektüre versuchen Sie, den Inhalt des Textes wiederzugeben.

Übung 5

- Machen Sie die Übung noch einmal, aber dabei muß jede Zeile ein Wort mehr enthalten.
- Machen Sie diese Übung mit mehreren Texten und setzen Sie sich als Ziel, vier oder fünf Wörter mit einer visuellen Fixierung zu umfassen. Behalten Sie dieses Intervall bei Ihrem weiteren Lesen bei, auch wenn Sie den Text nicht mehr materiell durch Striche vorbereiten.

Wenn diese Vorgehensweise Ihren Gewohnheiten total widerspricht, halten Sie dennoch daran fest und sagen Sie sich immer wieder, daß der Erfolg der Lohn ist. Schon bald wird Ihnen das Lesen mit Fixieren in Fleisch und Blut übergehen.

5. Das Auge auf Beweglichkeit trainieren

5.1 Die Augenbeweglichkeit

Die Untersuchungen über das Funktionieren des Auges während des Lesens haben zwei Besonderheiten des guten Lesers nachgewiesen:
- er nutzt sein Gesichtsfeld voll aus (siehe hierzu auch das vorangegangene Kapitel);
- er hat kürzere Fixierungszeiten und zwar in der Größenordnung von 100 bis 200 Tausendstelsekunden.

Der weniger geübte Leser dagegen verweilt eher länger auf den einzelnen Wörtern: Seine Augen wandern nicht schnell von einem Punkt zum anderen.

Das Ziel dieses Kapitels ist es, die Mobilität Ihrer Augen zu entwickeln, um die Dauer des Fixierens zu reduzieren.

5.2 Geführtes Lesen

Bevor wir zu einer Übung kommen, machen Sie einmal diesen kleinen Versuch:

Erster Schritt:
Bitten Sie einen Freund, mit seinem Blick langsam einem unsichtbaren Kreis zu folgen und beobachten Sie ihn dabei. Was stellen Sie fest? Der Weg des Auges beschreibt offensichtlich keinen Kreis ...[4]

Zweiter Schritt:
Bitten Sie einen Freund, mit dem Blick einem Kreis zu folgen, den Sie mit dem Zeigefinger in die Luft zeichnen. Dieses Mal kann man den Weg des Blickes sehr wohl als Kreis bezeichnen.

Woher kommt dieser Unterschied? Im ersten Fall bewegen sich die Augen ohne materiellen Bezugspunkt; im zweiten werden sie von Ihrem Finger geführt und aus dieser Tatsache heraus haben sie viel mehr Vertrauen. So ist es auch beim Lesen: In Ihrer Kindheit sind Sie vielleicht dem Text mit Ihrem Finger gefolgt, aber die Erwachsenen haben Sie davon überzeugt, daß das eine schlechte Angewohnheit sei, und Sie haben sie sich abgewöhnt. In Wirklichkeit aber führt dieser Finger tatsächlich beim Lesen und macht es leichter. Das Lesen wird dadurch nicht nur nicht verlangsamt, vielmehr erweist sich dieses Führen als gutes Mittel, das Lesen zu beschleunigen. Sie brauchen ihn nur von Mal zu Mal schneller zu bewegen. Sie können auch einen Bleistift (umgedreht) oder einen Kugelschreiber benutzen: Ihr Vorangehen wird entspannter sein und Ihr Geist auch.

■ Zusammenfassung
Denken Sie daran ...
– geführtes Lesen geht schneller: Es verringert die Zeit des Fixierens des Auges.

Trainingsaufgaben

Ziel: Visuelle Mobilität trainieren.

Übung 1

1. Nehmen Sie sich ein leicht zu lesendes Buch und achten Sie darauf, daß die Zeilen nicht mehr als acht oder neun Wörter umfassen (ein Taschenbuch ist z.B. gut geeignet). Nehmen Sie dann einen »visuellen Führer« zur Hand.
2. Lesen Sie den Anfang und das Ende jeder Zeile, also z. B. das zweite und das vorletzte Wort. Gehen Sie von einer Zeile zur nächsten, ohne anzuhalten oder zurückzugehen. Am Anfang werden Sie wohl kaum etwas von dem verstehen, was Sie lesen, aber nach und nach wird es Ihnen gelingen, etwas vom Inhalt zu begreifen. Das Gehirn wird, wie es seine Art ist, das, was fehlt, ergänzen.

Übung 2

1. Nehmen Sie eine Zeitschrift, eine Zeitung oder irgendeinen Text, der aus engen Spalten besteht.
2. Lesen Sie den Titel und die Zeilen, die vor dem eigentlichen Text stehen. Worum geht es? Versuchen Sie den Inhalt des Textes zu erraten.
3. Richten Sie Ihren Blick auf die Mitte der Spalte und gehen Sie mit einer schnellen und gleichmäßigen Bewegung von einer Zeile zur anderen, wobei Sie nur einmal pro Zeile anhalten.

Wenn es Ihren Augen schwerfällt, diesem Rhythmus zu folgen, benutzen Sie eine Maske. Zu diesem Zweck schneiden Sie ein Fenster in ein Stück Karton (eine Karteikarte, eine Visitenkarte) in der Länge und Breite einer Zeile. Dann lassen Sie diese Maske von Zeile zu Zeile nach unten gleiten und nehmen Sie das, was in dem Fenster auftaucht mit einem Blick, der auf die Mitte gerichtet ist, wahr.

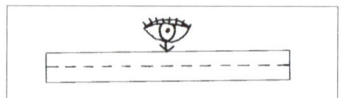

Auch dabei werden Sie am Anfang Schwierigkeiten haben, das ist normal. Es wird Ihnen aber schnell klar werden, daß diese Vorgehensweise beim Lesen von Presseartikeln, die für Sie nicht besonders wichtig sind, sehr vorteilhaft ist. Es ist sehr wahrscheinlich, daß Sie den Sinn des gesamten Artikels erfassen.

Wie ist das möglich? Ihr Geist wurde durch das Lesen des Titels und der zusammenfassenden Zeilen am Anfang des Artikels aufmerksam gemacht und ist nun bereit, vorauszuahnen. Wenn Sie nun zu dieser erhöhten geistigen Bereitschaft noch die Funktion Ihrer Randzonensicht hinzunehmen, nämlich daß durch sie Dinge wahrgenommen werden, die nicht bewußt gesehen werden, verstehen Sie, daß dieses Phänomen eigentlich gar nichts Erstaunliches hat, es entspricht genau dem, was Sie über die intellektuellen und visuellen Funktionen gelernt haben. Das Auge steht im Dienst der Intelligenz. Man muß ihm und seinen Fähigkeiten nur vertrauen, das ist vielleicht das schwierigste.

Die Technik des dreifachen »Abtastens«, die wir im Baustein 2 (S. 77) kennenlernen werden, wird die Arbeit vervollständigen, die wir in diesem Baustein begonnen haben.

6. Die Lesegeschwindigkeit steigern

6.1 Warum schnell lesen?

Die Antwort auf diese Frage ist einfach: Wenn Sie schnell lesen, werden Sie besser verstehen. Nehmen wir einmal das Beispiel des Lesers, der einen Satz mit fünfzehn oder mehr Wörtern – was häufig vorkommt – vor sich hat. Wenn er langsam liest, riskiert er – wenn er am Ende des Satzes ankommt –, sich nicht mehr an den Anfang zu erinnern und so auch den Sinn nicht zu erfassen. Ähnlich wie ein Radfahrer mit einer bestimmten Geschwindigkeit fahren muß, um das Gleichgewicht zu halten, muß auch der Leser eine bestimmte Geschwindigkeit einhalten, um dem Inhalt ohne Schwierigkeiten folgen zu können (250 Wörter mindestens pro Minute). Darüber hinaus ist es entgegen der weitverbreiteten Ansicht erwiesen, daß der schnelle Leser den gelesenen Text besser behält.

Die Geschwindigkeit ist um so wichtiger, je mehr die Lesemenge zunimmt. Im Gymnasium umfassen die Tätigkeiten, die man als Lesetätigkeit einstufen würde, nur kurze Texte mit etwa dreißig Zeilen. Der Leser gewöhnt sich dadurch daran, langsam, Wort für Wort zu lesen und rückwärts zu gehen. Wenn der Schüler aber dann an die Universität kommt, muß er viel mehr und viel längere Texte lesen. Es ist daher unverzichtbar, sich eine schnellere Gangart beim Lesen anzueignen.

In seinen Anregungen für die Erziehung (»Propos sur l´éducation«) schreibt der Philosoph Alain: »Von allen geistigen Vorgängen, die von Mechanismen abhängen, sollte man der Geschwindigkeit den ersten Platz einräumen.« Und weiter unten, als er vom langsamen Leser spricht, fügt er hinzu: »Sie lesen wie sie graben, eine Erdscholle nach der anderen und der ganze Geist ist auf das Einstechen des Spatens konzentriert.«

6.2 Wer schnell kann, kann es auch langsam

Schnell lesen können, versetzt auch sehr wohl in die Lage, langsam zu lesen, wenn es zum eigenen Vergnügen geschieht. Wer die Schnelligkeit beherrscht, kann seine Geschwindigkeit auch verlangsamen, umgekehrt jedoch ist das nicht möglich. Man sollte also die Wahl haben. Aber leider bereitet uns die schulische Ausbildung, bis auf wenige Ausnahmen, nur auf eine Art zu lesen vor.[5]

6.3 Übereilen Sie nichts

Schnelligkeit und Verstehen gehen beim Lesen Hand in Hand. Aber Achtung: Gehen Sie nicht zu hastig vor. Lesen Sie so schnell es geht, aber sobald Sie bemerken, daß Ihre Aufmerksamkeit nachläßt, verringern Sie die Geschwindigkeit. Einige Zeit später können Sie, wenn Sie schon ein wenig geübt sind, wieder etwas zulegen, ohne daß es der Qualität des Lesens Abbruch tut. Hier müssen Sie Ihre Marschgeschwindigkeit je nach Ihrer Lernphase selbst finden.

6.4 Planen Sie Ihren Weg

Im einführenden Baustein haben wir gesehen, wie wichtig es ist, sich Ziele zu setzen. Aus den Tests am Anfang kennen Sie Ihre Lesegeschwindigkeit und Ihren persönlichen Verstehensgrad. Es fällt Ihnen daher leicht, Ihre Fortschritte kurz- und langfristig zu planen.

Kurzfristig können Sie sich zum Ziel setzen, Ihre Lesegeschwindigkeit bei jedem Üben um 10 oder 20 Wörter pro Minute zu steigern. Sie sind sich bewußt, daß Erfolge, auch bescheidene, Sie in einen Zustand versetzen, der den Erfolg fördert.

Langfristig nehmen Sie sich vor, von 250 auf 350 Wörter pro Minute zu kommen, zum Beispiel innerhalb eines Monats, und danach auf 450 zum nächsten Termin usw. Alles hängt natürlich von Ihrem Ausgangspunkt ab, aber es wäre gut, wenn Sie am Ende Ihres Trainings bei 600 ankommen würden. Es können natürlich auch weitaus mehr sein.

Übertragen Sie Ihrer Ergebnisse in eine Graphik, wie Sie auf Seite 62 vorgeschlagen wird; dadurch wird Ihre linke Gehirnhälfte Ihren Fortschritt visuell erfassen.

Wie schätzt man nun in der Praxis die Länge eines Textes ein? Es genügt, wenn Sie die Anzahl der Wörter einer Zeile zählen (nehmen Sie nicht die erste, lieber die zweite oder dritte), dann die Anzahl der Zeilen pro Seite und sie dann miteinander multiplizieren. So werden Sie annähernd die Zahl der Wörter erhalten und können dann auch außerhalb der Übungen dieses Buches trainieren.

6.5 Schlüssel zum schnellen Lesen

Die Übungen der vorangegangenen Abschnitte haben Ihre Geschwindigkeit schon gesteigert. Dieses Kapitel nun ist etwas anders aufgebaut und bietet keine speziellen Übungen an, sondern erklärt Ihnen, wie Sie Ihre Geschwindigkeit beachtlich steigern können.

Lesen Sie mit den Augen

Sie alle haben lesen gelernt, indem Sie laut vorgelesen haben. Vielleicht machen Sie das durch den Einfluß des limbischen Systems auch heute noch, indem Sie zum Beispiel die Lippen beim Lesen bewegen oder auch die Worte aussprechen, wenn kein Zuhörer in der Nähe ist.

Diese Gewohnheit verlangsamt die Lesegeschwindigkeit enorm. Anhand der beiden folgenden Fragen können Sie auch beantworten, warum das so ist:
– Können Sie die beiden Wörter »ein Buch« auf einen Schlag sehen?
– Können Sie die beiden Wörter auf einmal aussprechen?

Was schließen Sie daraus? Wenn man zwei Wörter oder auch sehr viel mehr Wörter mit einem Mal sehen kann, sie aber in zwei oder mehreren Malen aussprechen muß, ist klar, daß man sehr viel schneller ist, wenn man sich nur der Augen bedient. Tatsächlich bremst das Aussprechen das Weitergehen, denn es zwingt zum Wort-für-Wort-Lesen. In diesem Zusammenhang sind zwei Zahlen von Bedeutung. Der stille Leser schafft in einer Stunde etwa 27 000 Wörter; derjenige, der laut liest, kommt kaum über 9 000, also dreimal weniger.

Und wenn Sie ein auditiver Typ sind? Seien Sie beruhigt, das visuelle Lesen steht nicht im Widerspruch zu Ihrer bevorzugten Denkart. Es stimmt, daß Sie, um eine Botschaft aufzunehmen, einen lautlichen Reiz brauchen. Aber dieser lautliche Reiz hat nichts mit lautem Lesen zu tun, das den ganzen Mund- und Rachenraum beansprucht.

In Ihrem Fall trägt die Vokalisierung zum besseren Behalten bei, und Sie können während des Lernens Schlüsselelemente des Stoffes wie etwa Titel, Untertitel, Zusammenfassungen (vielleicht selbst verfaßte?) laut lesen.

Wie können Sie feststellen, ob Sie leise mitsprechen, wenn Sie lesen?

– Legen Sie einen Finger auf den Mund: Bewegen sich Ihre Lippen?
– Drücken Sie sanft mit dem Zeigefinger auf Ihre Kehle: Bewegt sich Ihr Kehlkopf?

Wenn Sie feststellen, daß sich Ihre Lippen oder Ihr Kehlkopf bewegen, üben Sie, nur mit den Augen zu lesen; Überprüfen Sie ab und zu mit einer der beiden Methoden, daß Sie wirklich nur mit den Augen lesen.

Einfach weiterlesen

Untersuchungen haben gezeigt, daß der Blick des geübten Lesers gleichmäßig ohne Zögern entlang der Zeile eines Textes voranschreitet, während der Blick des wenig trainierten Lesers sprunghaft vorwärtsgeht, häufig wieder zurückgeht und damit ein gleichmäßiges Weiterlesen unterbricht. Die Gewohnheit, zurückzugehen, um ein Wort oder einen Satz noch einmal zu lesen, verlangsamt das Lesen. Das Auge verliert Zeit beim Zurückgehen und anschließend beim Wiederfinden der Stelle, an der es angehalten hatte.

In der Mehrzahl der Fälle ist das Zurückgehen überflüssig. Wenn Sie auf ein unbekanntes Wort stoßen, ist es beim ersten Mal besser, weiterzugehen. Meistens wird durch das, was folgt, der Sinn dessen, was unbekannt erschien, deutlich. Auch behält man viel einfacher das, was man liest, wenn man sich einen schnellen und knappen Gesamtüberblick verschafft, als wenn man seine Lektüre an unpassender Stelle unterbricht, um etwas zu klären.

Um sich davon zu überzeugen, machen Sie doch bitte eine kleine Übung. Lesen Sie eine Seite, einen Text, ein Kapitel, ohne anzuhalten, auch wenn Schwierigkeiten auftauchen. Decken Sie den Text ab und versuchen Sie, seinen Inhalt wiederzugeben. Bestimmt werden Sie feststellen, daß Sie alles ebenso gut verstanden haben oder vielleicht sogar besser, wenn Sie auf die beschriebene Art vorgehen.

In Wirklichkeit geschieht das Zurückgehen beim Lesen, das viele Leser praktizieren, aus einem Gefühl der Angst, aus Mangel an Vertrauen. Wenn Sie sich durch die vorangegangene Übung haben davon überzeugen können, daß das Zurückgehen nicht konstruktiv ist, haben Sie die Partie gewonnen. Sie werden Ihre Lesegeschwindigkeit innerhalb weniger Wochen beachtlich steigern.

Wenn allerdings das Zurückgehen bei Ihnen derart verfestigt ist, daß Sie es ganz automatisch vollziehen, benutzen Sie vorsorglich ein Lineal oder ein Blatt Papier und decken Sie die Zeilen ab, wenn Sie sie gelesen haben.

Achten Sie auf Ihre Uhr

Auch aus einem anderen Grund geht man im Text wieder zurück – bei mangelnder Konzentration. Sie denken an etwas anderes, verlieren den Faden und gehen dann wieder ein Stück zurück. Eine einfache aber wirksame Methode, Ihre Konzentration beim Lesen aufrechtzuerhalten, ist es, auf Ihre Uhr zu schauen. Schätzen Sie vorher die notwendige Zeit ab, die Sie für die eine oder andere Lektüre benötigen, und achten sie dann darauf, daß Sie die Zeit nicht überschreiten. Eine begrenzte Zeit wird optimal genutzt: Sie stärkt Ihre Aufmerksamkeit.

▨ Zusammenfassung
Denken Sie daran …
– eingeschränkte Geschwindigkeit beim Sprechen, nicht beim Lesen.
– Rückwärtsgang: eine beim Lesen zu vermeidende Fahrtrichtung.
– aufrechterhaltene Aufmerksamkeit durch eine Verbündete: die Uhr.

Graphik der Fortschritte (großformatig herstellen)

Geschwindigkeit in Anzahl der Wörter pro Minute

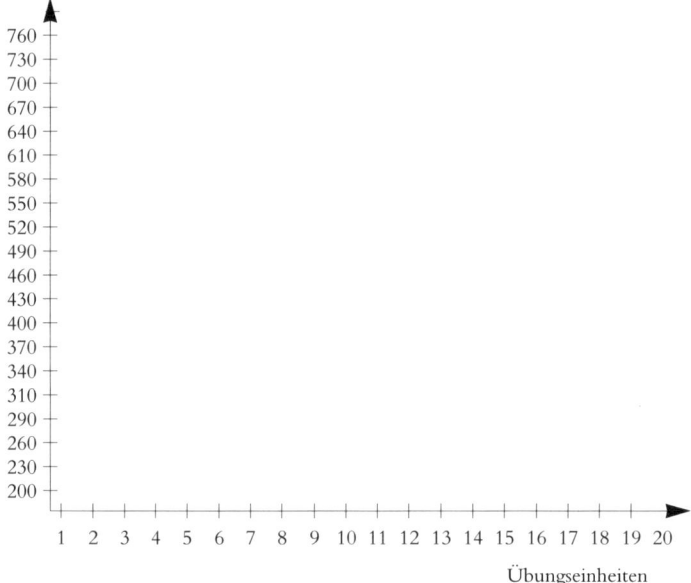

Der Baustein als Schema

Schema 1: Drei Leserprofile

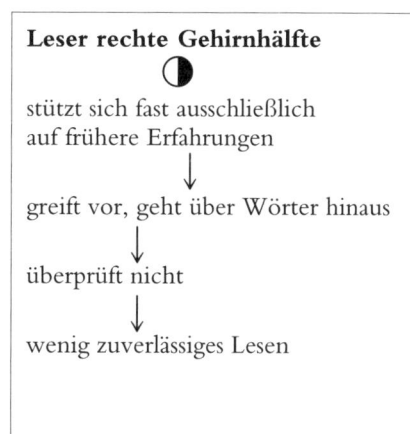

Leser linke Gehirnhälfte

stützt sich fast ausschließlich auf
visuelle Hinweise

↓

entschlüsselt jedes Wort

↓

stellt keine Verbindung her
zwischen dem, was er liest, und dem,
was er weiß.

↓

schwerfälliges Lesen

Leser rechte Gehirnhälfte

stützt sich fast ausschließlich
auf frühere Erfahrungen

↓

greift vor, geht über Wörter hinaus

↓

überprüft nicht

↓

wenig zuverlässiges Lesen

↳→ ungeschicktes Lesen ←↵

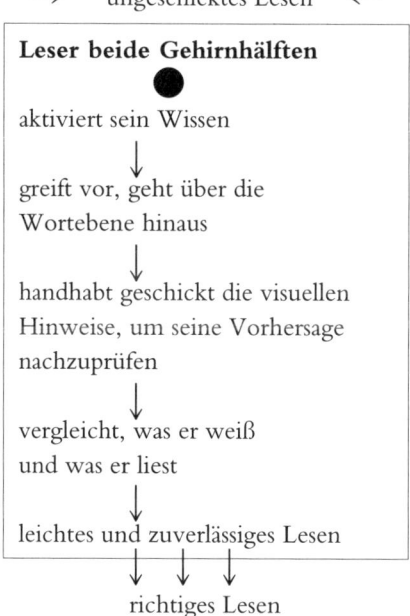

Leser beide Gehirnhälften

aktiviert sein Wissen

↓

greift vor, geht über die
Wortebene hinaus

↓

handhabt geschickt die visuellen
Hinweise, um seine Vorhersage
nachzuprüfen

↓

vergleicht, was er weiß
und was er liest

↓

leichtes und zuverlässiges Lesen

↓ ↓ ↓

richtiges Lesen

Schema 2: Die Vorbereitungszeit zum Countdown

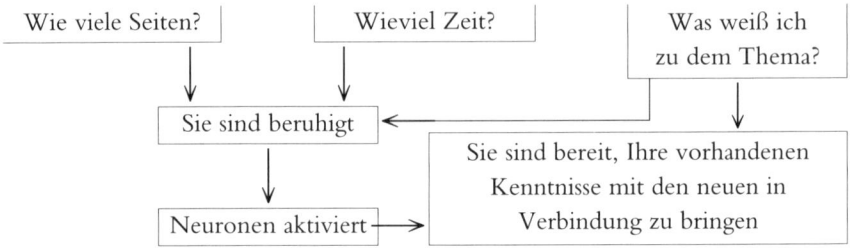

Baustein 2
Die Techniken des selektiven Lesens

– Sie stehen vor einem beeindruckend großen Berg von Büchern oder Veröffent-
lichungen. Sie möchten aus diesen Unterlagen diejenigen herausfinden, die dem
Thema oder dem Problem entsprechen, das Sie behandeln wollen. Wie gehen
Sie vor?
– Danach wollen Sie aus den ausgewählten Werken den/die Artikel ohne langes
Suchen herausfinden, die auf Ihr Vorhaben passen. Wie gehen Sie vor?
– Schließlich wollen Sie schnell und wirksam eine Anzahl von Informationen ent-
nehmen und verwerten. Wie gehen Sie geradewegs auf Ihr Ziel zu?
Um auf diese drei Fragen Antworten zu geben, wurde dieser Baustein ent-
wickelt. Sie werden Ihre Suchmethoden verfeinern und neue entdecken.

1. Analyse

1.1 Warum einen Text analysieren?

Die Technik ermöglicht es einerseits, den Inhalt eines Buches oder Textes zu erkennen, ohne den ganzen Text von A bis Z zu lesen, andererseits sich innerhalb
des Werkes zu orientieren und die Abschnitte herauszufinden, die zum Thema
passen.

1.2 Wie macht man das?

Bevor Sie sich nun mit den Techniken befassen, die angewendet werden sollten,
machen Sie eine kleine Vorübung. Nehmen Sie sich drei oder vier Werke, möglichst keine Romane oder Erzählungen. Betrachten Sie sie nach dem vorgeschlagenen Schema.

- Welche Hinweise geben die beiden Umschlag- bzw. Einbandseiten?
- Was finden Sie vor dem ersten und letzten Kapitel?
- Welche Rolle spielen diese peripheren Elemente des Buches?
- Wie sind sie angeordnet?
- Schlagen Sie dann irgendein Kapitel auf und blättern es durch; dabei konzentrieren Sie sich auf die Teile, die durch die Typographie hervorgehoben werden. Welche Teile sind das?

Wenn Sie diese Übung gemacht haben, werden Sie von den Wegen, die ich Ihnen jetzt vorschlagen werde, besser profitieren können.

1.3 Ein Buch auswählen und darin die zutreffenden Abschnitte schnell ausfindig machen

Schauen Sie sich den Titel genau an

Er sagt schon viel über den Inhalt aus.

Lesen Sie, was auf der Titelseite und den beiden Umschlagseiten steht

Neben dem Titel geben diese Seiten wertvolle Hinweise.
- Sie nennen den Namen des Autors: Was macht er, wer ist er, ist er kompetent (hat das Thema des Buches etwas mit seinem Beruf zu tun)?
- Sie nennen die Reihe, zu der das Buch gehört. Die Werke einer Reihe bilden eine Einheit. Haben Sie schon andere Werke aus der Reihe gelesen?
- Die letzte Seite des Einbandes enthält oft eine knappe Inhaltsangabe des Buches, eine Vorstellung des Themas und der Intention des Autors.

Prüfen Sie das Datum der Veröffentlichung

Versuchen Sie immer auf die neuesten Quellen zurückzugreifen. Für aktuelle Themen ziehen Sie auch stets Zeitschriften oder andere regelmäßig erscheinende Veröffentlichungen hinzu. Dadurch sind Sie immer auf dem neuesten Stand.

Überfliegen Sie Vorwort und Einleitung

In der Einleitung (auch Einführung genannt) erläutert der Autor, welche Ziele er mit seinem Werk verfolgt. Das Vorwort dient auch diesem Zweck, ist aber manchmal von einer anderen Person und nicht vom Autor des Buches verfaßt.

Überfliegen Sie das Nachwort (den Schluß, die Zusammenfassung)

Das Nachwort enthält die Schlußfolgerung des Buches; der Autor zieht sein Fazit. Sie bekommen einen Überblick über den gesamten Ablauf des Buches.

Lesen Sie in dem im Werk enthaltenen Hilfsmitteln nach

Sach- oder Stichwortverzeichnisse und Inhaltsverzeichnisse sind die Schlüssel zum Buch. Sie informieren Sie und bewahren Sie davor, wahllos herumzusuchen.

Überfliegen Sie die strategisch wichtigen Stellen

Wenn Sie das Buch oder die Zeitschrift auf den Seiten aufgeschlagen vor sich liegen haben, die Sie als interessant für Ihr Anliegen einstuften, ist es nicht unbedingt erforderlich, diese Seiten auch von der ersten bis zur letzten Zeile genau zu lesen. Sie können sich auch anders ein Bild von ihrem Inhalt machen. Wie?
– Indem Sie zuerst Anfang und Ende des Artikels oder Kapitels lesen. Dort werden Sie Hinweise auf die behandelten Punkte und sehr oft auch eine Zusammenfassung finden. In einer wissenschaftlichen Zeitschrift steht die Zusammenfassung (oder der Abriß) vor dem Artikel selbst.

– Indem Sie sich Titel und Untertitel ansehen: Sie stellen Ihnen die Gedanken, die in dem Abschnitt behandelt werden, vor. Sie können so die für Ihre Arbeit nicht nützlichen Passagen überspringen.
– Indem Sie sich die Illustrationen und deren Legende ansehen.
– Indem Sie auf Unterstreichungen und Fettdruck achten.

Lesen Sie einige Abschnitte

Lesen Sie einige willkürlich herausgegriffene Zeilen in verschiedenen Abschnitten, um die Lesbarkeit des Buches festzustellen.

Werfen Sie einen Blick auf den Aufbau des Buches

Blättern Sie schnell durch das Buch: Wie ist es aufgebaut? Ist seine Aufmachung klar? Sind die unterschiedlichen Teile der Kapitel deutlich voneinander abgegrenzt?

Die hier dargestellte Methode läßt sich auf alle Arten von geschriebenen Dokumenten anwenden. (Presseartikel eignen sich auch gut für eine andere Technik, das Filtern, das wir im nächsten Kapitel erläutern.) Büchern oder Passagen, die für Sie von Bedeutung sind und die Sie durch eine schnelle, selektive Lektüre ausgewählt haben, werden Sie ein vollständiges und vertieftes Lesen vorbehalten (siehe folgenden Baustein). Dazu wird Ihnen dann auch mehr Zeit zur Verfügung stehen. Diese Vorgehensweise ist sehr viel effektiver, als mit gleicher Intensität alles zu lesen, und ist auch vorteilhafter vom Einsatz her, denn der Leser »zähmt« sozusagen den Text, macht ihn zugänglicher. Er befindet sich nicht mehr vor einem undurchdringlichen Dickicht, sondern hat Wegmarkierungen, die ihm den Weg weisen.

Trainingsaufgaben

Ziel: In der Lage sein, den Inhalt eines Werkes schnell herauszufinden.

Nehmen Sie ein Fachbuch zur Hand, am besten wählen Sie ein Werk, das auch für Ihr Studium nützlich ist, denn dadurch sind Sie besser motiviert.

Sie haben zehn Minuten Zeit, sich mit dem Werk vertraut zu machen:
- schauen Sie die erste und letzte Umschlagseite an;
- überfliegen Sie Vorwort und Einleitung;
- überfliegen Sie Schluß und Nachwort;
- werfen Sie einen Blick auf das Inhaltsverzeichnis;
- blättern Sie das Buch durch;
- lesen Sie den Anfang und das Ende des ersten und letzten Kapitels;
- lesen Sie einige zufällig ausgewählte Zeilen;

Ausgehend von den dabei gesammelten Informationen, tun Sie so, als ob Sie einem anderen Studenten das Buch vorstellen wollten. Denken Sie dabei daran, folgende Punkte anzusprechen:
- die Herkunft des Buches;
- den Inhalt des Buches, die Art seines Aufbaus, die Sprache und den Stil des Autors;
- den angesprochenen Leserkreis.

Wiederholen Sie die Übung mit anderen Büchern und lassen Sie sich dabei nur noch fünf statt zehn Minuten Zeit. Sie werden schnell feststellen, daß Sie auf diese Weise schon einen guten Überblick über die Bücher bekommen. Sie können damit Ihre Lektüre bewußt auswählen, ohne von der Menge erdrückt zu werden.

2. Das Wichtigste herausfiltern

Das Ziel des filternden Lesens ist ähnlich wie das der Analyse: Den Hauptgedankengang herausfinden, ohne den Text komplett zu lesen. Aber diese Technik ist geeigneter für kurze Texte, insbesondere für Presseartikel. Um den Vorteil dieses Vorgehens zu erkennen, machen Sie bitte die folgende Übung.

Trainingsaufgaben

Ziel: Entdecken Sie die Technik des Filterns.

Erster Teil:

1. Lesen Sie die Überschrift und den Untertitel des folgenden Textes.
2. Lesen Sie den ersten Absatz ganz.
3. Lesen Sie sofort danach den letzten Absatz.
4. Lesen Sie die Zwischenüberschriften.
5. Lesen Sie jeweils den Anfang der anderen Abschnitte.
6. Decken Sie den Text ab und schreiben Sie die Gedanken auf, die Ihnen am Ende dieses teilweisen Lesens über den Textinhalt gekommen sind.

Zweiter Teil:

1. Lesen Sie nun den ganzen Text, vom ersten bis zum letzten Wort.
2. Decken Sie den Text ab und schreiben Sie die Gedanken auf, die Ihnen am Ende dieser kompletten Lektüre über den Textinhalt gekommen sind.

Dritter Teil:

Vergleichen Sie die Ergebnisse der beiden Arten, einen Text zu lesen.

Das Leben in drei Abschnitten.
Aktive gegen Inaktive: Auf dem Weg zu einer dualen Gesellschaft?

Eine grundlegende Umgestaltung der Lebenszeit ist unbedingt erforderlich, um den Ausbruch eines Konfliktes zwischen den sozialen Gruppen zu verhindern.

Die Dauer der Lebensarbeitszeit verringert sich, während unsere Lebenserwartung zunimmt. Wir verfügen damit über immer mehr Zeit, die wir dem Freizeitvergnügen widmen können. Aber diese Freizeit ist während unseres Lebens und auch zwischen den einzelnen Menschen sehr ungleichmäßig verteilt. Sie ist so schlecht verteilt, daß man den Ausbruch großer Konflik-te befürchten muß, da sich eine immer größere Zahl von Inaktiven jeden Alters und eine Min-derheit, die einen Arbeitsplatz hat, gegenüberstehen. Es sei denn, es würde eine andere Ver-teilung der Zeit durchgesetzt, die eine radikale Änderung unserer Lebensweise mit sich bringen würde. Unser Leben heute ist auf seltsame Weise in drei gegeneinander fast hermetisch abge-riegelte Abschnitte unterteilt: Der erste, der der Ausbildung gewidmet ist, der zweite dem Ar-beitsleben und der dritte der Rente. Wobei gerade zwei Phasen besonders prekär sind; eine davon ist der erstmalige Eintritt der Jugendlichen ins Berufsleben, die andere der immer früher einsetzende und oft nicht genügend durchdachte vorgezogene Eintritt in den Ruhestand.

Eine grundlegende Änderung dieses dreigeteilten Lebens ist gerade angelaufen und wurde ausgelöst insbesondere durch die Ausdehnung der Zeiträume, die das aktive Berufsleben ein-rahmen: Die Lebensarbeitszeit schrumpft, während sich die Ausbildungszeiten und mehr noch die Zeit des Ruhestandes verlängern – beim Ruhestand heute schon auf mehr als zwanzig Jahre.

Unsere Bevölkerung teilt sich in zwei Kategorien: in die der Aktiven, die eine Arbeits-stelle haben und ihren Lebensunterhalt aus eigenen Einkünften bestreiten. Sie garantieren in erster Linie über Steuern und Sozialabgaben die Finanzierung des Systems der sozialen Si-cherung. Und in die Inaktiven, die von der Arbeitswelt ausgeschlossen sind und in erster Linie von Renten, Arbeitslosengeld oder der Krankenversicherung leben. Zwischen diesen beiden Kategorien gibt es noch zwei Spezies besonderer Art: die Beamten, die über einen ab-solut sicheren Arbeitsplatz verfügen, und diejenigen, die wohl oder übel von allerlei Aushilfs-jobs leben.

Frankreich im Jahr 2020: 15 Millionen ältere Menschen und 15% Arbeitslose

Ich befürchte stark, daß die Zahl der Inaktiven sich auf Grund unserer demographischen Entwicklung und einer ungünstigen Arbeitsmarktlage schnell erhöhen wird. Nach dem Zweiten Weltkrieg war es, wie jeder weiß, zum sogenannten Babyboom gekommen, der die Zahl der Erwerbspersonen enorm erhöht hat – und das in einer für Arbeitsplätze wenig gün-stigen Zeit. Diese Kinder werden ab dem Jahr 2005 das schicksalhafte Alter von sechzig Jahren erreichen und die Masse der älteren Menschen vergrößern. In Frankreich zählen heu-te schon 10,5 Millionen zu der Gruppe der älteren Menschen. Sie werden im Jahr 2000 zirka 12 Millionen, im Jahr 2020 bereits 15 Millionen sein, also ungefähr ein Drittel der Bevölkerung ausmachen. Hinzu kommt, daß eine ganze Anzahl von Personen älter wird. Die beträchtlich höhere Lebenserwartung (heute für Frauen 80 und für Männer 72 Jahre) wurde erreicht durch die Verbesserung der Gesundheitspflege und der Vorsorge sowie durch die Fortschritte der Medizin.

Immer mehr »Alte« leben immer länger, immer mehr Ruhestand ist zu finanzieren und immer mehr Krankheitskosten zu übernehmen, denn am Ende des Lebens ist man häufiger krank. Die Errungenschaften der modernen Medizin sind teuer, und da wir nichts mit unseren Alten anzufangen wissen, werden sie verarztet bis zur Unwürdigkeit.

Das Älterwerden ist ebenso unabwendbar wie die sehr starke Zunahme der sich um einen Arbeitsplatz Bewerbenden. Die Kinder der noch geburtenstarken Jahrgänge der siebziger Jahre kommen jetzt auf den Arbeitsmarkt und die Frauenerwerbstätigkeit nimmt zu. Das zu einem Zeitpunkt der immer stärkerwerdenden internationalen Konkurrenz, die das Produktionssystem unweigerlich dazu zwingen wird, eher in die Produktivität als in Arbeitsplätze zu investieren.

Darüber hinaus besteht die Gefahr, daß die durch die neuen Technologien geschaffenen Produktivitätssteigerungen zum weiteren Abbau von Beschäftigten führen werden, weil die Lohnkosten mit Alter und Betriebszugehörigkeit steigen. So werden die Aktiven wohl immer früher aufgefordert, die Arbeit aufzugeben, die Jungen – natürlich in geringerem Maße – veranlaßt, ihre teure Ausbildung zu verlängern, die überzähligen Aktiven, in die Arbeitslosigkeit zu gehen, die in der Zeit von 1995–2000 leicht 15% übersteigen könnte.

So würde man in Frankreich an der Schwelle zum Jahr 2000 zwei inaktive Leistungsbezieher auf einen aktiv Beschäftigten zählen können, und da erstere vor allem von den Abgaben der zweiten Gruppe leben, werden wir uns womöglich vor einem äußerst schwierigen Dilemma befinden: Entweder müssen Steuern und Sozialabgaben beträchtlich erhöht werden, um den wachsenden Bedürfnissen der immer zahlreicher werdenden Inaktiven begegnen zu können, wobei die Gefahr besteht, dem Produktionssystem eine zu schwere Last aufzubürden und zur Steuerflucht bzw. zur Verlagerung der Arbeitsplätze anzureizen; oder aber alle Leistungen an Inaktive und hier insbesondere an Arbeitslose und Rentner müssen gekürzt werden. Diese werden sich zweifellos dagegen erheben, wenn ihnen Rechte genommen werden, die sie rechtmäßig erworben zu haben glauben. Ich glaube nicht, daß eine paradiesische Wiederbelebung des Wirtschaftswachstums in der Lage wäre, dieses Ungleichgewicht auszugleichen. Aber der Krieg der Generationen ist kein unabwendbares Schicksal.

Glücklicherweise ist die Epoche durch die Erfindung von Maschinen gekennzeichnet, die gleichzeitig Freizeit und Reichtum schaffen. Die geringe Arbeitszeit, die in diesem Produktionssystem noch nötig ist, der Reichtum und die Freizeit müßten nur besser verteilt werden und dabei müßte man darauf vertrauen können, daß die zur Verfügung stehende freie Zeit in Arbeiten investiert wird, die keinen Geldwert besitzen, aber von großem, sozialen Nutzen sind.

Reichtum und Zeit besser unter allen Bürgern verteilen

Wenn wir schon nicht den Reichtum und die Zeit gleichmäßiger unter unseren Mitbürgern verteilen wollen, so sollten wir das wenigstens zwischen den Altersklassen tun, so daß man nicht mehr ausschließlich zur Schule oder zum ganztägigen Müßiggang oder zum Arbeiten ohne Ausspannen verurteilt ist ... Kurz gesagt, alle sollten im Wechsel an den unterschiedlichen Aktivitäten teilhaben können.[6]

2.1 Das filternde Lesen

Der Vergleich Ihrer Notizen nach dem teilweisen und dem ganzen Lesen hat Sie sicher feststellen lassen, daß das Lesen des gesamten Textes es ermöglicht, mehr zusätzliche Informationen und Details zu speichern, aber hinsichtlich der Hauptgedanken und der vertretenen These nichts Neues bringt.

Man kann also daraus schließen, daß man sich die Lektüre des gesamten Textes sparen kann, wenn man nur einen groben Überblick haben oder entscheiden will, ob der Text zum Thema paßt und ausgewählt werden sollte. Zu diesem Zweck ist es ausreichend, seine Aufmerksamkeit auf die Passagen zu konzentrieren, die die meisten Informationen enthalten.

2.2 Die Grundlagen

Das Prinzip dieser Technik beruht auf der Kenntnis des Textaufbaus. Sie besteht darin, neben den Überschriften auch die Schnittstellen zu lesen. Welche Stellen eines Textes sind nun solche Schnittstellen?
– Die Einleitung, die erklärt, worum es sich handeln wird und manchmal auch schon die Gliederung enthält; bei einem Presseartikel beinhaltet die Einleitung häufig einen Appel, der die Aufmerksamkeit wecken soll.
– Der Schluß, der die unterschiedlichen angesprochenen Punkte rekapituliert und das Wichtigste zusammenfaßt.
– Der erste Satz von Abschnitten, der einen Überblick über das gibt, was folgen wird und der die verbindenden Elemente zum Vorangegangenen enthält.
– Der letzte Satz der Abschnitte in zwei ganz bestimmten Fällen. Erstens sollte man ihn lesen, wenn der Abschnitt besonders umfangreich bzw. gedankenreich

ist, denn dieser Satz leitet zwischen dem Abschnitt, der zu Ende geht, und dem nächsten über. Zweitens ist es notwendig, ihn zu lesen, wenn der Abschnitt mit einem Beispiel oder einer Anekdote beginnt, dann nämlich enthält der letzte Satz den Hauptgedanken.

Abschnitte werden immer um einen Hauptgedanken herum angelegt und sind meist nach zwei Grundmustern aufgebaut. Bei einer *deduktiven* Gliederung geht der Autor von einem Hauptgedanken aus, den er durch ergänzende Gedanken (Beispiele, Beweise, Argumente) erläutert. Bei der *induktiven* Gliederung dagegen beginnt er mit der Schilderung verschiedener Tatsachen, um erst am Ende zum Hauptgedanken als Schlußfolgerung der vorher angeführten Argumente zu kommen.

Wenn Sie die Bücher und Texte ausgewählt haben, stellen Sie eine Bibliografie auf, um einerseits alle Quellen leicht wiederzufinden und sie andererseits auch richtig zitieren zu können: »Gebt dem Kaiser, was des Kaisers ist …«

Trainingsaufgaben

Ziel: In der Lage sein, aus Titel und Kopf eines Artikels den Inhalt abzuleiten.

Übung 1

1. Es folgt der Titel und der Kopf eines Presseartikels. Lesen Sie sie und formulieren Sie, ausgehend von den enthaltenen Elementen, Fragen, auf die der Artikel Antwort geben könnte; anders ausgedrückt: Zeigen Sie die Problemstellung des Textes auf.

Die Bleikrankheit fordert weitere Opfer

Weil sie in ungesunden Wohnungen lebten, sind in Paris im Jahr 1985 zwei Kinder gestorben. Zwei Kinder, die man nicht rechtzeitig retten konnte, weil die Krankheit, die sie getötet hat, nur sehr schwer erkannt werden kann. Ihr Name ist Bleikrankheit und sie ist eine richtige, schleichende »Epidemie«. Ausgangspunkt dieser Heimsuchung ist die Bleiweißfarbe.[7]

Falls Sie Schwierigkeiten mit dem Anfang haben, denken Sie an die Fragen, mit denen man ein Thema bearbeitet:

- Wer?
- Was (Tatsachen, Problem)?
- Wann (Datum, Epoche)?
- Wie (Mittel, Ablauf)?
- Wieviel (Mengen, Maße)?
- Warum (Ursachen, Gründe)?
- Welche Folgen?
- Welche Lösungen?

Sie können diese Fragen untereinander verbinden (warum, wo ...) und sie mit verschiedenen Präpositionen benutzen (mit wem, für wen ...).

2. Wenn Sie Ihre Fragen zusammengestellt haben, vergleichen Sie sie mit dem Text des Artikels auf Seite 227.

Sind einige Fragen ohne Antwort geblieben? Wenn das der Fall ist, überlegen Sie, ob diese Fragen nützlich gewesen wären? Wenn ja, kann es sein, daß der Artikel nicht vollständig war (vielleicht aus Platzmangel)? Wenn nein, war Ihre Fragestellung zu differenziert in bezug auf die Tragweite des Textes?

Enthält der Artikel Informationen, die Sie nicht vorausgesehen haben? Ja? Dann müssen Sie sich im Fragenstellen mit Hilfe der weiter oben beschriebenen Techniken noch üben. Diese Techniken helfen Ihnen auch bei der »Jagd auf Ideen«, wenn Sie nicht mehr der Leser, sondern der Autor sind. Sie werden Ihnen helfen, die Angst vor dem leeren Blatt zu vermeiden ...

Ziel: Das filternde Lesen praktizieren können.

Übung 2

1. Wählen Sie einen Zeitungsartikel aus.
2. Lesen Sie Titel und Kopf des Artikels.
3. Lesen Sie den ersten Absatz (die Einleitung).
4. Lesen Sie den letzten Absatz (den Schluß).
5. Lesen Sie die Zwischenüberschriften.
6. Lesen Sie den ersten und, bei langen Abschnitten, den letzten Satz jedes Abschnitts.

7. Schreiben Sie die Punkte auf, die Ihrer Meinung nach in dem Artikel besprochen werden.
8. Um sich zu vergewissern, daß das filternde Lesen Ihnen tatsächlich die wichtigsten Punkte geliefert hat, lesen Sie den Text ganz und vergleichen Sie. Ihr limbisches System wird dadurch auf diese Technik des Lesens vertrauen lernen und eher bereit sein, sie einzusetzen.

Wiederholen Sie diese Technik, so oft Sie dazu Gelegenheit haben.

3. Lokalisieren

3.1 Was versteht man unter lokalisierendem Lesen?

Das lokalisierende Lesen besteht darin, eine bestimmte Information ausfindig zu machen: einen Namen, eine Zahl, eine Antwort auf eine Frage. Der Leser, der zuvor womöglich durch die Techniken der Analyse und des Filters den Umfang des zu Lesenden bestimmt hat, überfliegt den Text auf der Suche nach der gewünschten Information; sein Blick ist selektiv.

3.2 Wann kann man diese Technik einsetzen?

Einige Textarten verlangen unbedingt den Einsatz dieser Technik und begünstigen ihn durch ihren Aufbau: Inhaltsübersichten, Wörterbücher, Verzeichnisse. Bei allen Arten von Texten, auch bei literarischen, kann diese Technik angewandt werden. Wenn Sie z.B. einen Roman lesen, um sich zu unterhalten oder um sich weiterzubilden, werden Sie ihn sicher komplett lesen. Wenn Sie aber den gleichen Roman lesen, um bestimmte Informationen zu suchen (Orte, Personen, Dialoge) oder ein Zitat zu finden, werden Sie die Technik des Lokalisierens anwenden.

Wie man also liest, hängt von der Art des Textes ab, aber auch von der Intention des Lesers. Daher ist es wichtig, vor Beginn festzulegen, aus welchem Grund Sie lesen. Mit welchem Ziel Sie lesen. Der Geist lenkt den Blick.

3.3 Wie kann man diese Technik trainieren?

Jeder hat diese Technik schon praktiziert. Sie ist also nichts Neues (Sie haben ein Wörterbuch sicher nie wie einen Gedichtband gelesen), aber sie kann vervollkommnet werden, um sie auf alle Textarten anwendbar zu machen. Sie erfordert eine große Beweglichkeit der Augen: Das Auge muß wie ein Radar alle Zeilen abtasten, um die gewünschte Information herauszufinden. Diese Fähigkeit haben sie schon im Baustein 1 trainiert. Jetzt lernen Sie zusätzlich die Technik des dreifachen Abtastens.

3.4 Dreifaches »Abtasten« des Textes für ein effizientes Lokalisieren

Das *horizontale Zeilenabtasten* ist Ihnen am geläufigsten. Dabei überfliegen Sie die Zeilen von links nach rechts. Es dient dazu, Elemente aus einem aus fortlaufenden Zeilen mit mindestens acht oder neun Wörtern bestehenden Text herauszufiltern, zum Beispiel Begriffe, die sich auf ein lexikalisches Feld beziehen.

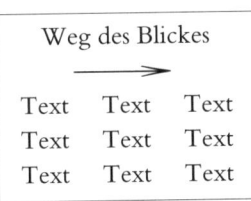

Horizontales Abtasten

Perfektionieren Sie diese Technik:
- durch die Steigerung der Geschwindigkeit
- indem Sie jeweils mit dem zweiten Wort der Zeile beginnen zu lesen beginnen und mit dem vorletzten Wort aufhören (s. Seite 52).

Das *vertikale Abtasten* besteht darin, die Zeilen von oben nach unten zu überfliegen. Es wird eingesetzt, wenn Sie Listen oder Texte lesen, die aus schmalen Spalten bestehen.

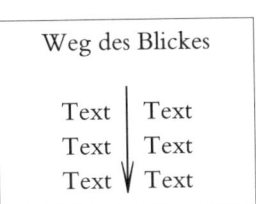

Vertikales Abtasten

Perfektionieren Sie diese Technik:
- durch die Steigerung der Geschwindigkeit
- durch Fixieren der Mitte der Zeile
- durch Überblicken von zwei Zeilen gleichzeitig.

Das *diagonale Abtasten* besteht darin, den Text im Zickzack zu überfliegen und dabei die Zeilen zu überspringen. Diese Technik wird verwandt, um in einem Text den Satz herauszufinden, der die Antwort auf eine Frage enthält, und den man dann wegen der Information intensiv liest.

Weg des Blickes		
Text	Text	Text
Text	Text	Text
Text	Text	Text

Diagonales Abtasten

Diese Technik ist Ihnen bestimmt am wenigsten vertraut. Üben Sie sie und denken Sie dabei immer daran, den Anfang und das Ende der Zeilen auszusparen.

Auch wenn jede Art des Abtastens für einen speziellen Fall gedacht ist, können Sie die drei Techniken sehr gut abwechselnd einsetzen, je nachdem, wie sich der Text darstellt und welche Art Information Sie suchen. Gleich welche Technik Sie einsetzen, benutzen Sie auf jeden Fall einen Bleistift oder einen Kugelschreiber, der Ihren Blick lenkt.

Sie werden sich jetzt in den drei Techniken üben, aber die Übungen sollen lediglich die Technik verstehen helfen. Damit Sie diese wirklich übernehmen, benutzen Sie sie bei jeder Lektüre, dazu haben Sie oft genug Gelegenheit. Beginnen Sie nie zu lesen, bevor Sie sich nicht für die entsprechende Technik entschieden haben, auch wenn Sie während des Lesens die Entscheidung vielleicht wieder revidieren müssen.

In Ihrem momentanen Stadium des Übens sind Sie in der Lage, den guten Leser zu charakterisieren. Welche Eigenschaften hat er? Rekapitulieren Sie, bevor Sie weiterlesen.

....

Vergleichen Sie dies jetzt mit Ihren Antworten zu den Fragen auf Seite 31.

■ Zusammenfassung
Denken Sie daran ...
− Ein guter Leser fährt fort, ohne zu zögern.
− Ein guter Leser liest in erster Linie mit den Augen.
− Ein guter Leser hat einen genauen und gewandten Blick, der viel auf einmal aufnimmt.
− Ein guter Leser liest schnell. Es ist besser, einen Text mehrmals schnell aus verschiedenen Blickwinkeln zu lesen, um ihn zu verstehen, als ihn ein einziges Mal langsam zu lesen.

- Ein guter Leser ist ein aktiver Leser: Er nimmt aktiv am Aufbau des Sinns teil, er schaut voraus, er hinterfragt.
- Ein guter Leser stürzt sich nicht blindlings in das Lesen eines Textes. Er sucht Bezugspunkte und orientiert sich mit Hilfe der zur Verfügung stehenden Techniken.
- Ein guter Leser verschafft sich einen Überblick über die Seite, die er lesen will.
- Ein guter Leser setzt Strategien ein, um Abschnitte, die für ihn wichtig sind, zu lokalisieren. Er kann sich in aller Ruhe auf die wichtigen Punkte konzentrieren, statt sich mit Details aufzuhalten.
- Ein guter Leser paßt sich an das Gelände an; sein Lesen ist flexibel. So wie ein Autofahrer nicht auf gleiche Weise auf der Autobahn, der Bundesstraße oder der Nebenstraße im Ort fährt, paßt der geübte Leser sein Lesen den jeweiligen Gegebenheiten eines Textes an. Er ändert sein Verhalten je nach den Schwierigkeiten, auf die er stößt. Mal liest er schnell, mal langsam, mal nur teilweise, mal ganz. Er hat die Skrupel, die er in der Schule gelernt hat, abgelegt. Er ist nicht mehr an das Wort-für-Wort-Lesen gefesselt, sondern springt, wie es ihm richtig erscheint.
- Ein guter Leser geht visuell und intellektuell auf Distanz. Er setzt seine rechte Gehirnhälfte ein, die einen gewissen Abstand braucht, um den Überblick zu bekommen und den Aufbau zu erkennen. Der Adler sieht die Landschaft nicht aus derselben Perspektive wie die Ameise. Man muß mal Adler und mal Ameise sein.

Trainingsaufgaben

Reihe 1:

Ziel: Das horizontale Abtasten einsetzen, um die Information ausfindig zu machen.

Lesen Sie schnell jede Wortreihe, mit dem Ziel, den Oberbegriff herauszufinden, d.h. den Begriff, der der allgemeinste ist und alle anderen umfaßt.

Benutzen Sie einen optischen Lesehelfer (Bleistift o.ä.), den Sie so schnell wie möglich an den Zeilen entlangführen.

Übung 1

Stoppuhr drücken!

1 Aluminium, Stahl, Metall, Nickel, Eisen, Bronze, Gold, Silber, Kupfer.
2. Bratenduft, Parfum, Aroma, Zigarettenrauch, übler Geruch, Pesthauch, Ausdünstung, Duft, Geruch, Gestank.
3. Bankett, Festmahl, Picknick, Diner, Mittagessen, Mahlzeit, Frühstück, Souper, Lunch, Kaffeetrinken.
4. Leuchten, glänzen, erglänzen, schillern, glitzern, spiegeln, blitzen, funkeln, reflektieren, schimmern, strahlen.
5. Schrank, Pult, Anrichte, Truhe, Vitrine, Canapé, Möbelstück, Frisierkommode, Tischlein, Geschirrbord, Tisch, Bank, Sofa, Wiege, Sekretär.
6. Entsetzen, Schrecken, Furcht, Besorgnis, Aufregung, Panik, Grauen, Angst, Schauder, Schreck, Grausen, Unruhe, Ängstlichkeit, Bammel.
7. Brief, Depesche, schriftliche Mitteilung, Briefkarte, Postkarte, Telegramm, Einschreiben, Postanweisung, Schriftverkehr, Telex.
8. Getöse, Stimmengewirr, Spektakel, Krakeel, Radau, Krach, Krawall, Rabatz, Lärm, Tumult, Gemurmel, Rauschen, Geräusch, Tohuwabohu.
9. Armbrust, Säbel, Hellebarde, Speer, Muskete, Schleuder, Waffe, Gewehr, Karabiner, Bogen, Maschinengewehr, Schwert.
10. Regen, Wirbelsturm, Bö, Sturm, Glatteis, Unbilden der Witterung, Schnee, Orkan, Nieselregen, Nebel, Reif, Gewitter, Taifun, Tornado.

Stoppuhr drücken!

Zeitaufwand: .... Zahl der richtigen Antworten: ....

Übung 2

1. Ballade, Kantate, Klagelied, Elegie, Epigramm, Epos, Hymne, Gedicht, Fabel, Madrigal, Ode, Sonnett, Posse, Trauerspiel.
2. Buch, Zeitschrift, Monatsheft, Prospekt, Broschüre, Jahrbuch, Katalog, Veröffentlichung, Werk, Abriß, Tageszeitung, Magazin.

3. Lokalisieren

3. Konzert, Melodie, Orchester, Rock, Chor, Festival, Oper, Sonate, Jazz, Concerto, Musik, Fuge, Interludium, Impromptu, Quartett, Serenade, Sonate, Symphonie.

4. Hauptstraße, Verkehrsader, Weg, Landstraße, Bahn, Allee, Straße, Passage, Boulevard, Pfad, Gang, Gäßchen, Tunnel.

5. Landsitz, Schloß, Hütte, Schuppen, Gebäude, Iglu, Villa, Wohnung, Kate, Apartment, Chalet, Bungalow, Pavillon.

6. Glück, Zufriedenheit, Euphorie, Entzücken, Enthusiasmus, Heiterkeit, Fröhlichkeit, Jubel, Frohsinn, Freude, Begeisterung, Befriedigung, Wonne.

7. Weggehen, verschwinden, verreisen, sich entfernen, sich davonschleichen, fliehen, abreisen, entfliehen, sich einschiffen, abfahren, abfliegen, umziehen, auswandern, einwandern, wegziehen, verlassen, abhauen, verduften.

8. Freude, Zorn, Mitleid, Liebe, Mitgefühl, Lust, Begeisterung, Zuneigung, Haß, Eifersucht, Feindseligkeit, Habgier, Egoismus, Gefühl, Sorge, Gelassenheit, Raserei.

9. Entwerfen, denken, nachdenken, überdenken, zurückdenken, abstrahieren, mutmaßen, urteilen, sich etwas vorstellen, überlegen, vermuten, schließen, analysieren, argumentieren, kombinieren, ausdenken.

10. Belauschen, bewundern, anschauen, inspizieren, belauern, ansehen, beobachten, betrachten, auskundschaften, überwachen, observieren, angucken, spiegeln, ins Auge fassen, mustern, anstarren, besehen.

Stoppuhr drücken!

Zeitaufwand: ....   Zahl der richtigen Antworten: ....

Reihe 2:

Ziel: Das vertikale Abtasten einsetzen, um den Sinn herauszufinden.
Überfliegen Sie schnell die drei Listen und finden Sie das Synonym für jedes der zehn angeführten Wörter.

81

Übung 1

Stoppuhr drücken!

1. jähzornig, 2. flink, 3. oberflächlich, 4. prächtig, 5. bezichtigen, 6. bissig, 7. anwachsen, 8. zerkratzen, 9. Fremdartigkeit, 10. ausschließlich.

zierlich	unbegreiflich	einzig und allein
erhöhen	behende	zuweisen
unermüdlich	außer Atem geraten	sarkastisch
magnetisch	bedeutsam	Größe
wunderschön	Einzigartigkeit	ruchlos
opportunistisch	beschuldigen	leichtfertig
unverantwortlich	unentwirrbar	unregelmäßig
unheilbringend	anfechtbar	systematisch
aufkratzen	reizbar	Sonderbarkeit
Protokoll	fanatisch	

Stoppuhr drücken!

Zeitaufwand: .... Zahl der richtigen Antworten: ....

Übung 2

Stoppuhr drücken!

1. Echtheit, 2. klären, 3. Isolation, 4. Übereinkommen, 5. Auseinandersetzung, 6. befreien, 7. dicht, 8. unabänderlich, 9. verwirren, 10. ganz.

Passivität	niederlegen	verraten
Wahrhaftigkeit	zerstreuen	Joch
abklären	Einsamkeit	Kontroverse
phonetisch	Zungenfertigkeit	widmen
diskutieren	unwiderruflich	komplett
dichten	beständig	anordnen

Ergänzung	Richtigkeit	Verhalten
Politik	gängig	Vertrag
fanatisch	Strich	Rast
komprimiert	entbinden	durcheinanderbringen

Stoppuhr drücken!

Zeitaufwand: .... Zahl der richtigen Antworten: ....

Reihe 3:

Ziel: Das diagonale Abtasten einsetzen, um die Information herauszufiltern.

Überfliegen Sie den nachfolgenden Text, um die Antwort auf die erste Frage zu finden, dann, um die Antwort auf die zweite Frage zu finden usw.
Führen Sie Ihren Lesehelfer (Bleistift o.ä.) im Zickzack über den Text, bis Sie den Satz finden, der die gesuchte Information zu enthalten scheint.

Stoppuhr drücken!

Fragen
Absichtlich sind die Fragen nicht chronologisch nach dem Text geordnet; dadurch wird sich Ihr Auge daran gewöhnen, die Zeilen schnell zu überfliegen.
1. Welche drei Arten von Zeitungen werden in diesem Artikel vorgestellt?
2. Wodurch ist in der Vermeidung von Irrtümern der Historiker dem Journalisten besonders überlegen?
3. Welches sind die drei Verhaltensweisen, bei denen die Tatsache, keine Meinung zu haben, in Wirklichkeit eine Meinungsäußerung darstellt?
4. Welches sind die neun Möglichkeiten, die ein Journalist hat, um Irrtümer ausschließen?
5. Welche beiden Begriffe benutzt der Autor des Artikels, um diejenigen zu beschreiben, die besser nicht den Journalismus als Beruf wählen sollten?
6. Welches sind die beiden Hauptfehlerquellen, wenn man über ein Ereignis berichtet?

Die Schwierigkeiten des Informierens

Der Journalist ist ein Beobachter, der über Ereignisse berichtet, von denen er nicht immer direkter Zeuge ist; er muß sich auf Informanten verlassen: auf Korrespondenten, Agenturen und Lektoren, die ihrerseits auch nicht immer unmittelbare Zeugen des Geschehens sind und deren Versionen oft unterschiedlich sind. Vom Journalisten sagt man, daß er der Historiker des Augenblicks ist. In den beiden Begriffen gibt es jedoch Widersprüchlichkeiten. Der Historiker verfügt im Gegensatz zum Journalisten über den nötigen zeitlichen und räumlichen Abstand. Aber obwohl er nach Belieben Zeugnisse und Dokumente benutzen kann, kann er sich einerseits bei der Interpretation der Ereignisse irren, andererseits beim Berichten über ihren tatsächlichen Ablauf.

Trotz dieser Schwierigkeiten ist eine Zeitung durchaus in der Lage, mit ihren Hilfsmitteln innerhalb weniger Stunden oder weniger Minuten die Wahrheit oder die Wahrscheinlichkeit eines Ereignisses zu überprüfen; sie kann und muß viele unterschiedliche Informationsquellen nutzen, Nachrichten kürzen und überprüfen, mehrere Versionen veröffentlichen und auch in bestimmtem Umfang in der Möglichkeitsform berichten, die dann nicht nur ein übliches Stilmittel ist; und schließlich und vor allem muß sie vervollständigen oder auch korrigieren, wenn sich die Lücken schließen oder der Irrtum offenbar wird.

Nicht nur Falschmeldungen sind möglich, sondern auch falsche Einschätzungen von Ereignissen. Beide Arten können eng miteinander verbunden sein. Die Bewertung des Journalisten, eines jeden Journalisten, beginnt in dem Augenblick, in dem er den Wert, die Bedeutung, die Tragweite oder auch nur den Wahrheitsgehalt eines Ereignisses einschätzt. Von diesem Moment an dringt in seine Entscheidung unvermeidlich ein Element der Subjektivität. Wenn das nicht so wäre, würden alle Zeitungen einem Ereignis den gleichen Platz und die gleiche Bedeutung einräumen und innerhalb einer Zeitung wären alle Redakteure sich sofort darüber einig, über welches Ereignis berichtet wird, wie umfangreich und an welcher Stelle, ja man könnte die Formulierung eines Professors für Journalismus sogar übernehmen: »Die Nachricht ist kein Objekt, sondern das Produkt eines Urteils.«

Die Zeitung hat ein anderes Mittel, dem Problem zu begegnen, nämlich möglichst viele Informationen über ein Ereignis oder über verschiedene Ereignisse zu veröffentlichen. Das Risiko des Irrtums oder des Unterdrückens (einer Tatsache oder einer Einschätzung) ist dann viel geringer. Der Leser kann sicher sein oder die Hoffnung haben, daß ihm nichts Bedeutendes oder Wichtiges vorenthalten wird. Die Objektivität kann so gewissermaßen aus der Fülle von Meldungen geboren werden, aber Voraussetzung hierfür ist ein ausreichender Raum, den nicht alle Zeitungen zur Verfügung stellen können.

Eine letzte Möglichkeit, den täglichen Problemen des Informierens zu begegnen, ist, einfach zu warten, bis das Ereignis eine definitive Richtung nimmt, in seiner Dauer und Form abgeschlossen ist, bevor man berichtet. Wenn man sich einem brandheißen Ereignis zu sehr nähert, läuft man Gefahr, sich die Finger zu verbrennen. Aber ein abgekühlter Journalismus ist das noch Journalismus? Es ist umsichtiger und bequemer, Abstand zu halten und zu warten, bis die Öffentlichkeit darauf vorbereitet ist, bevor man über eine beunruhigende Tatsache oder eine grausame Wahrheit berichtet. Der Journalismus, das ist Leben, bewegtes Leben, beunruhigendes Leben; die Angsthasen und Zauderer haben im Journalismus ebenso wie im Leben nur wenig Raum und Einfluß.

Eine Zeitung hat neben der mehr oder weniger gut erfüllten Aufgabe, zu informieren, auch das Recht und die Pflicht, eine Meinung zu vertreten.

Unter diesem Blickwinkel gibt es drei Arten von Zeitungen.

Die, die sich selbst als überparteilich und wirklich neutral bezeichnen – und die auch von anderen als solche qualifiziert werden. Aber gibt es wirklich eine einzige, die das auch tatsächlich ist? Denn, keine Meinung zu haben, ist auch eine Meinung. Nicht auszuwählen zwischen Wahrem, Wahrscheinlichem und Falschem, zwischen dem, was man für gut und für schlecht hält, zwischen dem Wichtigen und dem Nebensächlichen, oder wenigstens den Eindruck zu erwecken, das zu tun, ist auch eine Meinung haben, zumeist eine konservative. Wenn ein Mensch oder ein Land unter einer schweren Ungerechtigkeit leidet, ist das Nichtstellungbeziehen auch eine Meinung. Wenn ein Verbrechen begangen wird von einem einzelnen oder der Allgemeinheit, womöglich noch im Namen der Staatsraison, ist das Schweigen auch eine Meinungsäußerung. Und das Lügen durch Verschweigen ist wohl die schlimmste Art der Meinungsäußerung.

Dann gibt es die Zeitungen, die als offizielles Organ, im Dienst einer Partei, einer Ideologie, einer Konfession, oder eines Interesses stehen.

Und schließlich die Zeitungen, die finanziell und politisch unabhängig sind, und offen eine Meinung vertreten, zuvor jedoch möglichst viele Informationen und Einschätzungen liefern.

Äußert sich eine Zeitung, wenn ein Land vor einer einfachen oder schwerwiegenden Wahl steht – zum Beispiel die Ratifizierung eines Vertrages, ein Referendum, oder vor Wahlen – und hat zuvor alle Informationen dazu veröffentlicht, ist diese Meinungsäußerung lediglich eine normale Reaktion, ein Echo auf die Debatten und unterschiedlichen Standpunkte; wenn eine unabhängige Zeitung diese Anstrengung unternimmt, hat sie auch das Recht, ein Urteil zu äußern, das dem Leser nicht aufgezwungen wird, denn er verfügt ja über alle Informationen, um sich selbst eine Meinung zu bilden. Sie hat dazu sogar die Verpflichtung, denn der Leser hat das Recht, die Meinung seiner Zeitung zu kennen, sei es auch nur, um sie mit der eigenen zu vergleichen und sie dann anzunehmen oder zu verwerfen.[8]

Stoppuhr drücken!

Zeitaufwand: .... Zahl der richtigen Antworten: ....

Der Baustein als Schema

Schema 1: Auswahl eines Buches

Leser ⟵⟶ Buch
Übereinstimmung

Die Auswahl eines Buches erfolgt je nachdem, welche Erwartungen der Leser an das Buch stellt (Plan, Gegenstand, Vorwissen, verfügbare Zeit). Blicke auf bestimmte Stellen ermöglichen es, die Übereinstimmung der Erwartungen des Lesers mit dem Buch einzuschätzen.

Einen Blick werfen auf:

die erste Umschlagseite = Autor, Titel, Herausgeber/Verlag, Reihe

letzte Umschlagseite =
Präsentation des Buches (Gegenstand, Zielgruppe) + Präsentation des Autors

Erscheinungsjahr

Vorwort oder Einleitung

Nachwort oder Schluß

Inhaltsverzeichnis

Register

Literaturverzeichnis

Anfang und Ende des ersten Kapitels

Seitenlayout = Aufbau, Typographie

Lesen von einigen Zeilen an verschiedenen Stellen = Stil, Wortschatz, Klang

Zahl der Seiten

Schema 2: Auswahl eines Textes

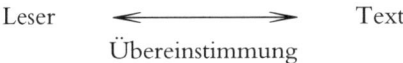

Leser   ⟵⟶   Text

Übereinstimmung

Überfliegen Sie:

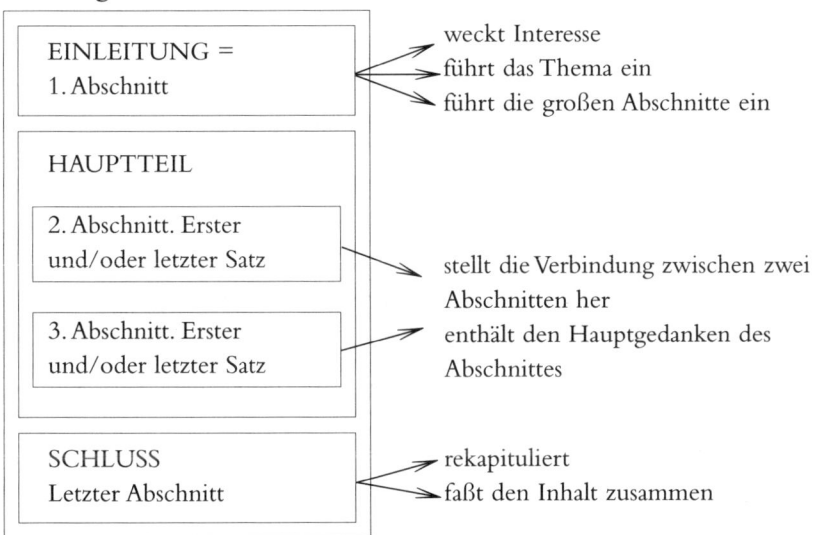

EINLEITUNG =
1. Abschnitt
- weckt Interesse
- führt das Thema ein
- führt die großen Abschnitte ein

HAUPTTEIL

2. Abschnitt. Erster
und/oder letzter Satz

3. Abschnitt. Erster
und/oder letzter Satz
- stellt die Verbindung zwischen zwei Abschnitten her
- enthält den Hauptgedanken des Abschnittes

SCHLUSS
Letzter Abschnitt
- rekapituliert
- faßt den Inhalt zusammen

Ein geschickter Leser liest die Schnittstellen

87

Schema 3: Aufbau eines Abschnittes

Hauptgedanke +
ergänzende Gedanken
(Tatsachen, Beispiele,
Beweise ...)

ergänzende Gedanken
(Tatsachen, Beispiele ...)
→ Hauptgedanke

induktiv aufgebauter Abschnitt   deduktiv aufgebauter Abschnitt

Baustein 3
Lernerfolg beim Lesen

Während der Jahre an der Schule oder an der Universität besteht das Hauptziel des Lesens im Lernen, in der Aneignung neuen Wissens. Hierbei sind zwei Dinge wichtig:
– den gesamten Inhalt eines Textes, einer Vorlesung durch vertieftes Lesen erfassen;
– diesen Inhalt durch die geeignete Art des Notizenmachens festhalten.

Dieser Baustein soll Ihnen helfen, diese grundlegend wichtigen Arbeiten erfolgreich zu gestalten.

Fragebogen: Ihre Vorstellungen vom Notizenmachen

Bevor Sie mit diesem Baustein beginnen, sollten Sie eine Bestandsaufnahme machen über Ihre Vorstellungen, wie man Notizen macht.

Was denken Sie über die folgenden Behauptungen?
Kreuzen Sie das Kästchen, das Ihrer Antwort entspricht, an, und vermeiden Sie dabei soviel wie möglich die dritte Möglichkeit »weiß nicht«.

	richtig	falsch	weiß nicht
1. Es gibt zahlreiche Arten, Notizen zu machen.			
2. Man darf niemals in ein Buch schreiben, auch wenn es einem gehört.			

89

	richtig	falsch	weiß nicht
3. Notizen machen ermöglicht ein besseres Behalten, als nur zu lesen.			
4. Am besten ist es, Notizen in ein Heft zu machen.			
5. Man muß während des Lesens Notizen machen.			
6. Am besten sollte man möglichst viel, auch in ganzen Sätzen, notieren.			
7. Fotokopieren oder notieren, das Ergebnis ist das gleiche.			
8. Um einen Kurs/eine Vorlesung zu wiederholen, muß man sie noch einmal ganz lesen.			
9. Um ein Referat vorzubereiten, sollte man seine Notizen überarbeiten und eventuell ergänzen, um Erinnerungslücken zu vermeiden.			
10. Die Anordnung der Notizen ist wichtig.			

1. Vertieftes Lesen

1.1 Die Basis jeden Lernens

Vertieftes Lesen ermöglicht die Analyse des Textinhaltes, d. h.:
– die großen Teile, die Struktur, systematisch aufzulisten,
– die den Inhalt tragenden Elemente auszumachen,
– die Verbindungen zu erkennen, die zwischen diesen Elementen bestehen,
– die Bedeutung der Elemente und ihre Verknüpfung zu unterscheiden.

Vertieftes Lesen ermöglicht also ein wirkliches Begreifen im Sinne von miteinander in Verbindung bringen und verstehen, die einzelnen Gedanken erkennen, miteinander verknüpfen und ihren Sinn erfassen.

1.2 Leitfaden in acht Etappen

Wie liest man vertieft? Der Weg, den ich Ihnen vorschlage, ist schon erprobt. Sie können sich davon leiten lassen. Und denken Sie immer, bevor Sie anfangen, an die Zeit T-1, die Sie zu den Startvorbereitungen benötigen (vgl. S. 40). Ihre Arbeit wird Ihnen leichter von der Hand gehen. Erproben Sie den Leitfaden anhand des Beispieltextes auf Seite 106.

Erste Etappe: Überfliegen

Wenn man unbekanntes Gebiet durchstreift, ohne Orientierungspunkte zu haben, ist das riskant. Genauso verhält es sich mit dem Lesen. Beginnen Sie mit dem Lesen beim ersten Wort, ohne den Kurs abgesteckt zu haben, laufen Sie Gefahr, sich zu verirren. Es ist ratsam, sich zuerst mit Hilfe der nachfolgenden Vorgehensweisen einen groben Überblick über das Buch oder das Kapitel zu verschaffen. Schauen Sie sich an:
– Titel und Untertitel;
– Numerierung;
– Illustrationen;
– typographisch hervorgehobene Wörter.

Diese globale Wahrnehmung, die man mit dem Blick aus einem Flugzeug vergleichen kann, mobilisiert in erster Linie die rechte Gehirnhälfte. Sie bringt Sicherheit, denn sie gibt Ihnen das berechtigte Gefühl, Herr der Lage zu sein.

Zweite Etappe: Fragen

Beim Überfliegen haben Sie schon einige Informationen bekommen. Bevor Sie weitermachen, sollten Sie sich über Ihre Erwartungen klar werden. Stellen Sie die Frage: Was will ich erfahren? Oder : Wer, was, wo, wann, wie, wieviel, warum, wozu, welche Hinweise, welche Folgen, welche Lösungen? (vgl. das Frageschema auf Seite 74–75). Notieren Sie Ihre Fragen. Dieses Vorgehen ist aus zwei Gründen sehr wichtig.
  Zuerst schafft das Fragen ein aktives geistiges Klima. Es weckt Ihre Neugier,

und Sie beginnen konzentriert und motiviert zu lesen, weil Sie Antworten auf Ihre Fragen suchen.

Außerdem ist Ihr Geist, wenn Sie z. B. von Ihrer Lektüre ausgehend selbst eine Arbeit (Referat, Hausarbeit) verfassen müssen, darauf vorbereitet, das herauszufiltern und zu behalten, was für Ihre Arbeit von Interesse ist. Ohne präzise Fragen ist eines so gut wie das andere, warum also nicht notieren oder gar fotokopieren?

»Fragen stellen zu können, ist schon zur Hälfte wissen«, hat schon Aristoteles gesagt.

Dritte Etappe: Lesen

Lesen Sie Texte immer mit der Absicht, den Inhalt herauszufinden. Anfangs ist immer die beste Taktik, den Text bis zum Ende zu lesen, ohne sich bei einzelnen Wörtern oder unklaren Punkten aufzuhalten. Meist verhindern diese nicht das Verstehen des Folgenden. Wenn man sie daher erst einmal beiseite läßt, hat das verschiedene Vorteile. Was passiert nämlich in dem Moment?

- Das Gehirn kann seine normale Funktion ausüben und das ergänzen, was fehlt. Jeder von uns erinnert sich an eine Prüfungsfrage, die er beim ersten Lesen nicht beantworten konnte, die aber später, als er noch einmal zu ihr zurückkam, leicht beantwortet werden konnte.
- Wenn Sie die Schwierigkeiten erst einmal beiseite lassen, werden Sie sie später, mit mehr Informationen gewappnet und unter Berücksichtigung des Kontextes, einfacher lösen können. Sie sind dann besser dafür gerüstet.
- Die Anspannung läßt nach, und Sie kommen voran.

Wenn Sie Ihre Lektüre beendet haben, können Sie das Wörterbuch nehmen und die Bedeutung der unbekannten Begriffe suchen.

Vierte Etappe: Die Strukturen erkennen

Schon bei der Gesamtschau (erste Etappe) können Sie die Hauptteile des Textes ausmachen. Beim Überfliegen treten einzelne Elemente deutlich hervor, wie z. B. Titel, Untertitel, Numerierung, hervorgehobene Wörter ...

Auch die Aufteilung in Abschnitte ist ein verläßlicher Führer, insbesondere bei kürzeren Texten, die die oben erwähnten Bestandteile nicht enthalten. Ein gut aufgebauter Abschnitt ist um einen Hauptgedanken herum angelegt, den man leicht herausfindet, weil er sich entweder am Anfang oder am Ende des Abschnitts befindet (siehe S. 73). Ergänzende Gedanken gehen dem Hauptgedanken voraus oder folgen ihm.

Ihre Aufgabe liegt darin, den Hauptgedanken zu entwickeln, zu erläutern, mit Beispielen und Tatsachen zu belegen oder durch Beweise und Argumente zu stützen.

Fünfte Etappe: Schlüsselwörter finden

Was versteht man unter einem Schlüsselwort?
Das sind die Wörter, die unentbehrlich sind, um die Aussage zu verstehen und zu behalten, denn sie »tragen« den Sinn (sinntragende Wörter). Sie konzentrieren in sich eine Reihe von Informationen, die sie, wenn man sie abruft, wieder zur Verfügung stellen.

Wie erkennt man die Schlüsselwörter?
Vielleicht schon an ihrer »Kleidung«; die fettgedruckten oder kursiv gesetzten Wörter sind zum Beispiel immer Wörter mit grundlegender Bedeutung, also Schlüsselwörter. Aber auch andere Wörter, die nicht durch den Druck hervorgehoben sind, sind Schlüsselwörter. Um das Prinzip für das Auffinden der Schlüsselwörter zu verstehen, stellen wir uns vor, wir hätten ein Telegramm vorzubereiten, das nach Wörtern bezahlt wird und folgende Information weitergeben soll: »Wir werden am Sonntag um 9 Uhr im Bahnhof in München ankommen.«

Was werden Sie aufschreiben? Bestimmt: »Ankommen Sonntag 9 Uhr Bahnhof München«.

Sie haben die »leeren« Füllwörter, die nur für die Syntax wichtig sind, weggelassen und die »vollen« Wörter, die sinntragenden Wörter, beibehalten. In einem Text sind nicht alle Wörter einander gleich; manche enthalten wenig Bedeutung, andere dagegen viel. Die Schlüsselwörter gehören zur zweiten Kategorie. Diese semantisch starken Wörter sind normalerweise Substantive, Verben und Adjektive. Sie können auch von der Grundstruktur »Subjekt – Prädikat« ausgehen. Subjekt, aus dem Lateinischen »subicere – unter etwas legen«, ist das, was der Autor zum Träger des durch das Verb ausgedrückten Geschehens macht. Das Prädikat, vom Lateinischen »praedicatum – das Bekanntgemachte«, ist das, was der Autor über das Subjekt aussagt.

Beispiel: »Guyana besitzt ausgedehnte Wälder«.

Das Subjekt, von dem gesprochen wird, ist »Guyana«; das Prädikat ist das, was über das Subjekt ausgesagt wird: »besitzt«.

Wie gehen Sie vor?
Die gefundenen Schlüsselwörter erläutern den Sinn

Wenn Ihnen das Buch oder Schriftstück gehört, kreisen Sie ein, unterstreichen Sie oder markieren Sie. Das Markieren ist sehr viel vorteilhafter als das häufiger eingesetzte Unterstreichen, das noch ein Überbleibsel des Zeile-für-Zeile-Lesens ist. Man sollte alles tun, was den Blick dazu bringt, eine größere Oberfläche abzudecken, statt zeilenweise vorzugehen. So können Sie sich vom Wort-für-Wort-Lesen freimachen und zu einem räumlichen Lesen kommen.

Vermeiden Sie jedoch zuviel Markieren, besonders beim ersten Lesen. Die Wörter, die einem zuerst ins Auge fallen, sind nicht immer die wichtigsten, und eine solche Markierung würde beim späteren Lesen hindern oder fehlleiten.

Wenn das Buch Ihnen nicht gehört, schreiben Sie die Schlüsselwörter auf.

Sechste Etappe: Die redeverbindenden Konjunktionen finden

Was versteht man unter Konjunktionen?

Das sind Wörter oder Ausdrücke, die keine Gedanken ausdrücken wie Schlüsselwörter, sondern die die anderen Wörter organisieren. Sie geben die Beziehungen zwischen den verschiedenen Textteilen an, sie markieren den Weg: z. B. so, also, dennoch, einerseits, andererseits (vergleichen Sie mit der folgenden Tabelle). Dank dieser Hilfsmittel wissen Sie, ob der Autor etwas entwickelt, vergleicht, ableitet, schlußfolgert.

Wie findet man die logischen Konjunktionen?

Das Auffinden dieser Wörter wird oft durch ihre Stellung erleichtert, denn sie befinden sich häufig am Anfang von Sätzen oder Abschnitten.

Manchmal übernimmt auch die Interpunktion die Funktion der logischen Konjunktion. Zum Beispiel kündigt ein Doppelpunkt eine Erklärung oder Erläuterung an. Oder man trifft auf ganze Ausdrücke wie »der erste Punkt, den wir ansprechen wollen, ist ...«, »zuerst werden wir uns mit ... befassen« usw.

Wie gehen Sie vor?

Wenn man die Konjunktionen ausfindig gemacht hat, sollte man sie mit einem Textmarker in einer anderen Farbe als die Schlüsselwörter markieren. Wenn die Unterlage Ihnen nicht gehört, notieren Sie sie in Form von mathematischen Zeichen wie in der folgenden Tabelle.

Konjunktionen	Funktion	Zeichen, die für sie stehen können
auch andererseits ebenso außerdem ebenfalls überdies darüber hinaus und danach was ... betrifft	Sie erläutern den Gedanken	Additionszeichen +
gleichfalls das heißt nehmen wir ... insbesondere zum Beispiel	Sie präzisieren oder veranschaulichen den Gedanken	Additionszeichen +
also daher was zur Folge hat deshalb schon aus diesem Grund folglich so	Sie leiten eine Folgerung ein	Pfeil $\rightarrow$

Konjunktionen	Funktion	Zeichen, die für sie stehen können
denn aus diesem Grund nämlich weil da	Sie geben einen Grund an oder liefern Argumente	Pfeil in die andere Richtung ←
jedoch indessen aber dennoch unglücklicherweise trotzdem gleichwohl allerdings	Sie stellen gegenüber (Gegenteil) oder schwächen ab	Zeichen »ist nicht gleich« ≠
so also mit einem Wort schließlich zusammenfassend letztlich um zum Schluß zu kommen	Sie leiten die Schlußfolgerung ein	drei Pfeile → → →

Achtung! Einige Konjunktionen können unterschiedliche Funktionen übernehmen (z. B. also). Die jeweilige Funktion können Sie dann aus dem Zusammenhang entnehmen.

Siebte Etappe: Wiederaufrufen

Legen Sie den Text beiseite und versuchen Sie, sich den Inhalt auf die von Ihnen bevorzugte Denkart wieder zu vergegenwärtigen.

Wenn Sie der eher auditive Typ (linke Gehirnhälfte vorherrschend) sind, formulieren Sie den Text mit Ihren eigenen Worten. Wenn Sie der eher visuelle Typ (rechte Gehirnhälfte vorherrschend) sind, lassen Sie den Text in Ihrem Kopf Revue passieren wie einen Film.

Gleich welche Art Sie praktizieren, dieses geistige Wiederaufrufen des Textes ist von entscheidender Bedeutung. Es ermöglicht Ihnen, sich den Text zu eigen zu machen, und was einem gehört, behält man besser, als das, was einem anderen gehört. Außerdem können Sie dabei auch feststellen, in welchem Maße Sie den Text verstanden haben; das ist sozusagen die Stunde der Wahrheit. Wenn Sie sich diese Methode angewöhnen, werden Sie sehr bald spektakuläre Erfolge haben.

Natürlich können Sie auch ein visuelles Wiedererinnern durch ein auditives ergänzen und umgekehrt; das wird das Behalten sehr erleichtern (s. Baustein Einführung).

Achte Etappe: Überprüfen

Gehen Sie wieder zum Text zurück, um zu kontrollieren: Vergleichen Sie, berichtigen Sie, vervollständigen Sie, wenn notwendig. So werden Sie unangenehme Überraschungen vermeiden nach der Art: »Ich dachte aber ...«

Nehmen Sie sich wieder die Fragen vor, die Sie in der zweiten Etappe formuliert haben. Hat der Text die Antworten darauf gegeben? Sind noch Fragen offen? Sind die offenen Fragen von Bedeutung? Ja? Dann müssen Sie noch in anderen Büchern nachlesen.

Wenn das Buch Ihnen gehört, schreiben Sie Ihre Anmerkungen hinein. Ein mit Notizen versehenes Buch wird wirklich das Ihre.

Trainingsaufgaben

(Um die Übungen nicht zu sehr zu zersplittern, folgen die Übungen zum Auffinden der Strukturen eines Textes und der Schlüsselwörter am Ende des folgenden Teils über das Notizenmachen.)

Ziel: Hauptgedanke und ergänzende Gedanken unterscheiden, Rolle der ergänzenden Gedanken bestimmen.

1. Suchen Sie aus jedem Text den Satz oder die Sätze heraus, die den Hauptgedanken enthalten.
2. Erklären Sie die Rolle der anderen Sätze bzw. der ergänzenden Gedanken.

1. *Alle Errungenschaften der Wissenschaft und deren spätere praktischen Anwendungen wurden stets mit Freudenschreien und Triumph begrüßt. So war es, als die Brüder Mongolfier sich mit ihrem Ballon aus mit Warmluft aufgeblasenem Papier in die Lüfte erhoben; so war es, als man zum ersten Mal dank des Telefons eine menschliche Stimme in hundert Kilometer Entfernung hören konnte, und die Zeugen dieses wunderbaren Ereignisses waren vor Verblüffung sprachlos.[9]*
2. *Seit vielen Jahren engagieren sich die Freunde der Natur und prangern die unzähligen Eingriffe in die Natur an. Eingriffe in Boden, Atmosphäre, Wasser, Flora, Fauna … Eingriffe durch radioaktive Verschmutzung, durch Insektizide und Herbizide, durch Kohlenwasserstoffe … Alles Eingriffe, die sich früher oder später gegen den Menschen wenden werden, sei es, daß die Möglichkeiten, Nahrung herzustellen, sich verringern, die Nahrungsmittel und die Atemluft vergiftet werden oder das empfindliche Gleichgewicht der Natur zerstört wird.[10]*
3. *Der Austausch zwischen Wissenschaftlern und der Öffentlichkeit ist heute wichtiger denn je. Die Mehrzahl der großen aktuellen Probleme bedürfen zu ihrer Lösung direkt oder indirekt wissenschaftlicher oder technischer Kenntnisse. So zum Beispiel in den Bereichen Energie, Information, Biologie, Umwelt oder Telekommunikation. Sogar große soziale oder wirtschaftliche Probleme, wie die Abtreibung, der Hunger in der Welt, die Umweltverschmutzung, die Automatisierung oder das industrielle Wachstum verlangen im Grunde genommen eine technische Klärung.[11]*

2. Notizen machen

Wir untersuchen zuerst einige Fragen, die Sie sich vielleicht in bezug auf das Notizenmachen stellen; danach werde ich Ihnen fünf verschiedene Möglichkeiten präsentierenn, so daß Sie damit in der Lage sind, bewußt auszuwählen.

2.1 Fragen zum Notizenmachen

Was kann man durch Notizen festhalten?

Hier gibt es zahlreiche Möglichkeiten:
- Notizen über eine mündliche Rede (Vorlesung, Vortrag, Konferenz);
- Notizen über einen Versuch (in Biologie, Soziologie, Geographie);
- Notizen über eigene Gedanken (»Ach, da fällt mir gerade ein ...«);
- Notizen über eine schriftliche Unterlage.

In diesem Kapitel werden wir uns hauptsächlich mit Notizen zu Geschriebenem befassen, aber die vorgeschlagenen Techniken können auch nutzbringend bei anderen Gelegenheiten (Vorlesungen, Vorträge etc.) eingesetzt werden.

Worin liegt die Bedeutung des Notierens?

Das Notizenmachen dient in erster Linie dazu, das Gedächtnis zu stützen und gegen das Vergessen zu kämpfen. Es entlastet das Gehirn. Es bildet sozusagen ein »Gedächtnis aus Papier«, wie es Montaigne einmal bezeichnet hatte. Es geht darum, sich an den Inhalt eines Textes anhand der Notizen zu erinnern.

Darüber hinaus ist das Notizenmachen auch von grundlegender Bedeutung für das Lernen. Um sich hiervon zu überzeugen, machen Sie einmal den folgenden Versuch: Lesen Sie einen Text, ohne auch nur das geringste aufzuschreiben. Einige Zeit später versuchen Sie, sich an den Text zu erinnern. Lesen Sie einen weiteren Text, der dem ersten im Schwierigkeitsgrad und in der Länge etwa entspricht, und machen Sie sich Notizen darüber. Versuchen Sie dann, nach genau dem gleichen Zeitraum, sich an den Text zu erinnern. Vergleichen Sie... Sie werden feststellen, daß das Behalten im zweiten Fall weitaus besser ist als im ersten. Denn um Notizen zu machen, mußten Sie schon auswählen, das Wichtige vom Unwichtigen trennen. Diese geistige Arbeit ist größer als beim reinen Lesen und hat ein besseres Speichern zur Folge.

Das beweist, daß die Information um so besser behalten wird, je mehr sie bearbeitet ist. Das Notizenmachen ist daher eine grundlegend wichtige Tätigkeit beim Erwerb von neuem Wissen. Es erleichtert Verstehen und Behalten.

Wozu schreiben Sie Notizen auf?

Es geht um die Motivation zum Notizenmachen. Von Anfang an ist es wichtig, Ihr Vorhaben zu definieren und das Vorgehen festzulegen, das zu großem Teil vom Vorhaben abhängig ist.
– Bereiten Sie sich auf eine Prüfung vor (Notizen dienen dem Erinnern)?
– Arbeiten Sie etwas schriftlich aus (Referat, Hausarbeit, Inhaltsangabe)?
– Müssen Sie eine Rede halten oder eine Diskussion leiten?
Das Vorhaben ist Ihr Kompaß, der Ihr Handeln bestimmt und Sie stimuliert.

Wann notieren?

Vermeiden Sie es, während des Lesens umfangreiche Notizen zu machen. Schauen Sie sich den Absatz, das Kapitel oder den Text bis zum Ende an. Wenn Sie sich etwas notieren, ohne einen Überblick über das Ganze zu haben, kann es passieren, daß Sie viel zu viele Details aufschreiben.

Was notieren?

Den größten Teil der Antwort auf diese Frage haben Sie bereits im vorangegangen Kapitel kennengelernt (siehe S. 93). Es geht darum, das Grundlegende einer Botschaft zu konservieren, die nicht zum Verständnis notwendigen Elemente auszulichten, die leeren Wörter zu streichen und Subjekt, Prädikat und Schlüsselwörter festzuhalten.
    Sie können auch die Redundanzen weglassen, d. h. die Wiederholung einer Information in einer anderen Form. Diese Redundanzen, die in der gesprochenen Sprache sehr häufig und auch unentbehrlich für das Übermitteln der Botschaft sind, gibt es auch in der geschriebenen Sprache, wo sie das Verstehen erleichtern. Der Autor kündigt etwas an, entwickelt seinen Gedanken und faßt ihn zusammen, und in diesen drei Schritten decken sich Informationen teilweise. Sie müssen die Formulierung auswählen, die Ihnen am besten paßt.

Wann soll man etwas wörtlich notieren?

Manchmal ist das komplette Notieren nicht zu vermeiden. Es ist sogar ratsam, wenn es z. B. um
– Definitionen
– Zitate
– bezeichnende Formulierungen geht, die Sie so übernehmen wollen, wie sie sind.
Diese Übernahmen setzen Sie in Anführungszeichen.

Sollte man Beispiele ausklammern?

Das ist eine schwierige Frage. Beispiele anzuhäufen ist sinnlos, aber gar keine zu bringen, könnte dem Behalten Abbruch tun, insbesondere dann, wenn Ihre Vorgehensweise eher induktiv ist. Das ist vor allem der Fall, wenn die rechte Gehirnhälfte bei Ihnen dominiert. Schreiben Sie also mindestens ein Beispiel auf, das bezeichnendste oder dasjenige, das für Sie am treffendsten ist. Bei Aufzählungen suchen Sie immer einen Oberbegriff.

Beispiel: »Das Fernsehen, das Radio, die geschriebene Presse und die verlängerte Schulausbildung verwischen nach und nach die Unterschiede in der Sprache, lassen lokale Besonderheiten, Ausdrücke bestimmter Regionen oder Berufe verschwinden.«[12]

Die Aufzählung: »Fernsehen, Radio, geschriebene Presse« kann durch den allgemeinen Begriff »Medien« wiedergegeben werden.

Worauf soll man Notizen machen?

Nehmen Sie lieber Blätter oder Zettel, die unendlich viel besser zu handhaben sind als ein Heft. Denn durch sie sind drei Vorgänge möglich, die unerläßlich für ein späteres Nutzen Ihrer Notizen sind:
– Austausch eines überholten Zettels oder Blattes;
– Hinzufügen eines neuen Zettels mit einer neuen Information;
– Austausch eines Zettels gegen einen anderen.

Schreiben Sie immer nur auf eine Seite des Blattes. Das hat mehrere Vorteile:
– Mit einem Blick können Sie Ihre Notizen überblicken, beim Wiederholen oder beim Abfassen von Texten ist das sehr vorteilhaft;
– Sie können, wenn erforderlich, etwas dazwischenschieben z.b. eine Skizze, eine Tabelle oder zusätzliche Notizen;
– Sie können etwas herausschneiden oder einkleben, ohne Vorder- und Rückseite noch einmal zu kopieren.

Oben auf jede Serie von Blättern oder Zetteln schreiben Sie bitte folgendes:
– Das jeweilige Thema in ein oder zwei Wörtern (Beispiel: Medien)
– die Quellenangabe: Wo haben Sie die Information gefunden?

Wie macht man Notizen?

Sie notieren schnell und effizient, wenn Sie drei grundlegende Techniken einsetzen: **T.A.S.**

– Schreiben Sie im Telegrammstil : **T.**
Heben Sie dabei nur die Schlüsselelemente hervor, so, wie wir es weiter oben gesehen haben.
Beispiel: »Die Lebensbedingungen in der Antarktis sind sehr schwierig« = »Lebensbedingungen schwierig Antarktis«.

– Benutzen Sie Abkürzungen: **A.**
Es geht nicht darum, Stenographie zu lernen, sondern darum, eine eigene Stenographie zu entwickeln, indem man bestimmte Wörter abkürzt. Welche Wörter? Die, die am häufigsten in der Sprache vorkommen, gleichgültig, um welches Thema es sich handelt. Weiter unten werden Sie einige Vorschläge finden, die Sie mit Ihren eigenen Abkürzungen kombinieren können. Sie können auch themenabhängige Abkürzungen benutzen wie z.B. M.A. für Mittelalter, v für Geschwindigkeit. Schreiben Sie dann aber an den Anfang Ihrer Notizen die Bedeutung der benutzten Abkürzungen.
Einige Beispiele für gängige Abkürzungen:
d.h.: das heißt
z.B.: zum Beispiel

s.: siehe

vgl.: vergleiche

w.u.: weiter unten

o.a.: oben angeführt

j-m: jemandem

j-n: jemanden

jur.: juristisch

f: weiblich

m: männlich

usw.

- Benutzen Sie Zeichen und Symbole: **S.**

Die Zeichen, die wir auf Seite 95–96 für die Konjunktionen vorgestellt haben, können auch hier als Grundlage dienen. Alle Symbole, die der Mathematik entnommen sind, sind sehr nützlich.

Machen Sie sich auch hierzu eine umfangreiche persönliche Liste von Zeichen, die Sie immer wieder benutzen.

Beispiel:

+	mehr	−	weniger
=	ist gleich	≠	ist nicht gleich
≅	ungefähr	→	bis
→	folglich	↗	erhöht
→			usw.
→			

■ Zusammenfassung

Denken Sie daran ...

– Vor dem Notizenmachen vertieft lesen.

– Die Notizen müssen so gestaltet sein, daß man den Inhalt eines Textes wiederfinden kann, ohne den Text noch einmal zu lesen.

– Die Notizen müssen deutlich weniger Umfang haben als der Originaltext.

2.2 Tausendundeine Art, Notizen zu machen

Die Anlässe und die Zielsetzung des Notizenmachens sind unterschiedlich, die Lernstile sind es auch, und so müssen auch die Techniken des Notierens unterschiedlich sein. Wenn man nicht gerade ein Roboter ist, kann das Notizenmachen nicht immer mechanisch auf ein und dieselbe Weise geschehen. Das passiert häufig, wenn man es nicht richtig gelernt hat. Schauen Sie sich einmal um ...

Oft sehen Notizen so aus, daß ein Wort neben dem anderen steht, ohne daß irgend etwas, außer vielleicht einem Titel, hervorgehoben ist. Solche aneinandergereihten Notizen entsprechen vielleicht noch den »linkshirnig«, sehr sprachlich Orientierten, aber was ist mit der anderen Hälfte? Erfordert nicht jede geistige Arbeit das ständige Zusammenspiel beider Hemisphären?

Es existieren tatsächlich Tausende von verschiedenen Notierweisen. Ich werde Ihnen hier fünf vorstellen, die in ihrer Konzeption sehr unterschiedlich sind.

2.3 Gegliedertes Notieren

Diese Methode wird Sie sicher am wenigsten überraschen. Deshalb beginne ich mit ihr.

Damit Ihnen ein solches Notizenmachen gelingt, beginnen Sie nach dem Schema für das vertiefte Lesen auf Seite 90. Sie können es um folgende Operationen erweitern:
– Verfassen Sie einen oder zwei Sätze, die die Hauptgedanken jeden Absatzes oder Teils wiedergeben.
– Formen Sie diese Gedanken in Titel und Untertitel um.
Der Hauptgedanke soll dabei ein Titel werden, die ergänzenden Gedanken Untertitel. Dieses Vorgehen, das auch als Nominalisierung bezeichnet wird, hilft die Information zu verdichten und zusammenzufassen.
– Stellen Sie eine Gliederung des Textes auf.
Schreiben Sie Titel und Untertitel so auf, daß Sie eine Gliederung erhalten, aus der man auch die Beziehung der einzelnen Teile untereinander ersehen kann. Zwischen Titel und Untertitel schreiben Sie die entsprechende Konjunktion. Meistens ist das durch ein mathematisches Zeichen möglich.

Diese Gliederung bildet das Gerüst für Ihre Notizen. Sie müssen jetzt nur noch kurz die entsprechenden Informationen einfügen, die noch nicht in den Titeln und Untertiteln enthalten sind, die Sie aber für notwendig halten, um später den Inhalt wieder zu erinnern. Oft genügt aber schon die Gliederung allein.

Wie gehen Sie vor?

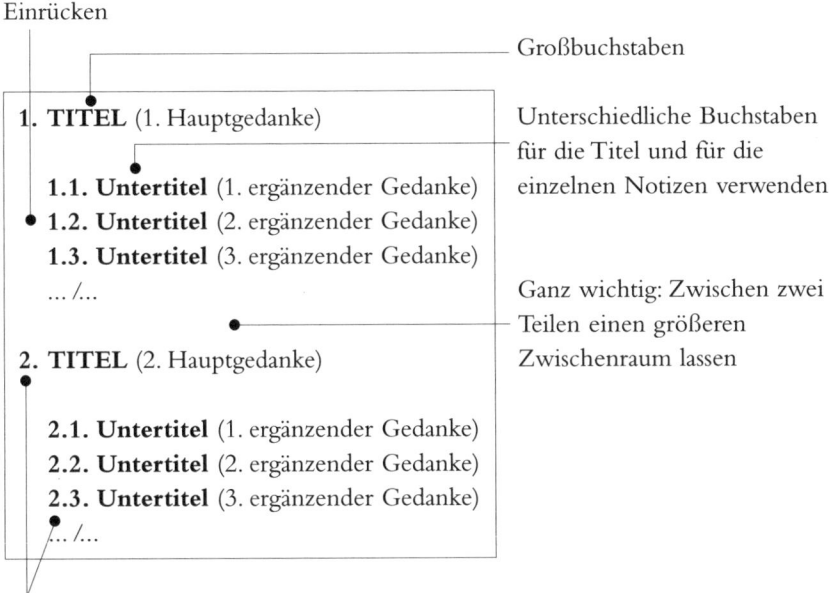

Einrücken

Großbuchstaben

1. TITEL (1. Hauptgedanke)

Unterschiedliche Buchstaben für die Titel und für die

1.1. **Untertitel** (1. ergänzender Gedanke)
1.2. **Untertitel** (2. ergänzender Gedanke)
1.3. **Untertitel** (3. ergänzender Gedanke)
... /...

einzelnen Notizen verwenden

Ganz wichtig: Zwischen zwei Teilen einen größeren Zwischenraum lassen

2. TITEL (2. Hauptgedanke)

2.1. **Untertitel** (1. ergänzender Gedanke)
2.2. **Untertitel** (2. ergänzender Gedanke)
2.3. **Untertitel** (3. ergänzender Gedanke)
... /...

Numerierung

Die Anordnung ist bei der gegliederten Notierweise von grundlegender Bedeutung. Wenn die Gliederung der Gedanken und ihre jeweilige Relevanz aus der Präsentation hervorgeht, reicht ein Blick, um den Aufbau des Textes nachzuvollziehen.

Benutzen Sie auf jeden Fall unterschiedliche Buchstaben und Farben für Titel und Untertitel; lassen Sie Zwischenräume, numerieren Sie, ordnen Sie neu.

Statt der im Beispiel benutzten dezimalen Numerierung können Sie auch das traditionelle Numerierungssystem wählen.

```
I
    A
        1
            a)
                – (Gedankenstrich)
                Alpha usw.
II
    A
        1
            a)
                – (Gedankenstrich)
                Alpha usw.
```

Beispiel für eine gegliederte Notierweise

Die Informationsflut

In den hundert Jahren von der Entdeckung des Telegraphen im Jahr 1840 bis zum Beginn des zweiten Weltkrieges wurden sämtliche modernen Masseninformationstechniken einge-führt: Telegraph (1840), Rotationspresse für Zeitungen (1847), Telefon (1870) Radio (1922) und schließlich das Fernsehen (1930). Im gleichen Zeitraum wurde durch den Nie-dergang der Königreiche und der autoritären Regime die freie Meinungsäußerung möglich bzw. war eine zwangsläufige Folge dieser Entwicklung. Am Ende lagen die technischen und politischen Voraussetzungen für eine Explosion der Information vor, und die bisherigen Denkgewohnheiten und Verhaltensweisen wurden dadurch über den Haufen geworfen. Aus wenigem wurde viel, aus Verspätetem Aktuelles, aus Teurem Billiges und oft sogar Kosten-loses, aus Falschem wurde weniger Falsches.

Während jahrhundertelang der gutinformierte Mensch ein Privilegierter war, ist die Infor-mation für den Bürger der industrialisierten Welt nur noch ein Konsumgegenstand, den er auch ohne Zögern verschwendet. Er ziert sich zwar noch ein bißchen, wenn er Nahrung wegwirft oder ein Buch, das er gekauft hat, nicht liest, aber ohne mit der Wimper zu zucken, läßt er sich seinen Hering in eine Zeitung einrollen, von der vielleicht gerade mal zwei Spalten gelesen worden sind. Die Zeitschriften türmen sich auf den Tischen der Abon-nenten, die gar nicht die Zeit haben, sie zu lesen. Die Radios und Fernsehgeräte bleiben während der Nachrichtenlawine, die sie ausschütten, meist ausgeschaltet, und nur eine Minderheit verfolgt sie. Information ist heute nur noch ein Produkt wie etwa Wasser oder Strom, das immer zur Verfügung steht und das man nach Lust und Laune konsumiert.

Der Preis der Information ist lächerlich gering geworden. Für den Gegenwert einer wöchentlichen Fleischportion erhält man jeden Tag das ganze Jahr über Dutzende von vollgestopften Titelseiten. Die Nachrichten aus Funk und Fernsehen sind dagegen kostenlos, wenn man das Gerät, das zur Freizeitgestaltung gerechnet wird, erst einmal erworben und die Gebühr bezahlt hat.

Da vom Finanziellen her gesehen die Information zum Nebenprodukt der Werbung geworden ist und für jeden Geldbeutel bezahlbar, ist sie die modernste demokratische Ware, denn sie steht dem Minister ebenso zur Verfügung wie dem einfachen Bankangestellten. Was die beiden jedoch unterscheidet, ist, daß der Angestellte mehr Zeit zur Verfügung hat als der Minister und, wenn er will, die Nachrichten intensiver aufnehmen und darüber nachdenken kann, während der Minister hingegen die Möglichkeit hätte, aus den Nachrichten Schlußfolgerungen zu ziehen und entsprechende Entscheidungen zu treffen (das denkt jedenfalls der Angestellte).

Aber von all den erzielten Erfolgen ist der wichtigste und doch am wenigsten erreichte der der Qualität. Die Gewohnheit, zu schreiben und aufzuzeichnen, die Recherche, die Beschreibung des Ereignisses und seine Überprüfung, die Entstehung richtiger Informationsberufe haben gleichzeitig die Zuverlässigkeit der Information und die Erwartungen der Öffentlichkeit zunehmen lassen. Nichtsdestoweniger genügt es, seine Aufmerksamkeit auf die an einem Tag neu hereingekommenen Nachrichten zu lenken, um die beschränkten Erfolge der Bemühungen zu erkennen. Übertreibungen, Verallgemeinerungen, übertriebene Vereinfachungen, Auslassungen, schlechte Interpretationen – ohne von der Menge der Falschmeldungen zu sprechen – verfälschen die verbreiteten Nachrichten bis zur Unkenntlichkeit. Die Ungenauigkeiten und Falschdarstellungen sind um so gefährlicher, als die einschüchternde Größe der Medien den Nachrichtenkonsumenten glauben macht, daß der Inhalt der Nachricht der Wahrheit entspricht. Fehler werden auch viel leichter übernommen, als das noch bei den Großeltern der Fall war, die noch gelernt hatten, in Zweifel zu ziehen, was ihnen gesagt wurde. Nun, die Mehrzahl der Meldungen ist insgesamt richtig, während vor hundert Jahren die Mehrzahl davon falsch war. Aber das macht die Minderheit der falschen Nachrichten noch gefährlicher, die eben falsch bleiben, und die auch die Leser, die sich mit dem Beruf auskennen, nicht zu unterscheiden vermögen ...[13]

Wie gehen Sie vor?

1. Etappe: Überfliegen.

2. Etappe: Fragen formulieren.

3. Etappe: Lesen.

4. Etappe: Die großen Teile, d.h. den Aufbau herausfinden.
Bei diesem Text entspricht jeder Abschnitt einem Teil. Der erste Abschnitt ist eine Einleitung, die das behandelte Thema einführt: Die Informationsflut und ihre Folgen. Der letzte Satz erwähnt der Reihe nach die verschiedenen Punkte, die in den folgenden Abschnitten behandelt werden.

Wie erkennt man die einzelnen Teile?
– Dank der Aufteilung in Abschnitte.
– Indem man den Anfang der Abschnitte liest, wobei sich die Notwendigkeit des Absatzwechsels bestätigt – oder in manchen Texten widerlegt. Stellen Sie sich immer die Frage: Ist das wirklich ein neuer Gedanke? Die wichtigsten Gedanken finden sich in unserem Beispieltext immer zu Beginn des Abschnittes, was sehr oft auch bei anderen Texten der Fall ist. Dadurch wird es sehr viel leichter, die großen Teile herauszufinden.
– Der letzte Abschnitt könnte eventuell in zwei Teile unterteilt werden, nämlich auf der einen Seite der Fortschritt durch die Medien, auf der anderen Seite die daraus erwachsenden Probleme. Diese Unterteilung kann aber nicht räumlich festgemacht werden, da beide Teile miteinander vermischt sind. Ich habe mich daher dafür entschieden, die Gliederung so aufzubauen, daß ich den letzten Abschnitt als einen Teil ansehe. Es steht Ihnen natürlich frei, sich für die andere Lösung zu entscheiden, wenn diese Ihnen klarer erscheint. In jedem Fall aber vergessen Sie nicht, den Kontrast zwischen Fortschritt und Problemen durch das Symbol »≠« darzustellen.

5. Etappe: Schlüsselwörter herausfinden.
Sie können die Wörter aufschreiben oder aber die Idee, die sie repräsentieren, d.h. bereits eine erste Übersetzung durchführen (Beispiel: »Anfang des zweiten Weltkrieges« = 1939).

- Teil 1 (Abschnitt 1)
- 1840 → 1939 – technische Basis für Massenmedien vorhanden – Ende Autoritarismus → freie Meinungsäußerung – materielle + politische Voraussetzungen vorhanden → Explosion der Information → Denkgewohnheiten umwerfen – Überfülle – aktuell – billig – weniger falsch.
- Führen Sie die gleiche Arbeit für die anderen Teile durch (um zu vergleichen, können Sie die Schlüsselwörter auf Seite 114 heranziehen).

6. Etappe: Die logischen Konjunktionen herausfinden
- Teil 1
- im gleichen Zeitraum (angrenzend) – am Ende (im chronologischen Sinn) – dadurch (gibt die Folge an, kann durch einen Pfeil dargestellt werden) usw.

7. Etappe: Wiederaufrufen

8. Etappe: Überprüfen

9. Etappe: Ein oder zwei Sätze verfassen, die den Gedankengang eines jeden Teils wiedergeben.

10. Etappe: Aus den Gedanken Titel und Untertitel formulieren
- Teil 1 (Abschnitt 1)
   Hauptgedanke 1: Explosion der Information (der Hauptgedanke ist immer der Oberbegriff des ganzen Absatzes).
   Ergänzender Gedanke 1: Technischer Fortschritt
   Ergänzender Gedanke 2: Politischer Wechsel und freie Meinungsäußerung
   Ergänzender Gedanke 3: Umwälzung der Mentalität usw.
Die vorgeschlagenen Titel sind informative Titel. Sie können auch, um das Behalten zu erleichtern, Titel formulieren, die sich näher an die journalistischen Titel anlehnen. Aber Achtung: Meiden Sie Titel, die unterschiedlich ausgelegt werden können, da die Gefahr besteht, daß man beim Wiederholen einen anderen Inhalt hineininterpretiert.

11. Etappe: Gliederung des strukturierten Notierens aufstellen

1. **Explosion der Information**
   1.1. technischer Fortschritt

   +

   1.2. politischer Wechsel und freie Meinungsäußerung

   ↓

   1.3. Umwälzung der Mentalität

   +

   zeigt die
   Folgen auf

   zeigt die Entwicklung
   des Gedankenganges

2. **ein gängiger Konsumgegenstand**
   2.1. früher ein wenig verfügbares Produkt

   ≠

   2.2. heute ein verschwendetes Produkt
       2.2.1. ungelesene Bücher und Zeitschriften
       2.2.2. die Zeitung als Verpackungsmaterial
       2.2.3. ausgeschaltete Radio- und Fernsehgeräte
   2.3. ein verfügbares Produkt

   +

3. **ein erschwingliches Produkt**
   3.1. ein billiges Produkt
   3.2. kostenlose Nachrichten nach Kauf des Gerätes

   +

4. **kostenlose Nachrichten**
   4.1. gleiche Informationen für alle
   4.2. Unterschied im Grad der Nutzung
       4.2.1. eingesetzte Zeit
       4.2.2. Fähigkeit zur Analyse

   +

5. **ein zuverlässiges Produkt, aber**
   5.1. ein Beruf, den man erlernt

   +

   5.2. eine große Zahl richtiger Informationen

   ≠

   5.3. Verfälschung einiger Nachrichten
       5.3.1. Ungenauigkeiten
       5.3.2. Irrtümer

   +

   5.4. leichtgläubige Konsumenten
       5.4.1. beeindruckte Konsumenten
       5.4.2. nicht ausgebildete Kritikfähigkeit

   ↓

   5.5. Falschmeldungen, Vorsicht Gefahr

2.4 Notieren in Form eines gegliederten Schemas oder in Form eines Baumes

Wie stellt man ein Gliederungsschema auf?

Die Methode baut auf dem gleichen Prinzip auf wie die vorhergehende, aber die Anordnung stellt noch mehr die Struktur der Gedanken heraus. Außerdem zwingt sie aus rein praktischen Gründen (eine Seite ist nicht ausdehnbar) zu größerer Knappheit.

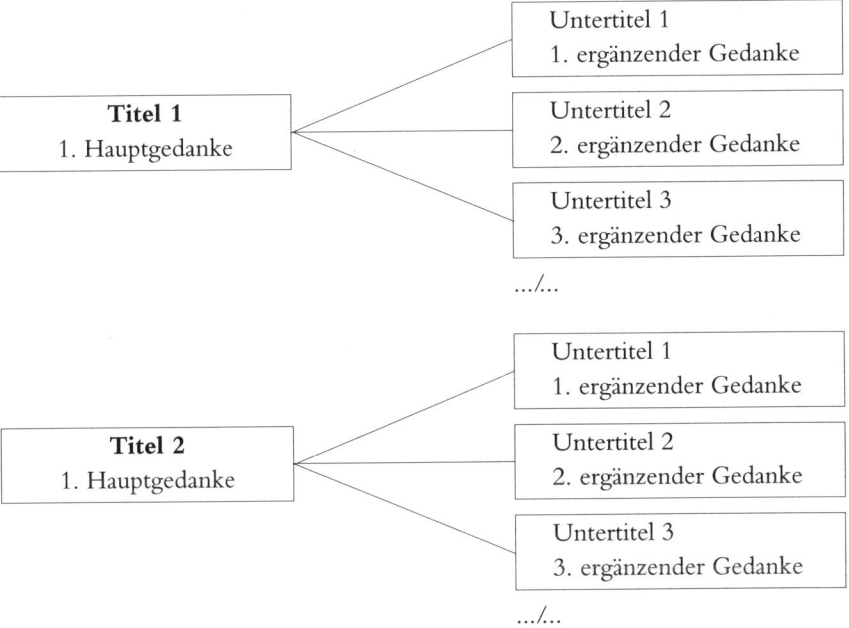

Diese Art des Notierens kann auch durchgeführt werden, wenn man die Seite im Querformat nimmt.

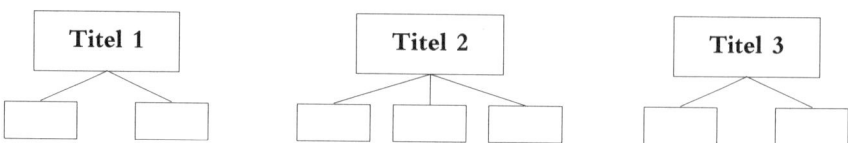

Beispiel eines gegliederten Schemas (Text S. 106)

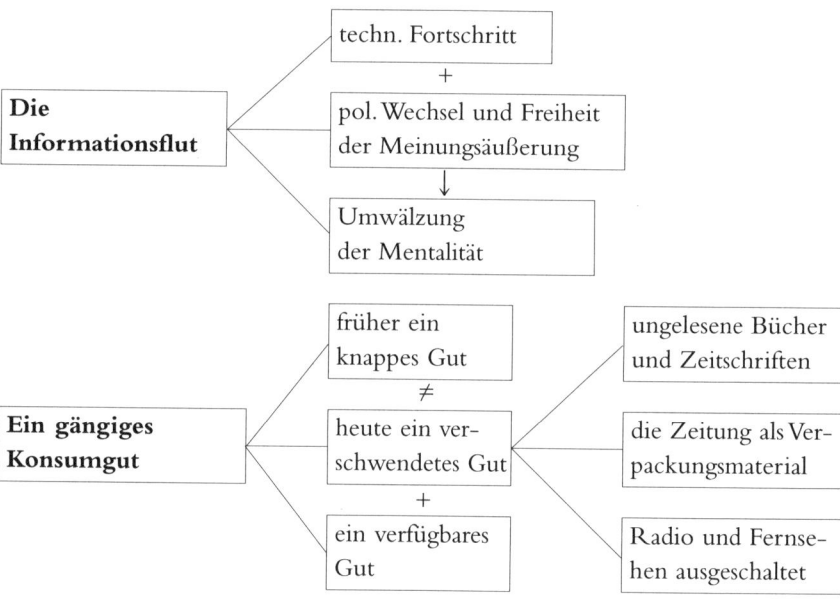

Vervollständigen Sie dieses Schema mit Hilfe des gegliederten Notierens (S. 110)

2.5 Die Zusammenfassung

Die Zusammenfassung ist eine Art des Notierens. Die linkshälftig Gesteuerten werden sich damit gut fühlen, weil sie ausformuliert ist. Wenn Sie eine Zusammenfassung machen wollen, können Sie das gut unter Zuhilfenahme einer Gliederung des Textes (s. S. 110) machen. Dann haben Sie sämtliche notwendigen Elemente zur Verfügung:

– die Anordnung zeigt den Aufbau des Textes;
– die Hauptgedanken und die ergänzenden Gedanken sind gefunden;
– die Titel und Untertitel sind schon eine erste Zusammenfassung, die die wichtigen Gedanken, die nicht verlorengehen dürfen, knapp wiedergibt;
– die Symbole zwischen den Teilen geben Auskunft über die Beziehung der Teile untereinander.

Danach reicht es fast aus, diese Gliederung in Sätze zu fassen, um zu einer Zusammenfassung zu kommen. Versuchen Sie es; Sie werden erstaunt über Ihr Ergebnis sein.

2.6 Tabelle der Schlüsselwörter

Eine andere Möglichkeit ist es, eine Schlüsselwort-Tabelle zu erstellen. Vertikal notieren Sie die verschiedenen Abschnitte oder Teile. Für jeden dieser Teile schreiben Sie in abgekürzter Form die gefundenen Schlüsselwörter auf.

Die Schlüsselwörter sind wie eine Blinkleuchte, die Sie den Gedanken wiederfinden läßt. Wenn Sie die Tabelle durchsehen, werden Sie quasi den Text schnell wiedergelesen haben.

	Schlüssel-wörter 1	Schlüssel-wörter 2	Schlüssel-wörter 3	Schlüssel-wörter 4	.../...
Abschnitt 1 oder Teil 1					
Abschnitt 2 oder Teil 2					
Abschnitt 3 oder Teil 3					
.../...					

113

Beispiel für eine Schlüsselwort-Tabelle

	Schlüssel- wörter 1	Schlüssel- wörter 2	Schlüssel- wörter 3	Schlüssel- wörter 4	Schlüssel- wörter 5	Schlüssel- wörter 6
§ 1	1840 → 1939	technische Grundlage für Informa- tionsflut vorhanden	Untergang des Autori- tarismus → Freiheit der Mei- nungs- äußerung	Vorliegen politischer und materi- eller Voraus- setzungen für die Nachrich- tenschwem- me	Tiefgreifen- de Verände- rung der Denkge- wohnheiten	
§ 2	Konsumgut verschwen- det	in Zeitung einpacken	Zeitungen stapeln sich	Radio + Fernsehen abgeschaltet	stets verfüg- bares Gut	
§ 3	Gedrucktes zu Spott- preisen	audiovisuelle Nachrichten gratis				
§ 4	demokra- tisch	Angestellte + Zeit	Minister = bessere Analyse			
§ 5	Qualität	richtige Berufe	beschränkte Erfolge, Auswirkun- gen	verfälschte Meldungen	unkritische Verbraucher	Gefahr Falschmel- dungen

2.7 Mind-Map

Wie erstellt man ein Mind-Map?

Die bisher beschriebenen Methoden waren sequentieller Art: Sie werden der linearen Ordnung des Textes folgend ausgeführt. Die Technik des Mind-Map

funktioniert ganz anders. Sie besteht darin, das Hauptthema ins Zentrum zu schreiben und die einzelnen Gedanken strahlenförmig, sich verästelnd, vom Hauptthema ausgehend, anzuordnen. Die Gedanken werden in Form von Schlüsselwörtern auf den Astlinien angeordnet, die sich wiederum verzweigen können.

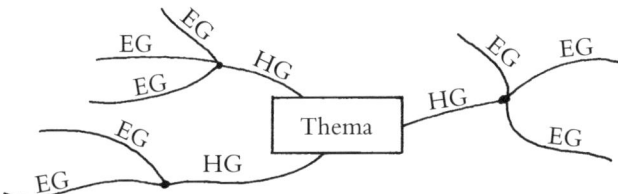

HG= Hauptgedanke
EG = ergänzender Gedanke

Die Wichtigkeit der einzelnen Gedanken tritt klar zutage: Die Hauptgedanken befinden sich nahe beim Zentrum, die ergänzenden Gedanken sind an der Peripherie plaziert. Auch Farben oder geometrische oder Phantasie-Formen können hier eingesetzt werden, um die Zonen des Mind-Map hervorzuheben, die jeweils einem Teil des Textes entsprechen. Die verschiedenen Verbindungen zwischen einzelnen Gedanken können mit Pfeilen verdeutlicht werden.

Das folgende Mind-Map bezieht sich auch wieder auf den Text Seite 106. Die Farbe ist bei dieser Art des Notierens sehr wichtig. Leider ist unser Beispiel jedoch in Schwarzweiß. Wenn Ihnen das Buch gehört, markieren Sie einfach mit verschiedenen Farben.

Beispiel für ein Mind-Map:

115

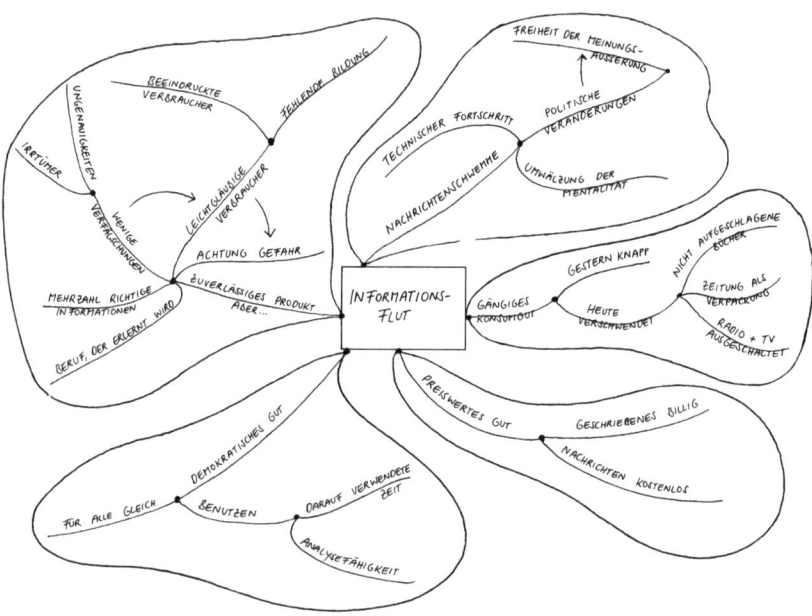

Woher kommt das Mind-Map?

Tony Buzan, ein englischer Pädagoge, hat als einer der ersten diese Art der Darstellung bei der Arbeit mit Kindern eingesetzt, die in einem benachteiligten Viertel von London in der Schule versagt haben. Die Fortschritte dieser Kinder waren spektakulär: Sie konnten ihren Rückstand aufholen und sogar den Durchschnitt überholen.

Plädoyer für das Mind-Map

1. Diese Methode steht mit der Funktionsweise des Gehirns in Einklang. Die Gestaltung des Mind-Map regt nicht nur beide Hemisphären an – dadurch, daß es Analyse und Synthese enthält –, sondern es erleichtert auch das Herstellen von Verbindungen, den Übergang von einem Gedanken zum anderen. Es ent-

spricht damit genau dem, was die letzten Forschungen auf dem Gebiet der Neurowissenschaft ergeben haben: Das Gehirn arbeitet normalerweise durch Interaktion und Kombination und nicht auf lineare Art und Weise.

2. Die Methode fördert das Gedächtnis. Die Nähe der Gedanken erleichtert die Verbindungen, und da das Gedächtnis nach einem assoziativen Prozeß arbeitet, ist das Behalten besser. Zudem ist inzwischen bewiesen, daß ein einmaliges Lernen unzureichend ist. Wenn keine Wiederholungen stattfinden, kann das Gehirn seine Funktion nicht ausüben. Es geht schneller, anhand eines Mind-Map zu wiederholen, als anhand linear erstellter Notizen, die immer umfangreicher sind. Darüber hinaus ist jedes Mind-Map unterschiedlich: Die Visualisierung ist eine zusätzliche Gedächtnisstütze.

3. Die Methode fördert die Kreativität. Die Mind-Maps sind besonders wertvoll als Vorratslager für Informationen, wenn es um das Verfassen eines Textes geht (Referat, Hausarbeit). Sie ermöglichen das Auseinandernehmen der ursprünglichen Botschaft und erleichtern, einen eigenen Aufbau zu finden.
Jeder Entwurf bleibt offen: Sie können jederzeit eine weitere Verästelung, d.h. auch neue Ideen hinzufügen. Bei einer linearen Notierweise wäre dies nicht möglich und würde nur zu unleserlichen Einschüben führen.

Trotz aller seiner Vorteile überrascht das Mind-Map viele und mißfällt sogar manchmal insbesondere jenen, die linkshälftig orientiert sind. Jedes Jahr begegne ich Studenten, für die diese Art der Darstellung eine wahre Offenbarung war. So mancher hat mir versichert, daß ihm mit dieser Methode Texte »erschlossen« wurden, die ihm zuvor allzu trocken erschienen sind. Andere benutzen das Mind-Map, um während des Unterrichts mitzuschreiben. Es wäre schade, es nicht einmal zu versuchen – auch wenn es nur ein einziges Mal ist –, allein um zu wissen, ob es Ihnen gefällt.

2.8 Welche Methode soll man wählen?

Die Notizen sind abhängig vom Vorhaben

Hier kann es sich um drei Einsatzfelder handeln:

– Im Gedächtnis speichern
Wenn Sie Notizen machen, um etwas zu lernen oder zu behalten, müssen Sie wissen, daß das Gedächtnis anspruchsvoll ist: Es verlangt nach mehreren Wiederholungen. Die Gedächtniskurven zeigen, daß 80 % der Informationen bereits am nächsten Tag vergessen sind. Um das Wissen langfristig im Gedächtnis zu verankern, sind fünf bis sechs Wiederholungen notwendig.

Für das Wiederholen ist es nicht notwendig, alles noch einmal zu lesen, sondern es genügt, kurz die Notizen durchzugehen. Daher empfiehlt sich hierfür eine Notierweise, die auf kleinstem Raum die größtmögliche Menge von Informationen konzentriert. Wenn Sie lieber ausführlichere Notizen machen, lesen Sie beim Wiederholen nur Titel und Untertitel.

– Dokumentation als Grundlage für eine eigene schriftliche Arbeit
Wenn Ihre Notizen als Brücke zwischen dem Geschriebenen von anderen und Ihrem eigenen dienen sollen, müssen Sie sich auf jeden Fall die Möglichkeit offen lassen, Ihre Gliederung zu wählen. Das Wesentliche an einer Arbeit, die auf einer Dokumentationsarbeit aufbaut, sind nicht die Informationen selbst (die gab es ja schon), sondern die Art und Weise der Darbietung und Gestaltung.

Zu einem solchen Zweck ist eine strukturierte Notierweise nicht ratsam, denn sie könnte Sie beim Ausarbeiten Ihrer Problemstellung behindern. Hierfür ist eine Methode effizient, die darin besteht, ein Blatt oder einen Zettel für jede zum Thema gestellte Frage vorzubereiten. Auf jedes Blatt schreiben Sie dann die Informationen zu der Frage, und zwar in Form eines Mind-Maps oder als komprimierten Satz.

– Grundlage für eine mündliche Darstellung
Schließlich können die Notizen auch als Grundlage für einen Vortrag oder ganz allgemein für eine mündliche Darstellung dienen. In diesem Fall vermeiden Sie die Zusammenfassung; denn da es sich dabei um einen ausformulierten Text handelt, wären Sie verleitet, ihn zu lesen, statt ihn frei zu sprechen. Hier sollen die Notizen eher eine Art Entwurf, eine Gedankenstütze sein, von der ausgehend Sie Ihre Gedanken entwickeln.

118

Die Notizen sind abhängig vom Dokument

Ein Text, in dem die Hierarchie der Gedanken sehr wichtig ist, verlangt eher eine gegliederte Notierweise als eine Schlüsselwort-Tabelle.

Die Notizen sind abhängig von Ihrer Persönlichkeit

Dominiert bei Ihnen mehr die linke Gehirnhälfte? Ihre eher auditive als visuelle Geisteshaltung wird sich mit der Zusammenfassung und der Schlüsselwort-Tabelle wohl fühlen.

Dominiert bei Ihnen eher die rechte Gehirnhälfte? Ihre visuelle Denkweise braucht Notizen, deren Anordnung und Darstellung den Blick fangen. Hier sind gegliederte Notizen und Mind-Maps angezeigt. Denken Sie immer daran, alle zur Verfügung stehenden Möglichkeiten zu nutzen, um wichtige Elemente hervorzuheben: Farben, unterschiedliche Schriftarten.

■ Zusammenfassung
Denken Sie daran ...
– verarbeitete Information = besser behaltene Information
– unterschiedliche Notiertechniken = effizientes Notieren

Trainingsaufgaben

Ziel: Die unterschiedlichen Techniken einsetzen können.

Übung 1

1. Lesen Sie den Text und folgen Sie dabei dem Leitfaden für vertieftes Lesen; überspringen Sie eventuell die Etappen 5 und 6.
2. Schreiben Sie die Informationen auf und benutzen Sie dazu drei verschiedene Techniken:
   a) gegliedertes Notieren oder eine Gliederung als Schema;
   b) eine Zusammenfassung oder eine Schlüsselwort-Tabelle;
   c) ein Mind-Map.

Welt aus den Angeln

(Im vorausgegangenen Text hat der Autor aufgezeigt, daß die Zerstörung der Natur durch den Menschen kein neues Phänomen ist.)

In der heutigen Zeit hat sich die Lage in bisher nicht gekanntem Maß verschlimmert. Der Mensch der industriellen Gesellschaft hat sich des gesamten Globus bemächtigt. Wir erleben gerade eine richtiggehende Bevölkerungsexplosion, die in der Geschichte der Menschheit kein Äquivalent hat. Alle Phänomene, an denen der Mensch teilhat, laufen mit erhöhter Geschwindigkeit und mit einem Rhythmus ab, der sie fast unkontrollierbar macht. Der Mensch muß sich mit unüberwindlichen Wirtschaftsproblemen auseinandersetzen, von denen die chronische Unterernährung eines Teils der Bevölkerung nur eines der augenscheinlichsten ist. Aber es gibt noch schlimmere. Der moderne Mensch vergeudet leichten Herzens nichterneuerbare Ressourcen, natürliche Brennstoffe, Mineralien, was den Untergang der modernen Zivilisation zur Folge haben kann. Die erneuerbaren Ressourcen, also die, die wir aus der lebenden Welt gewinnen, werden mit einer ungeheuren Verschwendungssucht verbraucht. Dies ist noch schlimmer, denn das kann die Ausrottung der menschlichen Rasse selbst zur Folge haben: Der Mensch kann auf alles verzichten, nur nicht auf das Essen. Er legt ein blindes Vertrauen in die neu eingeführten Techniken an den Tag. Der durch Physik und Chemie erzielte Fortschritt hat die Leistungsfähigkeit der uns zur Verfügung stehenden Hilfsmittel in phantastischem Ausmaß wachsen lassen. Das hat uns veranlaßt, einen ausgesprochenen Kult mit der Technik zu betreiben, die wir jetzt für fähig halten, alle unsere Probleme zu lösen, und zwar ohne Unterstützung der Umwelt, in der sich unsere frühen Vorfahren entwickelt haben und in der zahlreiche Generationen gelebt haben.

Viele unserer Zeitgenossen schließen daraus, daß sie das Recht haben, alle Brücken zur Vergangenheit abzubrechen. Alle Gesetze, die bisher die Beziehung des Menschen zu seiner Umwelt geregelt haben, scheinen überholt. Der alte Pakt, der den Menschen mit der Natur verband, ist zerbrochen, und der Mensch glaubt, jetzt genügend Macht zu besitzen, um sich aus dem umfassenden, biologischen Verbund lösen zu können, der der Seine war, seit er auf der Erde ist.[14]

Einige Zeit später, nachdem Sie diese beiden Übungen gemacht haben, versuchen Sie anhand Ihrer Notizen, den Inhalt der beiden Texte zu rekonstruieren. Je nach Qualität und Quantität der dadurch behaltenen Informationen können Sie die Notiertechnik für sich auswählen, die am besten auf Sie paßt.

Übung 2

Machen Sie mit der gewählten Technik Notizen zu jedem Teil oder Baustein dieses Buches.

Schauen Sie wieder auf Seite 89: Haben sich Ihre Vorstellungen über das Notizenmachen geändert?

Der Baustein als Schema

Schema 1: Leitfaden für vertieftes Lesen

Ich überfliege	Ich stelle Fragen	Ich lese das Ganze	Ich finde die Strukturen heraus
rechte Gehirnhälfte	linke und rechte Gehirnhälfte	linke Gehirnhälfte	rechte Gehirnhälfte

Ich finde die Schlüsselwörter heraus	Ich finde die logischen Konjunktionen heraus	Ich rufe visuell und/oder auditiv wieder auf. Linke und/oder	Ich überprüfe
linke Gehirnhälfte	linke Gehirnhälfte	rechte Gehirnhälfte	linke Gehirnhälfte

Schema 2: Die Art der Notiertechnik ist von drei Faktoren abhängig

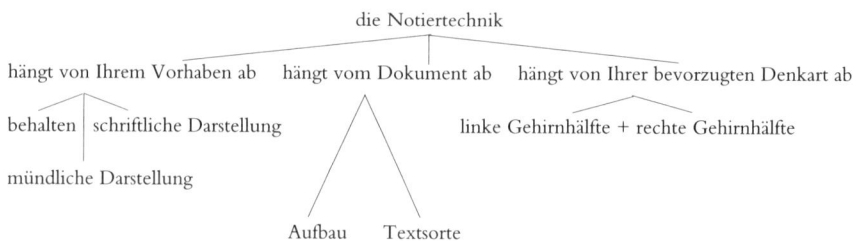

die Notiertechnik

hängt von Ihrem Vorhaben ab   hängt vom Dokument ab   hängt von Ihrer bevorzugten Denkart ab

behalten | schriftliche Darstellung   linke Gehirnhälfte + rechte Gehirnhälfte

mündliche Darstellung

Aufbau   Textsorte

Schema 3: Wahl der Technik

Zweck der Notizen	Besonderheiten der Notizen	geeignete Methoden für linke Gehirnhälften	geeignete Methoden für rechte Gehirnhälften	vermeiden
Behalten	zusammenfassende Notizen, die schnelle Wiederholung ermöglichen – Notizen, die den Einsatz des ganzen Gehirns ermöglichen (in diesem Fall sowohl eine Methode für die rechte als auch die linke Gehirnhälfte einsetzen)	Zusammenfassung – Schlüsselwort-Tabelle	gegliedertes Notieren (Titel und Untertitel) – Gliederung als Mind-Map	umfangreiche Notizen ohne Hervorhebungen/Markierungen
Informationen festhalten für eine schriftliche Arbeit	Notierweise, die eine individuelle Strukturierung zuläßt	Schlüsselwort-Tabelle	Mind-Map	gegliedertes Notieren oder Gliederung als Schema
Informationen festhalten für eine mündliche Darstellung	Notizen = Gedankenstütze	Schlüsselwort-Tabelle	gegliedertes Notieren – Gliederung als Schema	Zusammenfassung

Baustein 4
Sich etwas einprägen

Sich etwas einprägen, das heißt, sich neue Begriffe und Zusammenhänge geistig einzuverleiben, ist die zentrale Tätigkeit der Studierenden. Die Forschungen in der Lernpsychologie lassen uns die Vorgänge erkennen, die dem Lernen zugrunde liegen.

Wissenschaftler unterscheiden normalerweise zwei Ebenen des Gedächtnisses.*

Die erste Ebene, das *unmittelbare Gedächtnis* oder Arbeitsgedächtnis, bewahrt unsere Erinnerungen einige Sekunden auf und wird tätig, wenn wir nach dem Lesen der Inhaltsübersicht die Zeitschrift auf der Seite öffnen, auf der sich der Artikel, den wir suchen, befindet. Dieses Gedächtnis ist sowohl bezüglich der Dauer als auch bezüglich der Kapazität beschränkt: nämlich auf sieben Elemente (Einzelwörter, Zahlen).

Die zweite Ebene ist das *Kurz- oder Langzeitgedächtnis.* Es hat nicht nur eine fast unbeschränkte Kapazität, sondern funktioniert über sehr viel längere Zeiträume, die von mehreren Stunden bis zu lebenslang variieren können. Wie ist es möglich, daß wir manche Informationen nur eine sehr kurze Zeit behalten, andere aber während unseres gesamten Lebens? Das nun ist die grundlegende Frage, die dieses Kapitel beantworten will. Es geht darum, die Faktoren, die ein wirksames, dauerhaftes Sicheinprägen begünstigen, herauszustellen. Entgegen der weitverbreiteten Meinung ist ein gutes Gedächtnis nicht eine Gabe weniger Auserwählter, sondern es kann erworben, trainiert und gefördert werden.

---

* Einige Autoren sprechen auch von einem zwischen diesen beiden Formen des Gedächtnisses bestehenden intermediären Gedächtnis, das etwa zwanzig Minuten lang speichert.

Trainingsaufgaben

Die folgenden beiden Übungen haben nicht etwa zum Ziel, Ihr Erinnerungsvermögen zu testen, sondern Ihnen die Regeln bewußt zu machen, nach denen das
Gedächtnis funktioniert. Schreiben Sie alle Antworten sorgfältig auf und heben Sie
sie auf: Sie werden sie im Laufe dieses Kapitels mehrfach benötigen.

Übung 1

– Lesen Sie die Wortreihe 1. Decken Sie sie ab, und schreiben Sie die behaltenen
  Wörter in der Reihenfolge, in der sie Ihnen einfallen, auf.
– Gehen Sie gleichermaßen mit Reihe 2 vor.
– Vergleichen Sie die Anzahl der in jeder Reihe erinnerten Wörter.

Reihe 1: Tisch-Bronze-Vase-Leder-Hoffnung-Laken-Sommer-Unterricht-Fen-
ster-Traube-Speicher-Autobus-Wut-Fels-Kreuzung-Frieden-Farbe-Thema-
Zuhörer-Eignung.

Reihe 2: Gitarre-Klavier-Katalog-Geige-Zeitschrift-Zeitung-Veröffentlichung-
Trommel-Tageszeitung-Jahrbuch-Harfe-Enzyklopädie-Mundharmonika-Wörter-
buch-Flöte-Gitarre-Revue-Buch-Cello-Prospekt.

Übung 2

– Lesen Sie die Liste 1. Decken Sie sie ab. Schreiben Sie die behaltenen Wörter
  auf. Machen Sie das gleiche mit Liste 2.
– Vergleichen Sie die Anzahl der in jeder Liste erinnerten Wörter.
– Betrachten Sie die Stellung der erinnerten Wörter in der Liste 1 und ihre Beson-
  derheit(en).

Liste 1		Liste 2	
manchmal	schätzen	schlafen	laufen
logisch	zusammen	Bett	Autobus
geschmeidig	vorschlagen	aufwachen	arbeiten
hypoallergenisch	Zufall	aufstehen	schreiben
Basis	Vernunft	sich waschen	telefonieren
Anwesenheit	Schema	sich anziehen	Sitzung
zusammen	Programm	Frühstück	Entscheidung
Punkt		weggehen	

Nähere Erläuterungen zu den Übungen 1 und 2 siehe Abschnitt 4.2 und 4.3.

1. Wie bereitet man sich auf das Lernen vor?

Die Zeit T-1

Nur ein aktives, teilnehmendes Lernen, bei dem wir uns einbezogen fühlen, ist ein gewinnbringendes Lernen; um es in Gang bringen zu können, ist eine gewisse Vorbereitungszeit notwendig. Im Verlauf der zur Verfügung stehenden Zeit T-1 müssen drei Schritte getan werden.

1.1 Lernziele festlegen und einen Lernplan aufstellen

Wir wissen sehr wohl, was uns nutzen kann, deshalb hilft es, sicher zu sein, daß sich die Anstrengung des Sicheinprägens lohnt. Antoine de la Garanderie meint, daß wir nicht lernen können, wenn nicht zumindest implizit ein Plan vorhanden ist.[15] Ihm zufolge ist der Ort, an dem unsere Erinnerungen aufbewahrt werden, das Imaginäre der Zukunft. Jemand, der behauptet, kein Gedächtnis zu haben, ist häufig ein Mensch, der nicht vorhat, seine Kenntnisse erneut zu benutzen.

Gespräche mit unterschiedlichen Gruppen von Menschen stützen diese These. Musiker und Schauspieler geben an, daß sie, wenn sie lernen, sich schon auf der Bühne vor einem Publikum sehen. Ebenso zeigen die Interviews mit »Cracks«,

125

»Sportassen«, daß diese sich mit ihrer Einbildungskraft in die Zukunft projizieren. Wenn sie unvorbereitet befragt werden, müssen sie sich erst in die Wettkampfsituation versetzen, um antworten zu können.

Darüber hinaus behalten wir sicherlich besser, was uns berührt (das Geburtsdatum eines nahestehenden Menschen eher als das eines berühmten Staatsmannes) oder was uns interessiert (ein Thema, ein Verhalten). Ohne unser Zutun schiebt das Gedächtnis das zur Seite, was ihm nicht gefällt.

Bevor Sie daher mit Ihren Studien beginnen, führen Sie sich Ihr Projekt, d.h. Ihren Plan vor Augen und – wenn nötig – definieren Sie ihn neu.

Setzen Sie den Kurs/die Vorlesung, die Sie besuchen sollen, einerseits in Bezug zu Ihrem gesamten Studienplan und andererseits zu vorangegangenen Kursen/Vorlesungen.

Halten Sie sich im Geist immer die Frage vor Augen: Warum werde ich mir diese Informationen merken? Diese Maßnahme wird sich gerade bei Fachgebieten als sehr nützlich erweisen, die Ihnen trocken erscheinen und die Sie vielleicht lieber beiseite lassen würden.

Der Erwerb von Kenntnissen bekommt dadurch einen Sinn, während Lernen nur um des Lernens willen das Gedächtnis erstarren läßt. Ein Ziel zu haben, regt den Geist an, versetzt ihn in einen Zustand höchster Aufnahme- und Einsatzbereitschaft. Aufnahmebereitschaft ist eine Grundvoraussetzung für das Lernen.

Während der ganzen Phase des Sicheinprägens stellen Sie sich immer die Umstände vor, unter denen Sie die Informationen wieder parat haben müssen: Ort, Personen, zu behandelnde Themen. Wenn Sie den Prüfer kennen, der Ihre Arbeit korrigieren oder Sie mündlich prüfen wird, erinnern Sie sich an alle Punkte, die ihm wichtig waren. Wenn das aber nicht der Fall ist, stellen Sie sich vor, welche Fragen der Prüfer stellen wird, welche Erwartungen er hat. Verhalten Sie sich wie die weiter oben erwähnten Künstler: *Lernen Sie, indem Sie sich in die Zukunft versetzen.* Wenn Sie in Ihrer Vorstellung die zukünftige Situation bereits durchleben, werden Sie sich direkt betroffen fühlen. Oft hört man sagen, um Erfolg zu haben, müsse man motiviert sein; tatsächlich spielt die Motivation bei der Selbstdarstellung eine positive Rolle. Darüber hinaus werden Sie sich am Tag des Examens in der Situation nicht mehr fremd fühlen.

1.2 Begrenzen Sie Menge und Dauer der Arbeit

Wie Sie sich erinnern, hat das limbische System Angst vor Streß, vor dem Unbekannten, das ihm immer gefährlich erscheint. Sich vor einem unüberschaubaren
Berg von Lernstoff zu befinden, ist besonders furchterregend. Wenn Sie daher von
Anfang an die Vorsichtsmaßnahme ergreifen, das abzudeckende Gebiet und die
einzusetzende Zeit festzulegen, werden Sie die Klippe umschiffen. Dieses Vorgehen hat auch noch drei andere Vorteile:

Es erleichtert vor allem sowohl körperliche als auch geistige Arbeit, wie die
neuere Forschung auf dem Gebiet der Arbeitsorganisation gezeigt hat. Warum?
Ganz einfach weil es feste Bezugspunkte liefert, die uns die Richtung für unsere
Anstrengungen weisen.

Ein zweiter Vorteil liegt darin, daß Sie, wenn Sie eine in einem vernünftigen
Verhältnis zur angesetzten Zeit stehende Anzahl von Seiten festlegen, die es zu bearbeiten gilt, am Ende der Bearbeitungszeit nicht das niederdrückende Gefühl haben werden, vor einem unüberwindlichen Berg von noch zu erledigender Arbeit
zu stehen. Vielmehr wird sich das Gefühl der *Befriedigung* einstellen, daß Sie das
Ziel erreicht haben. Wenn Sie Markierungen benutzen, um die bearbeiteten Teile
herauszuheben, werden Sie das geschaffte Stück Weg visualisieren können.

Drittens hat die Erfahrung gezeigt, daß wir, je mehr Zeit wir für eine Aufgabe
zur Verfügung haben, um so mehr dazu neigen, die Arbeit in die Länge zu ziehen.
Statistiken des Nationalen Zentrums für Fernunterricht in Frankreich (CNED) haben gezeigt, daß der Prozentsatz der erfolgreichen Studienabschlüsse bei Studenten, die eine Berufstätigkeit ausüben, höher ist, als bei Vollzeitstudenten. Diese Ergebnisse sind der Beweis dafür, *daß eine begrenzte Zeit maximal genutzt wird*: Sie
führt dazu, Ablenkungen zu vermeiden, und fördert die Konzentration. Unser
Gehirn arbeitet tatsächlich in dem ihm von uns vorgegebenen Zeitraum, voraus-
gesetzt natürlich, er ist vernünftig und realistisch angesetzt.

Wie gehen Sie vor?

Um die erforderliche Lernzeit zu bestimmen, erforschen Sie Ihre persönliche Aufnahmefähigkeit folgendermaßen:

Legen Sie Ihre Uhr vor sich hin und schreiben Sie die Zeit auf. Schauen Sie
sich dann Ihren Lernstoffplan an, und fangen Sie an zu lernen. Alle fünf Minuten

markieren Sie am Seitenrand die vergangene Zeit: fünf Minuten, zehn Minuten, fünfzehn Minuten, zwanzig Minuten bis höchstens vierzig oder fünfundvierzig Minuten.

Am darauffolgenden Tag versuchen Sie, sich an die Informationen zu erinnern. Haben Sie erfolgreich bis zu der Marke fünfzehn Minuten gespeichert, liegt Ihre Aufnahmefähigkeit bei fünfzehn Minuten, natürlich bezogen auf die betreffende Materie und das Lernstadium, in dem Sie sich befinden. Diese Fähigkeit variiert je nach den Gebieten und kann vervollkommnet werden. Wenn Sie sich vornehmen, sie zu steigern, werden Sie über eine erhöhte Motivation verfügen.

1.3 Bestandsaufnahme der vorhandenen Kenntnisse

Bevor Sie mit dem eigentlichen Lernen beginnen, sollten Sie als dritten Schritt eine schnelle Bestandsaufnahme machen. Wenn Sie sich angewöhnen, vor jedem Lernen die bereits vorhandenen Kenntnisse zu mobilisieren, ermöglicht Ihnen das:
- Ihre Neugier zu wecken, Ihre Aufmerksamkeit durch eine aktive geistige Einstellung zu schärfen;
- Ihr limbisches System zu beruhigen, indem Sie ihm zeigen, daß der zu erarbeitende Stoff gar nicht so weit von vorhandenem Wissen entfernt ist und Sie schon etwas mit dem Problem vertraut sind;
- sich auf ein wirkliches Integrieren der neuen Stoffmengen einzustellen. Das Gedächtnis behält besser, wenn es Verbindungen zwischen dem Neuerlernten und dem bereits Gespeicherten herstellen kann (darauf kommen wir später noch zurück); dies funktioniert durch »Mitschwingen« der früheren Erinnerungen.

Wie gehen Sie vor?

Schreiben Sie kurz auf oder rekapitulieren Sie geistig, was Ihnen aus früherer Zeit zu dem Gebiet einfällt. Es ist äußerst selten, daß man gar nichts weiß. Denken Sie daran, was Sie gelesen, gesehen, gehört haben: Sie werden feststellen, daß Sie bereits über weit mehr Informationen verfügen, als Sie dachten.

2. Wie begreife ich die Information?

Das Gedächtnis behält nur, was es versteht. Ohne Verstehen kein wirksames Speichern. Deshalb ist vertieftes Lesen die Grundlage jeden Lernens. Siehe dazu auch Baustein 3. Hier eine Kurzfassung.

Orientieren Sie sich an folgender Vorgehensweise:

Überfliegen

Untersuchen Sie Titel, Untertitel, Numerierung, Anordnung des Textes (Kapitel, Textverlauf, enzyklopädische Erläuterung ...).
Orten Sie die Wörter, die durch die Typographie hervorgehoben sind.

Fragen stellen

Formulieren Sie Ihre Erwartungen an den Text und die Fragen, auf die der Text antworten könnte.

Lesen

Lesen Sie mit der Absicht, den Inhalt zu begreifen. Versuchen Sie zuerst, eine Passage in ihrer Gesamtheit zu erfassen, ohne sich an schwierigen Einzelheiten aufzuhalten. Darauf können Sie, wenn nötig, später zurückkommen.

Finden Sie die hauptsächlichen Teile heraus

Stützen Sie sich auf den Eindruck, den Sie beim Überfliegen des Ganzen bekommen haben: auf Titel, Untertitel, Numerierung, Unterteilung in Abschnitte. Ein Abschnitt entspricht häufig einem Teil (siehe S. 108).

Finden Sie die Schlüsselwörter

Schlüsselwörter sind die Wörter, die die wichtigsten Botschaften enthalten und somit unentbehrlich zum Verständnis und zum Erinnern des Textinhaltes sind (siehe S. 93).

Finden Sie die redeverbindenden Konjunktionen heraus

Die Konjunktionen ordnen die Gedanken, zeigen die logischen Verbindungen zwischen den verschiedenen Textelementen: » so, nun, dennoch« usw. (siehe S. 94).

Führen Sie sich den Text noch einmal vor Augen

Legen Sie den Text zur Seite, und versuchen Sie sich zurückzurufen, was Sie gelesen haben, und zwar mit Ihrer bevorzugten Gehirnhälfte. Sind Sie der eher auditive Typ (linke Gehirnhälfte dominiert), dann formulieren Sie den Text mit Ihren eigenen Worten neu. Sind Sie der eher visuelle Typ (rechte Gehirnhälfte dominiert), dann lassen Sie den Text vor Ihrem inneren Auge Revue passieren wie eine Reihe von Dias.

Gleich welche Vorgehensweise Sie wählen, das geistige Wiederaufrufen ist unentbehrlich. Es erlaubt Ihnen, sich den Text zu eigen zu machen, und erhöht den Grad von Verstehen und Erinnernkönnen. Wenn Sie sich dieses Vorgehen zur Gewohnheit werden lassen, werden Sie sehr schnell erstaunliche Erfolge erzielen.

Sie können auch Ihr auditives Wiedererinnern visuell unterstützen: Das Abspeichern wird erleichtert.

Prüfen Sie noch einmal

Nehmen Sie den Text zur Kontrolle des Gelernten wieder in die Hand: Vergleichen Sie, stellen Sie gegenüber, verbessern Sie und vervollständigen Sie, wenn nötig.

3. Wie kanalisiert man die Information?

Das Notieren hat beim Aneignen von Wissen eine zentrale Bedeutung. Untersuchungen an Studenten zeigen, daß diejenigen, die sich Notizen machen, bessere Ergebnisse beim Verstehen erzielen, als diejenigen, die unterstreichen; diese wiederum erreichen bessere Ergebnisse als die, die nur lesen. Je mehr eine Information bearbeitet wird, desto besser prägt sie sich ein.

3.1 Die Techniken

Sie werden schnell und gut Notizen machen, wenn Sie die in Baustein 3 beschriebenen Techniken einsetzen: T.A.S, gegliedertes, d.h. strukturiertes Mitschreiben und die Erstellung von Mind-Maps, die dort ausführlich erläutert werden.

Hier noch ein Beispiel für strukturiertes Mitschreiben:

Für den Staatsmann ist der <u>Krieg</u> erst einmal eine <u>bequeme Lösung</u>. Wenn die <u>innere Lage</u> verwickelt wird und <u>sich verschärft</u>, genügt es schon, einen <u>Krieg</u> zu erklären, um die Situation zu <u>klären</u>. Der Krieg entbindet davon, nach schwierigen Kompromissen zu suchen, und die unterschiedlichen Interessen in Einklang zu bringen. Man könnte sagen, paradoxerweise, daß der Krieg das <u>Ende der Streitereien</u> ist: oft kämpft man miteinander, weil man die Diskussion fürchtet.

Der Krieg ist ein <u>Zufluchtsort</u> der <u>Regierungen</u>. Auch wenn es sich um demokratische handelt, ermöglicht er ihnen, dem Bürger Ruhe, Unterwerfung, passiven <u>Gehorsam</u>, zahlreiche Entbehrungen <u>aufzuerlegen</u> und ihn damit zum Untertan zu machen. <u>Wahlen</u> werden <u>ausgesetzt</u> und die Machthaber werden <u>unabsetzbar</u>.[16]

Die unterstrichenen Wörter sind Schlüsselwörter. Es kann sein, daß Sie noch andere aufgeschrieben haben, die für Sie »sprechender« sind.

1. Der Krieg: Eine bequeme Lösung

1.1. Krieg außen

↓↓↓ ●————————— zeigt die Folge

1.2. Ende der inneren Schwierigkeiten

+ ● ————————— entwickelt einen neuen Gedanken,
der in dieselbe Richtung geht

2. Der Krieg: Zuflucht der Regierungen

2.1. Allmacht

+

2.2. unabsetzbar

4. Wie kann man abspeichern: Die Phase des Lernens

4.1 Zuerst verstehen

Ein gut verstandener Text ist ein zur Hälfte behaltener Text. Daher sind vertieftes Lesen und eine eigene Zusammenfassung in Form von kurzen Notizen unverzichtbare Vorarbeit.

4.2 Strukturieren

Was war noch das Ergebnis von Übung 1 am Beginn dieses Kapitels? Sie haben sicher einen größeren Teil der Wörter der Reihe 2 behalten. Wieso? Die Wörter der Reihe 1 gehören zu verschiedenen Gebieten, die der Reihe 2 gehören zwei großen Kategorien an: Musikinstrumente und verschiedene Arten von Geschriebenem. Das bedeutet, daß das Gedächtnis die Informationen, die es empfängt, nicht einfach blind anhäuft, sondern Organisation, Strukturen braucht. Das Aufspüren eines Sinns ist dem menschlichen Geist ein Bedürfnis. Übrigens haben Sie wahrscheinlich die Wörter der Reihe 2 nicht in ihrer ursprünglichen Reihenfolge aufgeschrieben, sondern sie nach Themen sortiert notiert. Unbewußt haben Sie so die wirksamste Merkmethode ausgewählt.

Es steht fest, daß das Gedächtnis leichter zu einem Ganzen geordnete als voneinander getrennte Fakten behält. Darüber hinaus beschleicht uns ein Gefühl von Entmutigung und Unordnung, wenn die Daten sich nicht in eine passende Struktur einordnen lassen. Das wird derjenige erleben, der »büffelt« und seinem Gedächtnis ein wüstes Durcheinander von Begriffen zu schlucken gibt, ohne sich die Zeit zu nehmen, nach dem Zusammenhang zu suchen. Ein solches Lernen wird als unangenehm empfunden und hat enttäuschende Ergebnisse: Das Gedächtnis vergißt diese zerstreuten Informationen.

Wie gehen Sie vor?

Sie verstehen jetzt, warum es besser ist, beim Lernen zuerst die Titel und die Untertitel von Büchern oder Schriften zu betrachten. So verfügen Sie über einen Rahmen, in dem die Informationen sich einpflanzen können. Danach gehen Sie vom Allgemeinen zu den Einzelheiten. Schauen Sie sich die Details an und stellen Sie sie in einen Zusammenhang zum Ganzen. Hierbei ist eine Notierweise, die typographisch hierarchisch gegliedert ist, sehr hilfreich.

So, wie das Strukturieren ein besseres Einprägen ermöglicht, verhilft es auch zu einer besseren Erinnerung. So wie die Bücher in einer Bibliothek lassen sich auch die Informationen besser wiederauffinden, wenn sie geordnet sind.

4.3 Assoziieren

Welche Ergebnisse haben Sie bei Übung 2 erzielt ? Wie erklären Sie sie?

Ihre Ergebnisse waren zweifelsohne bei der Reihe 2 besser. Im Gegensatz zu der ersten besteht diese Liste nicht aus zufällig aneinandergereihten Wörtern, sondern sie folgt einer logisch-chronologischen Ordnung (auch wenn man frühstücken kann, bevor man sich wäscht ...), die es erlaubt, eine Verbindung zwischen den Elementen herzustellen.

Hier kommen wir zu einem grundlegenden Punkt. Die klassische Vorstellung vom Gedächtnis als einem Tonband, das alles, was es hört, aufnimmt, ist eine falsche Vorstellung. Lernen ist kein passiver Prozeß – wie man es lange geglaubt hat –, der darin besteht, Worte und Texte anderer zu sammeln. Wissen kann nur entstehen, wenn man eine Verbindung zwischen vorhandenen Kenntnissen und neuen herstellt.

Um neue Informationen zu speichern – und nicht nur, um sie auswendig kurze Zeit später wiedergeben zu können –, ist es notwendig, sie mit dem, was wir schon wissen, in Verbindung zu bringen und das Wissen untereinander zu verknüpfen.

Das Gehirn arbeitet hauptsächlich durch Verbinden und in Zusammenhang bringen. Daher bedeutet es, eine Information wirksam zu speichern, sie von Anfang an in Verbindung mit vielen naheliegenden Begriffen zu bringen. Das Erinnerungsvermögen wird um so besser funktionieren, je enger ein Begriff mit anderen Begriffen verbunden wird, die bereits im eigenen System enthalten sind.

Wie gehen Sie vor?

– Stellen Sie Analogien her: Suchen Sie nach Ähnlichem, stellen Sie Bezüge zu Bekanntem her, finden Sie Parallelitäten.
– Stellen Sie Gegensätze heraus: Suchen Sie nach Gegenteilen, Gegenargumenten.
– Bringen Sie jedes neue Wort in Verbindung zu einem Gedanken.
– Jedem geographischen oder anatomischen Begriff ordnen Sie eine genaue Stelle zu und stellen Sie sie sich bildlich vor.
– Bringen Sie jedes Datum in einen chronologischen Zusammenhang, ordnen Sie es in andere historische Ereignisse ein.

4.4 Nutzen Sie die unterschiedlichen Formen der Erinnerung

Das Gedächtnis ist vielgestaltig. Jedem der fünf Sinne ist eine Form der Erinnerung zugeordnet:
– das visuelle Gedächtnis (das Sehen),
– das auditive Gedächtnis (das Hören),
– das kinästhetische oder Bewegungsgedächtnis (das Tasten),
– das schmeckende Gedächtnis (der Geschmack),
– das Geruchsgedächtnis (Geruchssinn).
    Beim Studieren sind es die drei ersten Erinnerungsformen, die aktiv werden.

Obwohl es viele Gehirnzonen gibt, die einem unserer fünf Sinne zugeordnet sind, gibt es keinen genauen Ort, an dem das Gedächtnis angesiedelt ist. Das Gedächtnis hat keinen anatomischen Sitz, es ist überall. Es wäre daher genauer, von »Gedächtnissen« zu sprechen und nicht von dem Gedächtnis.

Je nach vorherrschendem Gehirnprofil, verfügt ein Mensch über eine bevorzugte Form von Gedächtnis. Bevorzugen Sie eher die linke Gehirnhälfte, werden Sie besser Worte als Bilder behalten; bevorzugen Sie dagegen die rechte, ist es umgekehrt. Auch wenn es besser ist, daß Sie von Ihrer bevorzugten Seite ausgehen, vernachlässigen Sie die anderen Wege nicht: Sie werden Ihr Erinnerungsvermögen vergrößern. Sprechen Sie die unterschiedlichen Gedächtnisse an, und sie werden sich gegenseitig stützen und vervollständigen (siehe weiter unten). Wenn dann der Zeitpunkt des Erinnerns gekommen ist, werden Sie mehrere Wege haben, die Information wiederzufinden.

Wie gehen Sie vor ?

Das visuelle Gedächtnis
– Photographieren Sie mit Ihrem geistigen Auge das Layout. Wenn Sie über Notizen lernen, gehen Sie so vor, daß der Aufbau, die Präsentation, Ihren Blick fängt. Nutzen Sie hier die Ratschläge, die wir hinsichtlich des strukturierten Mitschreibens und des Mind-Map gegeben haben (S. 111).
– Schauen Sie Illustrationen genau an: Fotos, Karten, Tabellen usw.
– Wenn Sie zu lesen beginnen, durchlaufen Sie geistig noch einmal den Aufbau, die großen Linien.

Das auditive Gedächtnis
– Wenn Sie die Notizen, die Sie in einer Vorlesung gemacht haben, wieder lesen, erinnern Sie sich an die Stimme des Dozenten, seine Intonation.
– Lesen Sie laut die Überschriften, vielsagende Formulierungen, Schlüsselwörter, und eventuell die Zusammenfassung (die des Buches oder noch besser Ihre eigene).
– Wenn es um ein Gedicht oder ein Theaterstück geht, in dem der Klang wichtig ist, lernen Sie es laut.
– Am Anfang des Wiederlesens breiten Sie den gesamten Inhalt mit eigenen Worten vor sich aus, rekonstruieren Sie mündlich die gedankliche Abfolge, stellen Sie sich Fragen.

– Wenn Sie die Möglichkeit haben, arbeiten Sie in der Gruppe und kontrollieren Sie sich gegenseitig.

Kann es nützlich sein, das, was Sie lernen sollen, auf Kassette aufzunehmen und es dann durch Abhören zu lernen? Dieses Vorgehen braucht viel Zeit: Die Geschwindigkeit ist durch die Wörter begrenzt auf 9 000 Wörter in der Stunde, für das stille Lesen jedoch gelten 27 000 Wörter durchschnittlich. Wenn Ihnen eine Unterstützung durch gesprochene Worte hilfreich erscheint, nehmen Sie nur die Gliederung oder eine kurze Zusammenfassung auf.

Das Bewegungsgedächtnis
– Schreiben Sie Eigennamen, schwierige Wörter und Daten auf.
– Formen Sie ein Schema, ein Organigramm: Damit werden Sie sowohl das Bewegungsgedächtnis als auch das visuelle Gedächtnis aktivieren.

Um das ganze Gedächtnis zu nutzen, wäre es gut, *mehrere Techniken gleichzeitig zu aktivieren:* sprechen, rezitieren, schreiben, zeichnen ... *von einer »Sprache« zur anderen* springen, vom Text zur Skizze, von der Skizze zum Text und dabei beide Hemisphären des Gehirns zu mobilisieren – das ist die beste Art des dauerhaften Einprägens.

4.5 Pausen einplanen

Die Fähigkeit, zu lernen, nimmt mit dem Fortschreiten der Zeit ab. Deshalb ist es unerläßlich, daß Sie – auch wenn Sie sich noch voll auf der Höhe fühlen und meinen, Ihr Wissensdurst sei noch groß – Pausen zwischen den Lernphasen einlegen. Auch wenn das Verstehen noch auf gleichem Niveau bleibt, gilt das nicht für das Gedächtnis. Das Gedächtnis ist etwas Besonderes: Es kann nur das aufnehmen, was es einordnen kann (siehe S. 132). Vorsicht ist bei Überlastung geboten! Wenn zuviele Informationen auf einmal kommen, müssen sie Schlange stehen und gehen manchmal verloren. Drei Stunden hintereinander zu büffeln – eine weitverbreitete Praxis unter Studenten – ignoriert die Funktionsweise des Gehirns und ist ineffizient.

Die ideale Dauer einer Lernsequenz liegt zwischen *zwanzig und fünfundvierzig Minuten* (s. S. 127, Bestimmung Ihrer persönlichen Aufnahmefähigkeit). Kurz gesagt,

– wenn Sie nicht die Zeit haben, das Ganze zu verstehen, werden Sie ein Gefühl des Sich-Verzettelns verspüren;

– wenn Sie länger lernen, wird die Übersättigung Sie übermannen.

Richten Sie es so ein, daß die Pausen (mindestens 10 Minuten) wirklich Momente der *Entspannung* sind. Behalten Sie nicht Ihren Lernstoff im Auge: Hören Sie Musik, telefonieren Sie, essen Sie eine Kleinigkeit, machen Sie ein bißchen Gymnastik, atmen Sie mehrmals tief durch oder entspannen Sie (s. S. 167).

Was geschieht eigentlich während der Pausen? Das Gehirn verarbeitet, es läßt die Dinge sich absetzen, strukturiert, ordnet das Neue dem Bekannten zu und ermöglicht so ein besseres Einprägen. Der Körper kann sich derweil ausruhen: So vermeiden Sie Anspannung, die dem Lernen und auch dem psychischen Gleichgewicht immer abträglich ist.

4.6 Schalten Sie störende Faktoren aus

Nehmen Sie wieder die Wörter der Reihe 1 in der Übung 2 zur Hand. Welche Stellung haben diese Wörter? Welche Besonderheiten weisen sie auf?

Wahrscheinlich haben Sie die Begriffe behalten, die am Anfang und am Ende der Liste standen. Bestimmt haben Sie das Wort »hypoallergenisch« behalten, das vom Klang und von der Morphologie her von den anderen Wörtern verschieden ist, und »zusammen«, das zweimal auftauchte.

Was schließen wir daraus? Das Gedächtnis behält besser – wenn nicht eine besondere Schwierigkeit auftritt –

– *die Elemente, die sich am Anfang oder am Ende* befinden; achten Sie daher darauf, daß Sie auch die Mitte hervorheben, um den Effekt der Stellung in einer Auflistung abzuschwächen;

– die *markanten Elemente;*

– die *Elemente, die sich wiederholen.*

4.7 Sich testen

Am Ende einer Lerneinheit, *simulieren* Sie eine schriftliche oder mündliche *Prüfung.* So können Sie überprüfen, was Sie gespeichert haben. Überprüfen Sie dann dessen Richtigkeit, und füllen Sie Lücken auf. Die Kenntnis der eigenen Leistungsfähigkeit und der Wille, sie zu verbessern, regt an und führt zu entsprechend erhöhten Ergebnissen.

5. Wie behalte ich? Die Phasen der Reaktivierung

Schauen Sie sich die Kurve des Behaltens an. Wie Sie sehen, erhöht sich die Speichermenge ein wenig unmittelbar nach dem Lernen und sinkt dann rasch ab. Am nächsten Morgen sind 80 % der Einzelheiten vergessen.

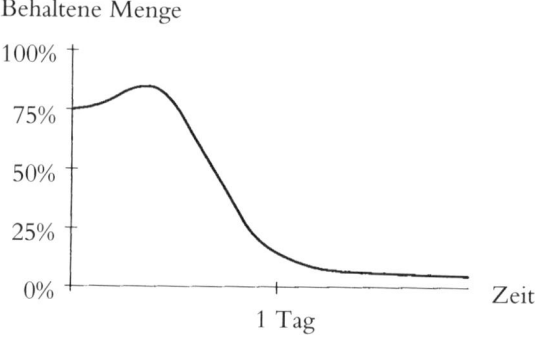

Kurve des Behaltens[17]

Zum Glück ist das, was verschwunden scheint, in Wirklichkeit nur verborgen und läßt sich rasch wiederfinden, sobald wir darauf zurückkommen.

Der Psychologe Charles Furst vergleicht das Gedächtnis mit dem Abhang eines Hügels. Beim ersten Regen rieselt das Wasser nach unten und hinterläßt keine sichtbare Spur. Der zweite Regen findet wieder den gleichen Weg und beginnt eine Rinne zu graben. Spätere Regengüsse werden den Lauf immer mehr markieren.

Die Informationen ihrerseits müssen auch mehrere Male den gleichen Weg gehen, so daß der neuronale Weg sich eingräbt. Das ist das Ziel der Wiederholungen. Bei jedem Mal stellt man fest, daß

– das Lernen schneller geht

– das Vergessen langsamer geht und weniger wird.

Wie gehen Sie vor?

Je nach Schwierigkeitsgrad des Stoffes und nach dem Interesse, das Sie ihm entgegenbringen, sind vier bis sechs Wiederholungen notwendig, um das Wissen in das Langzeitgedächtnis einzugravieren. Am Anfang des Lernens werden die Wiederholungen in kürzerem Abstand erfolgen und später in immer größeren, in dem Maße, wie das Vergessen weniger wird und das Beherrschen der Materie sich vergrößert.

Um die Erinnerung wirksam zu festigen, sollte man *Wiederholungsphasen* nach dem folgenden Rhythmus vorsehen:
– Zehn Minuten nach der ersten Lernphase, z. B. am Ende einer Pause. Bevor Sie in Ihrem Lernen fortfahren, machen Sie anhand Ihrer Notizen eine kurze Wiederholung dessen, was Sie zuvor gelernt haben. Diese Technik macht es auch möglich, Verbindungen zwischen den Informationen herzustellen und einen Gesamtzusammenhang zu finden.
– Am Ende des ersten Tages.
– Im Verlauf der ersten Woche.
– Im Verlauf des ersten Monats.
– Im Verlauf von sechs Monaten.

Es ist sehr wichtig, am Ende des ersten Tages eine Wiederholung zu machen, damit das Gehirn die Möglichkeit erhält, während der Nacht zu arbeiten. Der Schlaf unterteilt sich in eine Folge von Zyklen von etwa achtzig Minuten. Ein Zyklus besteht aus zwei Hauptphasen: dem Tiefschlaf und der Zeit, während der wir träumen. Während dieser Traumphase festigen die Gehirnzellen das Gelernte, indem sie das tagsüber erworbene Wissen ordnen und strukturieren. Wir programmieren uns neu, wir überprüfen uns selbst. Diese unbewußte Tätigkeit spielt beim Lernen eine ganz bedeutende Rolle.

Der Gedanke, Ihr Lernen mehrmals zu wiederholen, erstaunt Sie vielleicht. Wundern Sie sich nicht darüber. Einerseits behält man das, was schon einmal Gegenstand eines Speichervorganges war, schneller: Wenn das erste Wiederholen zehn Minuten dauert, wird das zweite nur noch fünf bis sechs Minuten beanspruchen usw. Andererseits sollen Sie beim Wiederholen nicht etwa alles noch einmal lesen, sondern lediglich Ihre Notizen noch einmal kurz durchgehen. Deshalb ist es auch angebracht, eine Art des Notieren zu wählen, die ein Maximum an Informationen konzentriert auf einem Minimum an Platz. Wenn Sie ein umfangreicheres Notieren praktizieren, wiederholen Sie nur die Titel und Untertitel.

Wie dem auch sei, *ohne Wiederholung kann das Gedächtnis seine Funktion nicht ausführen.* Manche Menschen glauben, daß sie kein Gedächtnis haben. Das ist falsch. Diese Menschen wissen nur nicht, daß ein einziger »Eindruck« ohne Wirkung ist. Dieser Zustand ist um so schlimmer, als das Gedächtnis mit Assoziationen arbeitet; je weniger Elemente im Gedächtnis vorhanden sind, um so weniger können neue Elemente gespeichert werden. Und umgekehrt können Sie, je mehr Sie lernen, um so leichter lernen. Die neuen Daten hängen sich an den Kern des früher erworbenen Wissens an. Dieses Phänomen gleicht dem Formen eines Schneeballs: je mehr er rollt, um so dicker wird er.

Um z. B. Vokabeln einer Fremdsprache zu lernen, sehen Sie pro Seite Ihres Vokabelheftes oder Blocks sechs Kästchen vor, in die Sie die neuen Wörter schreiben. Bei jedem Wiederholen streichen Sie ein Kästchen durch. Sie werden feststellen, daß Sie nach dem fünften oder sechsten Wiederholen die Wörter ebenso gut kennen wie Ihre Telefonnummer; sie sind in Ihr Gedächtnis eingegraben.

6. Wie findet man das wieder, was man gelernt hat? – Das Erinnern

Die dritte Phase in dem Prozeß des Speicherns ist die wichtigste von allen: das Erinnern. Die Wirksamkeit des Erinnerns steht in direkter Verbindung zu den beiden anderen Phasen: dem Lernen und dem Speichern. Wissen, das früher erworbenem Wissen zugeordnet, das strukturiert und auf mehreren Wegen aktiv gespeichert wurde (visuell, auditiv, gestisch) und mehrmals wiederholt wurde, wird sich leicht wieder aufrufen lassen.

Um das Wiederaufrufen der Daten zu erleichtern, durchleben Sie geistig noch einmal Ihre Lernphase. Wie soll das gehen?

Denken Sie an Ihre *Gedächtnisstützen*: Bilder, Gliederung, Titel, Untertitel, typographisch hervorgehobene Wörter.

Denken Sie an die *Stimme* des Dozenten, an die Fragen, die Sie sich gestellt haben, an die Wörter, die Ihnen aufgefallen sind.

Denken Sie an die *Bewegungen* des Dozenten, an Ihre eigenen, entwerfen Sie eine Skizze ...

Sehr wahrscheinlich werden die Informationen über Ihren bevorzugten Weg auftauchen, wenn aber nicht, stehen Ihnen auch noch die anderen Kanäle offen. Baustein 7–3 wird Ihnen zwei Vorgehensweisen zeigen, um Wissen zu reaktivieren, um Gedankengänge wiederzufinden für eine Arbeit, bei der Initiative oder auch Phantasie sehr wichtig ist (z. B. bei einer Dissertation).

7. Die mnemotechnischen Vorgehensweisen

Die mnemotechnischen Vorgehensweisen sind schon sehr alt. Nachdem man sie lange Zeit im schulischen Rahmen geringgeschätzt hatte, beginnt man heute jedoch, sie an Schulen und Universitäten zu unterrichten.

Alles, was bisher schon gesagt wurde, insbesondere auch die beiden Übungen, ermöglichen Ihnen, das Prinzip der Vorgehensweisen zu erkennen. Alles baut auf *Assoziieren* und *Herstellen von Verbindungen* auf. Wenn das zu speichernde Material (Liste von unzusammenhängenden Wörtern, Eigennamen, Rechtschreibregeln) keine innere Logik aufweist, d. h. keine Bindungen hat, schafft die Mnemotechnik eine äußere Logik, indem sie das Material in einen Satz einbettet. Sie ordnet den zu behaltenen Dingen einen Sinn zu, indem sie sie in einen Kontext stellt.

Beispiele:

»Aber wo ist denn nur Singapur?« bietet die Möglichkeit, die ordnenden Konjunktionen zu erinnern (aber, wo, denn, nur). Diese Aneinanderreihung von Wörtern, die man sich als Gedächtnisstützen einfallen läßt, nennt man Verkettung.

»Isar, Inn und Regen sind ihr links gelegen«, »Auf der Oder schwimmt kein Grave.«

Neben dem Assoziieren bauen die mnemotechnischen Mittel auf Bildern auf: Abstraktes wird in Konkretes umgewandelt oder auf Klangliches zurückgegriffen: Rhythmus, Gleichklang. Je angenehmer oder frappierender diese Bilder oder Klänge sind, um so besser prägen sie sich ein. Denn sie aktivieren nicht nur die rechte und/oder linke Gehirnhälfte, sondern auch das limbische Gehirn, den Bereich des Gefühls. Diese Techniken werden ausgiebig in der Werbung genutzt.

Aus den vielen bekannten Methoden werde ich nur zwei beschreiben, die am einfachsten einsetzbar sind: die Methode der Silben und die der Anfangsbuchstaben. Die anderen Methoden, wie z. B. die Reimmethode* oder die Positionsmethode** schaffen eine künstliche Kodierung, die fast schwieriger zu behalten ist, als die Wörter selbst.

Die Methode der ersten Silbe

Diese Methode ist gut geeignet für Wörter, die ungeordnet behalten werden können. Sie nehmen die ersten Silben der Wörter, die Sie sich einprägen sollen und bilden einen Satz. Die Reihenfolge der Erdzeitalter: Kambrium, Silur, Devon, Karbon, Perm prägt sich z.B. leicht ein mit einem Nonsens-Satz wie: *Ka*m *Si*egfried *der Ka*rate-*Pe*ter ...

Methode der Anfangsbuchstaben

Diese Methode können Sie einsetzen, wenn Wörter in einer bestimmten Ordnung behalten werden sollen. Um sich etwas einzuprägen, nimmt man immer die ersten Buchstaben des Wortes. So, wie ich Ihnen empfohlen habe, sich die drei Techniken des Notierens einzuprägen T.A.S. (siehe S. 102) und die vier Stufen der Analyse eines Themas: T.G.P.A. (s. S. 173).

Diese Techniken sind zwar sehr nützlich, ihr Einsatz ist jedoch beschränkt, da das Gedächtnis dadurch auch überlastet statt entlastet werden kann. Seien Sie skeptisch, wenn Ihnen allein durch Einsatz solcher Methoden ein Supergedächtnis versprochen wird.

---

* Es geht darum, die Wörter (z. B. Tisch, Autobus usw.) einer immer gleichen Liste, die von 1 bis 10 durchnumeriert ist, zuzuordnen: 1 (eins)= Tisch, 2 (zwei)= Autobus (noch besser geht's mit Reim: 4 (vier) = Stier) ... Um sich an die Wörter zu erinnern, stellen Sie sich einen Tisch in einem Autobus vor, der einen Stier hinter sich herzieht ...
** Jedes Wort, das behalten werden soll, muß zum Zeitpunkt seines Übergehens in das Gedächtnis einem bestimmten Ort zugeordnet sein: das Brot im Aufzug, das Salz auf dem Bürgersteig usw.

Trainingsaufgaben

Übung 1 und 2

Ziel: Unterschiedliche Methoden des Notizenmachens ausprobieren.

Übung 1

Lesen Sie den Text nach den Regeln des vertieften Lesens.
Erstellen Sie eine Inhaltsgliederung und ein Mind-Map.

Ein empfindliches Gleichgewicht

Der Mensch hat seit jeher die Natur verändert, um sie produktiver zu machen. Solange er nicht über leistungsfähige Maschinen verfügte, waren seine Möglichkeiten beschränkt. Heute ist das nicht mehr so. Der Mensch kann in wenigen Tagen eine Landschaft verändern, die sich in Jahrtausenden entwickelt hat. Sein Einwirken führt manchmal zu katastrophalen Ergebnissen. Die folgenden Beispiele zeugen davon.

Früher gab es in der landwirtschaftlich genutzten Landschaft viele Hecken und Böschungen; dadurch waren die Parzellen zu klein, um das Land mit modernen Maschinen zu bearbeiten. So wurden Hecken und Böschungen weitgehend beseitigt.

Hecken und Böschungen haben jedoch viele Vorteile. Insbesondere spielen sie eine wichtige Rolle als Windschutz; Untersuchungen haben gezeigt, daß durch das richtige Anpflanzen von Hecken eine Produktionssteigerung von 15 % erreicht werden kann. Darüber hinaus bilden sie einen Schutz für das Vieh. Sie sind Lebensraum für zahlreiche Tiere, Schlangen, Wiesel, Raubvögel usw., die außerordentlich nützlich sind, denn sie verhindern die ausufernde Vermehrung der Schädlinge wie z. B. der Nagetiere und bestimmter Insekten. Der Nutzen der Raubvögel ist sehr viel größer als der Schaden, den einige von ihnen bei Wild anrichten; außerdem jagen sie insbesondere kranke und schwache Tiere, wodurch die Ausbreitung von Krankheiten verhindert wird. Sie sind vom Gesetz geschützt.

Darüber hinaus speichern Hecken und Böschungen Wasser und halten die Feuchtigkeit in Zeiten der Trockenheit. Sie verhindern die Erosion. Aus diesen Gründen sollte gut abgewägt werden, ob ein unebenes Gelände eingeebnet wird oder nicht.[18]

143

Heben Sie Ihre beiden Notizen auf. Nehmen Sie sie zwei oder drei Wochen später wieder zur Hand, und versuchen Sie, sich an den Inhalt des Textes zu erinnern. Je nach den Ergebnissen, die Sie mit den beiden Methoden erzielen, werden Sie wissen, welche für Sie die beste ist.

Übung 2

Erstellen Sie für jedes Kapitel dieses Buches Notizen in der von Ihnen bevorzugten Form.

Übung 3

Ziel: Testen Sie Ihre Merkfähigkeit.

Versuchen Sie, ausgehend von dem, was Sie in diesem Kapitel gelesen haben, die grundlegenden Regeln über das Funktionieren des Gedächtnisses aufzuzeigen.

Es liegt in Ihrer Hand: Sie können von *heute* an die neuentdeckten Prinzipien des Lernens in Ihrem Gebiet anwenden.

Mind-Map »Speichern«

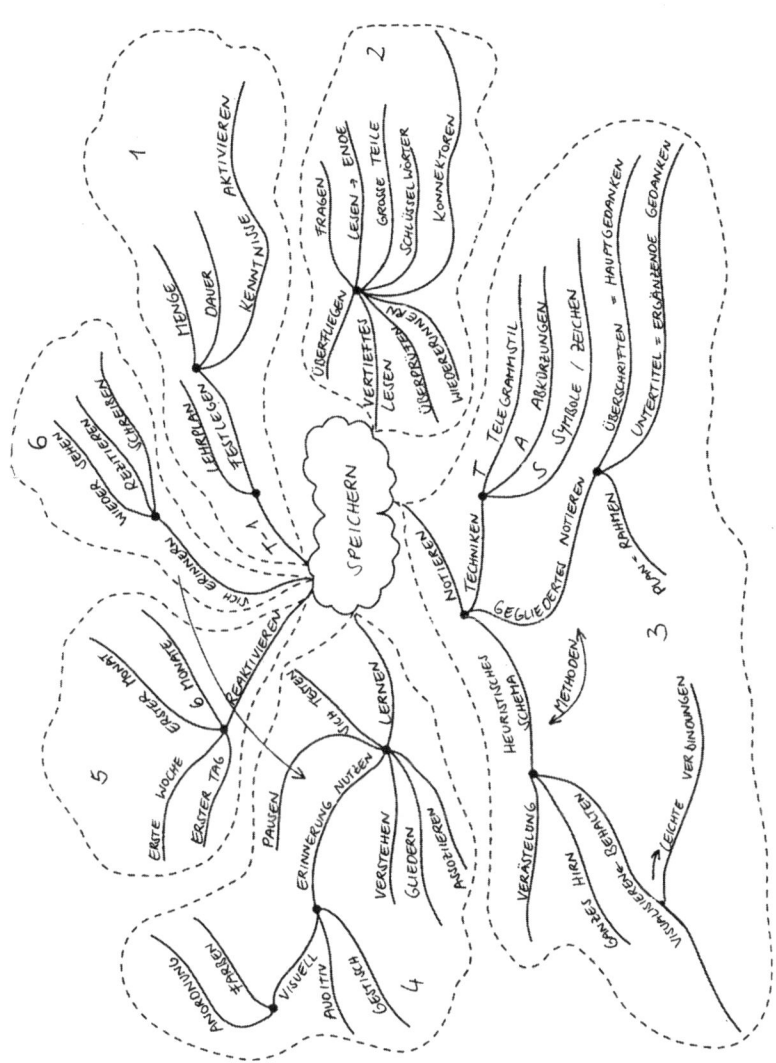

Baustein 5
Den größten Nutzen aus einer Vorlesung ziehen

Während des Studiums sind die wichtigsten Informationsquellen – neben der eigenen Lektüre – die Vorlesungen. Um aus einem Vortrag, Referat, einer Diskussion, Konferenz o.ä. Nutzen ziehen zu können, genügt es nicht, nur körperlich anwesend zu sein. Es ist wichtig, die Informationen durch aktives Hören einzufangen und sie danach in eine Form zu bringen, die eine leichte Aufnahme ermöglicht. Das folgende Kapitel wird Ihnen helfen, dieses Vorgehen effektiv anzuwenden.

1. Hören ist nicht gleich hören

Von einer Vorlesung zu profitieren, bedeutet in erster Linie, richtig zuhören zu können. Oder anders gesagt, hören ist nicht gleich hören. Sie nehmen z.B. die Geräusche auf der Straße wahr, wenn Sie jedoch jemanden erwarten, hören Sie das Knarren der Tür; Sie hören die Gespräche um sich herum im Lokal, die Stimme eines Freundes am Telefon jedoch hören Sie genau. Im ersten Fall sind Sie passiv, im zweiten aktiv. Hören – passiv – setzt nur das Gehör in Bewegung, (zu)hören – aktiv – mobilisiert das Gehirn in seiner Gesamtheit.

Verschiedene Studien haben gezeigt, daß die Fähigkeit des Zuhörens zwischen der Kindheit und dem Erwachsenenalter abnimmt: 90% zwischen 5 und 7 Jahren, 44% mit 14 Jahren, 28 % ab 17 Jahren. Zwei Ursachen können u.a. diese progressive Verminderung erklären. Zu Beginn der Schulzeit haben die Kinder gerade die Phase der Egozentrizität verlassen, sie möchten dem Lehrer gerne zuhören, zumal sie selbst noch nicht lesen können und der Wissenserwerb zunächst nur auf diese Weise möglich ist.

Die Verminderung der Fähigkeit zuzuhören kann jedoch bekämpft werden. Die folgenden Ratschläge werden Ihnen helfen, ein besserer Zuhörer zu werden.

2. Wie kann man sein Zuhören verbessern?

Zuhören ist eine vom Willen gesteuerte Tätigkeit. Abgesehen von einigen körperlichen Voraussetzungen hängt sie insbesondere von unserer geistigen Einstellung ab.

2.1 Körperhaltungen

Studien auf dem Gebiet des Hörens haben gezeigt, daß es günstiger ist, den Dozenten oder Sprecher auf der rechten als auf der linken Seite zu haben und den eigenen Körper so auszurichten, daß man ihm ins Gesicht sieht. Bei überfüllten Hörsälen kommen Sie zeitig, um vor Beginn den richtigen Platz zu bekommen.

Wie dem auch sei, eine Vorlesung, ein Vortrag o.ä. ist immer leichter zu verstehen, wenn man den *Sprecher sieht*. Denn dann wird die Botschaft nicht nur mit Hilfe der Wörter übertragen, sondern auch durch Gesten, durch die Körperhaltung. Es werden die rechte und linke Gehirnhälfte mobilisiert. Außerdem erschwert man so das gedankliche Abschweifen.

2.2 Geistige Einstellungen

Die Motivation

Der Schlüssel zum Zuhören ist das Interesse, das Sie dem, was gesagt wird, entgegenbringen. Sie müssen Ihre Motivation für das entsprechende Stoffgebiet entwickeln, indem Sie sich die Gründe klarmachen, die das Gebiet für Sie wichtig machen – auch wenn Sie es zu Anfang gar nicht interessant finden.

Denken Sie an folgendes:
- welche Verbindung hat das Stoffgebiet zu Ihrem zukünftigen Beruf?
- welche Bedeutung hat das Gebiet für Ihr Studium?
- wecken Sie Ihre Neugier, indem Sie sich Fragen zu dem Gebiet stellen;
- führen Sie sich hin und wieder vor Augen, was Sie schon gelernt haben; die Fortschritte werden Sie ermutigen;
- formulieren Sie Ziele, Herausforderungen, diese werden Sie stimulieren.

147

Aufmerksamkeit

Eine Vorlesung läuft in der vom Dozenten vorgesehenen Reihenfolge ab. Sie können nicht zurückgehen wie bei einem geschriebenen Text. Die mündliche Botschaft zieht rasch vorüber. Daher ist die Konzentrationsfähigkeit beim Hören noch wichtiger als beim Lesen.

Die Konzentrationsfähigkeit ist von Individuum zu Individuum und von Stoff zu Stoff verschieden; sie hängt auch unmittelbar von der Form des Vortrags ab: mehr oder weniger dynamische Pädagogik, Persönlichkeit des Dozenten, Einsatz von optischen Hilfsmitteln ... In jedem Fall aber können Sie Ihre Wachsamkeitsschwelle erhöhen. Die folgenden Ratschläge und die Übungen auf Seite 154 werden Ihnen dabei helfen.

Wie gehen Sie vor?

Die Aufmerksamkeit fördern
Sicherlich nicht, indem Sie sich verkrampfen oder die Stirn runzeln. Die wirklich effiziente Art von Aufmerksamkeit besteht darin, zuzuhören mit der Absicht, den Inhalt des Gesagten wiedergeben zu können.

Um sich in den Stoff mit einzubeziehen, versuchen Sie, der Vorlesung/dem Vortrag o.ä. gedanklich vorauszueilen statt ihm zu folgen (folgen heißt schon zurückbleiben ...), nutzen Sie jede Gelegenheit, sich aktiv zu beteiligen: Antworten Sie auf Fragen, stellen Sie welche.

Mitschreiben
Mitschreiben hilft, genauer zuzuhören und aufmerksamer zu sein. Denn dadurch, daß Sie wissen, daß Sie das Gehörte aufschreiben werden, werden Sie darauf achten, den Faden nicht zu verlieren und den Inhalt zu begreifen.

Deshalb ist es auf jeden Fall besser, mitzuschreiben, auch wenn Sie ein Kopiergerät zur Verfügung haben. Diese Tätigkeit garantiert nicht nur Aufmerksamkeit, sondern auch Einprägen. Sie zwingt dazu, zu verkürzen, um das Wichtige auszuwählen, also zur Informationsbearbeitung. Erinnern Sie sich an die Übung von Seite 102: eine bearbeitete Information ist eine teilweise gespeicherte Information.

3. Vor der Vorlesung

Um effizient an einer Vorlesung teilzunehmen, müssen Sie intellektuell und materiell darauf eingestellt sein.

3.1 Greifen Sie vor

Es ist leichter, Informationen über eine mündliche Botschaft aufzunehmen, wenn man der Information vorgreift. Zu diesem Zweck können Sie vor der Vorlesung:
- sich Informationen zu dem Thema besorgen; z. B. überfliegen Sie den Teil des Skripts oder das entsprechende Kapitel eines Buches;
- schauen Sie kurz die vorangegangene Vorlesung an, um den Überblick zu behalten und Ihr Gedächtnis zu beleben;
- überlegen Sie, was Sie zu dem Thema schon wissen oder zu wissen glauben;
- denken Sie sich die Fragen aus, auf die die Vorlesung Antwort geben wird.
So richten Sie sich auf ein aktives Hören und erleichtertes Mitschreiben ein.

3.2 Organisieren Sie die Mitschrift

Oben auf das Blatt, das die erste Seite sein wird, schreiben Sie Datum, Thema und Name des/der Vortragenden; wenn Sie diese Informationen noch nicht alle haben, lassen Sie Raum, um sie später einzufügen. Sie können auch einen Raum freilassen, um einige Wörter oder Tatsachen einzutragen, die die Vorlesung in einen bestimmten Zusammenhang einbetten: ein besonderes Ereignis vor der Veranstaltung (ein Anruf, eine Begegnung, ein unerwarteter Vorfall), während der Vorlesung (ein Lacher, ein Lapsus des Dozenten) oder auch nur Ihre Laune an diesem Tag. Wenn Sie später die Notizen zur Hand nehmen, werden Sie geistig die Situation wieder durchleben: Die Erinnerung daran wird leichter fallen.

Es ist ratsam, die einzelnen Blätter in mehrere Zonen aufzuteilen, um die Mitschrift zu vereinfachen.

149

Zone 1	
Zone 3	Zone 2
Zone 4	

Teilen Sie jeder Zone eine bestimmte Funktion zu, z. B.

Zone 1= Betreff (Thema, Datum, Dozent auf der 1. Seite, Seitenzahl auf den folgenden);

Zone 2= Mitschrift der Vorlesung;

Zone 3= Überschriften oder inhaltstragende Sätze, Schlüsselwörter;

Zone 4= persönliche Gedanken, zusätzliche Ideen oder zusammenfassende Notizen (Titel und Untertitel für das strukturierte Mitschreiben, Mind-Maps).

Wenn Sie diese Zoneneinteilung nicht übernehmen wollen, lassen Sie auf jeden Fall ausreichend Ränder. Lassen Sie Raum, um nicht erdrückt zu werden ...

4. Die Vorlesung

Sie haben gesehen, daß das Mitschreiben zu effizientem Hören beiträgt; dieses »Gedächtnis aus Papier« ist oft der einzige Weg, die Information wiederzufinden.

Die in Baustein 3 vorgestellten Techniken zum Notizenmachen bei einem geschriebenen Text sind selbstverständlich auch beim mündlichen Vortrag einsetzbar. Aber beim Vortrag gibt es einige Besonderheiten, die ein spezielles Vorgehen erfordern.

4.1 Sie müssen schnell sein

Ein Mensch spricht in der Stunde durchschnittlich etwa 9 000 Wörter; Sie können jedoch nur etwa 1 200 bis 2 400 schreiben. Um so wichtiger ist es also, mit Abkürzungen zu arbeiten. Legen Sie daher gleich zu Beginn, sobald der Vortragende sein Thema beschrieben hat, für sich selbst Abkürzungen zu diesem Thema fest.

4.2 Arbeiten Sie selektiv

Auch mit Hilfe von Abkürzungen ist es nicht möglich, alles aufzuschreiben; überdies ist das auch nicht notwendig, ja sogar schädlich, denn statt aktiv das Wesentliche herauszufiltern, würden Sie nur mechanisch aufschreiben, ohne Ihre Intelligenz einzusetzen.

Wie gehen Sie vor?

Das Wesentliche herausfiltern
Nun, die Möglichkeiten des Hervorhebens beim Geschriebenen durch Typographie, Farben usw. gibt es beim Gesprochenen nicht. Aber andere verbale und nonverbale Signale ermöglichen es, die Schlüsselelemente zu finden.

So verlangsamt der Redner etwa sein Sprechtempo oder hebt die Stimme, wenn er auf zentrale Passagen zu sprechen kommt; er unterstreicht die Information durch eine Geste, eine Bewegung; er macht eine Pause; ergänzt die mündliche Darstellung durch visuelle Elemente, Schreiben, Bilder, Dias, Folien …

Zudem ist das Gesprochene reich an Redundanzen, Wiederholungen der vorher gegebenen Information in einer anderen Form. Ein erfahrener Redner weiß, daß seine Zuhörer Zeit zum Mitschreiben und zum Begreifen haben müssen und daß er die Chance, verstanden zu werden, durch wiederholtes Formulieren seiner Grundgedanken erhöht.

Wenn Ihnen etwas entgeht, lassen Sie eine Lücke: Sie können sie später füllen. Sonst verlieren Sie womöglich den Faden.

Das Nonverbale: Gesten, Haltungen, Blicke haben beim Reden eine grundlegende Bedeutung. Daher ist es keine empfehlenswerte Technik, eine Vorlesung auf Kassette aufzunehmen, um Sie später anzuhören, denn dann hat man nur noch die Stimme zur Verfügung.

4.3 Finden Sie den Aufbau des Textes heraus

Gesprochenes und Geschriebenes gehen unterschiedlich vor, um den Aufbau des Textes hervorzuheben. Während beim Geschriebenen der Aufbau durch Titel,

Untertitel, Paragraphen ... auf den ersten Blick deutlich wird, hat das Gesprochene andere Bezugspunkte.

Zu Beginn einer Rede, eines Vortrages, einer Konferenz stellt der Redner den Aufbau vor und hält ihn manchmal auch auf der Tafel fest. Im Verlauf seines Vortrags verweist er immer wieder darauf und kündigt den Übergang von einem Kapitel zum andern durch Ausdrücke an wie:

»Kommen wir nun zu einem zweiten Aspekt ...«,

»Wie wir gesehen haben ...«, »Wir werden nun sehen ...«,

»Schauen wir uns nun einmal ... an ...«

Zudem macht der Redner häufig vor einem neuen Teil eine Pause.

Wenn Sie auf diese Zeichen achten, werden Sie den Aufbau schnell herausfinden, indem Sie beim strukturierten Mitschreiben einfach ein paar Zeilen einfügen oder beim Mind-Map einen neuen Ast hinzufügen.

5. Nach der Vorlesung

Notizen, die man nicht überarbeitet, sind sehr schnell unbrauchbar. Das Überarbeiten sollte möglichst unmittelbar nach der Vorlesung erfolgen, da die Erinnerung dann noch frisch ist. Drei grundlegende Vorgehensweisen sind dafür erforderlich:

5.1 Klären Sie Ihre Mitschrift

– Schreiben Sie die Bedeutung der Abkürzungen dazu, wenn Sie während der Vorlesung keine Gelegenheit dazu hatten.
– Füllen Sie die Lücken aus; bei Schwierigkeiten können Sie einen Mitstudenten oder einen Dozenten befragen.
– Schreiben Sie neu, was unleserlich ist.
– Suchen Sie die Bedeutung unbekannter Begriffe, die Orthographie neuer Wörter heraus.
– Unterstreichen Sie die Schlüsselelemente, rahmen Sie sie ein oder markieren sie mit einem Pfeil so, daß Sie die grundlegenden Gedanken herausfiltern.

5.2 Hierarchisieren Sie

Sie haben Raum zwischen den einzelnen Teilen gelassen. Geben Sie nun jedem Teil einen Titel und numerieren Sie. So heben Sie den Aufbau des Textes hervor, den Schlüssel zum Verstehen.

5.3 Fassen Sie zusammen

Machen Sie eine eigene Zusammenfassung, die leichter zu behalten ist: durch ein Resümee, eine Skizze oder wie auch immer. Warum nicht auf zwei verschiedene Arten zusammenfassen? Die Verbindung zweier Methoden aktiviert das Gehirn in seiner Gesamtheit und erhöht die Chancen des Behaltens.

gegliederte Notizen	Mind-Map	gegliederte Notizen
. . . .		. . . .
. . . .		. . . .
. . . .		. . . .
. . . .		. . . .
. . . .		. . . .
. . . .		Zusammenfassung:
		. . . .

Doppelte Zusammenfassung

Sie können gezielt bei Notizen, die für Sie wichtig sind, zwei zusätzliche Seiten oder eine Seite, die in zwei Zonen aufgeteilt ist, vorsehen. Diese Seiten sind dann für die beiden Arten der Zusammenfassung reserviert.

153

Trainingsaufgaben

Reihe 1:

Ziel: Erhöhung der Konzentrationsfähigkeit.

Übung 1

Wählen Sie einen Gegenstand aus. Schauen Sie ihn sich an und sagen Sie sich, daß Sie sich genau an ihn erinnern müssen (seine Form, seine Ausmaße, sein Material, seine Farbe usw.). Machen Sie sozusagen eine geistige Fotografie, und schließen Sie jeden anderen Gedanken aus.

Schließen Sie die Augen und beschreiben Sie den Gegenstand, indem Sie sich auf die innere Fotografie konzentrieren.

Vergleichen Sie dann Ihr inneres Bild mit dem Gegenstand. Anfangs werden Sie Schwierigkeiten haben, aber nach und nach wird sich die Qualität Ihrer Erinnerung verbessern: Sie werden sich an immer mehr Details erinnern und diese werden dem Gegenstand genauer entsprechen. Wiederholen Sie diese Übung regelmäßig mit immer komplexeren Gegenständen (z. B. mit einem Gemälde).

Übung 2

In den öffentlichen Verkehrsmitteln, im Wartezimmer des Zahnarztes, in der Schlange vor der Mensa ... denken Sie an ein angenehmes Ereignis. Durchleben Sie die ganze Situation in Ihrer Vorstellung von A bis Z, ohne sich von der Umgebung ablenken zu lassen.

Übung 3

Denken Sie drei Minuten lang (die Uhr in der Hand) an ein bestimmtes Thema. Dann denken Sie ebensolang an ein anderes Thema, dann an das nächste ... aber an nicht mehr als fünf Themen.

Von dieser Übung können Sie profitieren, wenn Sie die in der Vorlesung behandelten Themen später Revue passieren lassen wollen. Nach einigen solcher Übungen wird es Ihnen leichter fallen, Ihre Gedanken auf ein bestimmtes

Thema zu konzentrieren und für äußere Ablenkungen unempfindlich zu werden.

Übung 4

Diese Übung ist etwas schwieriger und besteht darin, ein Ganzes in seine einzelnen Bestandteile zu zerlegen. Schauen Sie z. B. ein Gebäude an und konzentrieren Sie sich nacheinander auf:

seine Form
seine Ausmaße
seine Unterteilung in Etagen
seine Öffnungen (Türen, Fenster)
die Materialien: Zement, Holz, Glas ...

Danach machen Sie den Vorgang umgekehrt: Bauen Sie das Ganze auf aus den Elementen, die Sie vorher herausgelöst hatten.

Wenn Sie etwas Übung haben, machen Sie diese Übung mit der Doppelseite eines Fachbuchs, die Sie zuerst zerlegen und dann wieder zusammenbauen.

Die Übungen müssen solange wiederholt werden, bis es Ihnen gelingt, sich nicht mehr von störenden Gedanken ablenken zu lassen.

Übung 5

Es folgen drei Textausschnitte. Lesen Sie den ersten und verdecken Sie ihn dann: Wählen Sie aus den drei vorgeschlagenen Inhaltsangaben (a,b,c) die zutreffendste (auch wenn diese nicht die gleichen Wörter benutzt).

Wenn Sie die Möglichkeit haben, die Übung mit einer anderen Person zusammen zu machen, können die Textausschnitte und die Inhaltsangaben nacheinander abwechselnd vorgelesen werden. So können Sie Ihre Aufmerksamkeit und Ihre Hörfähigkeit trainieren.

1. Die Hauptursachen für die Zerstörung der tropischen Wälder sind die riesigen Plantagen, die extensive Viehzucht, der Bau von Straßen und Staudämmen.

a) Die Hauptursachen der Zerstörung der Wälder sind große Plantagen, extensive Viehzucht, Bau von Straßen und Staudämmen.

b) Die tropischen Wälder werden durch massives Abholzen von Wäldern, Groß-plantagen, extensive Viehzucht, Bau von Straßen und Staudämmen zerstört.

c) Die tropischen Wälder werden durch Bau von Straßen und Staudämmen, Um-weltverschmutzung und extensive Viehzucht bedroht.

2. Gewalt ist eine typische Erscheinung des XX. Jahrhunderts; dieser Eindruck könnte aus der Vielzahl der Reden und Veröffentlichungen entstehen. Sie hat sich aus der Kon-sumgesellschaft mit ihren Frustrationen entwickelt und geht einher mit ihrem Partner, der Angst.[19]

a) Sowohl Veröffentlichungen als auch Reden unterstreichen, daß die Gewalt eine Charakteristik des XX. Jahrhunderts ist. Die Ursachen für Gewalt können in der Konsumgesellschaft und in den Frustrationen liegen, die sie erzeugt. Gewalt und ihr Verbündeter, die Angst, breiten sich ganz allmählich aus.

b) Das XX. Jahrhundert hat die Gewalt hervorgebracht. Die Medien zeigen täglich viele Beispiele von Aggressionen jeder Art, die bei Lesern und Zuschauern eine beständige Angst erzeugen.

c) Nach dem, was man heute liest und hört, ist die Gewalt und die Angst überall gegenwärtig. Dieser Zustand ist durch die Konsumgesellschaft erzeugt worden, die bei den Jugendlichen ein Gefühl der Frustration hervorruft.

3. Wenn man alles, Überfälle, Terroranschläge, Taschendiebstähle, zusammenrechnet, kann man feststellen, daß die Gewalt in den vergangenen 10 oder 25 Jahren zugenommen hat. Wenn man jedoch einen größeren Zeitraum betrachtet – ein Jahrhundert oder mehr –, stellt man fest, daß die Gewalt sich verringert hat. Die Straßen von Paris sind am Tage und in der Nacht sehr viel sicherer als zu Beginn des Jahrhunderts. Auf der Straße fürchtet man heute mehr den Autounfall als den Überfall.[20]

a) Wenn man die Gefahren, die den Menschen des letzten Jahrhunderts und den heutigen bedrohen, vergleicht, stellt man fest, daß sie abgenommen haben. Straßen in der Stadt und auf dem Lande sind sicherer geworden, weil sie Tag und Nacht besser überwacht sind.

b) Es stimmt, daß die Anzahl der Überfälle, Terroranschläge und Taschendiebstäh-le heute im Vergleich zu vor zehn oder fünfundzwanzig Jahren zugenommen hat. Aber im Vergleich zum letzten Jahrhundert hat die Gewalt in den Groß-städten, wo die Bewohner es auch in der Nacht wagen, vors Haus zu gehen, abgenommen. Die Straßen werden von zahlreichen Unfällen heimgesucht, die auf die wachsende Verkehrsdichte zurückzuführen sind.

c) Wenn man die verschiedenen Straftaten und Terroranschläge zusammenrechnet, hat die Gewalt tatsächlich in den letzten zehn oder fünfundzwanzig Jahren zugenommen. Aber, wenn man betrachtet, was sich im letzten Jahrhundert zugetragen hat, stellt man fest, daß die Gewalt rückläufig ist. Die Straßen von Paris sind sicherer geworden, sowohl tagsüber als auch nachts; die Autofahrer fürchten sich mehr vor Unfällen als vor Überfällen.

Reihe 2:

Ziel: Entwicklung der Fähigkeit, zuzuhören.

Übung 1

Am Ende einer Vorlesung formulieren Sie geistig die grundlegenden Gedanken, die ein Professor angesprochen hat, indem Sie sich seiner Stimme und seiner Intonation erinnern.

Übung 2

Versuchen Sie an einem Ort Ihrer Wahl verschiedene Geräusche zu isolieren. Zum Beispiel auf dem Land isolieren Sie nacheinander den Gesang der Vögel; Gebell; Autos, die auf der Landstraße vorbeifahren; landwirtschaftliche Maschinen; Wind in den Bäumen …
    Wiederholen Sie diese Übung an verschiedenen Orten. Jedesmal hören Sie konzentriert auf eines der Geräusche und schalten die anderen aus.

Übung 3

Hören Sie ein Musikstück und versuchen Sie, die unterschiedlichen Instrumente, die Wörter, die Wiederaufnahme des Leitmotivs, voneinander zu trennen.

Reihe 3:

Ziel: Mitschreiben während der Vorlesung.

Beachten Sie bitte: Sie finden im folgenden die gesamte Mitschrift einer Aufnahme, die in einer Vorlesung gemacht wurde. Der Text ist in einem Block ohne Absätze geschrieben.

1. Unterstreichen oder markieren Sie die Wörter, die Sie bei einer Teilnahme an der Vorlesung aufschreiben würden, d. h. Wörter, die unentbehrlich sind, um den Sinn später wiederzufinden.
2. Teilen Sie den Text durch Gedankenstriche in Teile und Abschnitte, die voneinander getrennt sind (oder notieren Sie die Wörter, die sich am Ende eines Teils oder Abschnitts befinden).
3. Heben Sie farblich oder auf andere Weise die Wörter oder Ausdrücke hervor, die es Ihnen ermöglicht haben, diese Einteilung vorzunehmen.
4. Ordnen Sie den Teilen und Abschnitten Titel oder Untertitel zu.
5. Markieren Sie durch ein Sternchen die Redundanzen oder Wiederholungen, die, wie wir gesehen haben, im Gesprochenen sehr häufig vorkommen.
6. Machen Sie dann die Zusammenfassung auf die Weise, die Sie bevorzugen.

Übung 1

Wie ich es Ihnen schon vergangene Woche angekündigt habe, werden wir heute ein bedeutendes Problem angehen, nämlich das Lesen. Das Lesen ist eine Tätigkeit, die sich im Mittelpunkt aller Aktivitäten Ihres Studiums und des geistigen Arbeitens überhaupt befindet. Zuerst werden wir den Prozeß des Lesens selbst betrachten, d. h. wie der Leser aus den graphischen Zeichen einen Sinn zusammenstellt. Danach werden wir die Rolle der beiden Gehirnhälften beim Lesen feststellen. Die nächste Etappe wird es ein, die praktische Anwendung zu betrachten: Wie können Sie Ihre Leistungsfähigkeit beim Lesen erhöhen? Nun zum ersten Punkt, wie liest man? Nach dem ersten Stadium des Lernens lesen Sie große Textteile, ohne sie zu zergliedern oder zu analysieren. Um Ihnen verständlich zu machen, was sich abspielt, lesen Sie diesen Satz: »Die Indianer kamen näher und stießen Kriegsgeheul aus, der Cowboy zog seinen ...«. Das letzte Wort fehlt, wie Sie sehen, aber Sie haben es sicher sofort ergänzt. An welches Wort haben Sie gedacht? ... Klar ... an »Colt, Revolver«. Was hat Sie darauf gebracht? Erst einmal der Sinn, der Zusammenhang: Was vorausging, hat Sie auf diese Wörter vorbereitet und nicht etwa auf »Hut« oder »Taschentuch«!

Außerdem hat das männliche Possessivpronomen »seinen« Sie schon veranlaßt, weibliche Substantive wie »Pistole, Maschinenpistole«, die vom Sinn her auch möglich gewesen wären, auszuschließen. Das Possessivpronomen hat Sie auch andere Wortarten ausschließen lassen wie Verben oder Adverbien ... Der Leser erwartet automatisch eine bestimmte Struktur: nach einem Substantiv ein Verb; nach einem Artikel ein Substantiv usw. Das Aufeinanderfolgen der Wörter in einem Satz gibt eine wirkungsvolle Hilfe beim Herausarbeiten des Sinns. Beim normalen Lesen, »ohne Lücken«, kommt ein weiterer Hinweis hinzu: bevor Sie das Wort lesen, sehen Sie schon seine Umrisse: ein langes oder kurzes Wort, ein Wort, dessen Zeichen mehrmals die obere Linie erreichen. Alle diese Hinweise, Sinnhinweise, syntaktische, organisatorische oder formmäßige Hinweise, ermöglichen Ihnen, vorauszusehen, was folgen wird. Sie veranlassen Sie zu einer schnellen, unbewußten Wahl, die das anschließende Lesen meist nur bestätigt. Das Vorgehen des geübten Lesers spielt sich tatsächlich in drei Schritten ab. Ausgehend von Titel und Aufmachung stellt der Leser erste Hypothesen über den Inhalt an. Bevor er mit dem eigentlichen Lesen begonnen hat, hat sich sein Geist schon darauf eingestellt, dieses oder jenes Wort zu finden, und hat so eine Auswahl aus der Vielzahl der möglichen Begriffe getroffen. Je weiter er in dem Text fortschreitet, um so enger wird seine Wahlmöglichkeit. In einem zweiten Schritt sucht der Leser die Bestätigung seiner Hypothese. Wenn er darin geübt ist, alle vorhandenen Hinweise zu berücksichtigen, reicht ihm ein leichtes Überfliegen, er braucht sich nicht lange damit aufzuhalten: sein Lesen ist leicht geworden. In einem dritten Schritt schließlich bestätigt der Leser seine Hypothese mit Hilfe des Sinns. Um das gelesene Wort zu bestätigen, muß es einerseits in den Satz passen, andererseits darf es dem Wissen des Lesers nicht widersprechen. Zum Beispiel ein Satz wie »Ein Hase mit leuchtenden Federn überquerte den Hof« verträgt sich nicht mit dem, was wir über dieses Tier wissen und ist daher nicht akzeptabel. Lesen bedeutet also nicht nur Buchstaben erkennen und verbinden, sondern auch sein Wissen mit einbringen. Es geschieht ein ständiger Austausch zwischen dem geschriebenen Text und dem Leser, zwischen sichtbaren und nicht sichtbaren Informationen. Je nach der dominierenden Hirnhälfte stützt sich der Leser mehr auf die eine oder andere Art der Information. Hier kommen wir zum zweiten Punkt: Wofür ist die rechte und die linke Gehirnhälfte beim Lesen zuständig? Die linke Hälfte entschlüsselt die Wörter, analysiert den Text sehr pointilistisch. Die rechte Hälfte dagegen stellt Hypothesen auf, schaut nach dem Ganzen, nach dem Aufbau und nicht nach den Einzelheiten. Der Leser, der sich vorwiegend an seine linke Gehirnhälfte wendet, stützt sich besonders auf visuelle Hinweise, er liest ein Wort nach dem anderen und bringt die Wörter nicht in Verbindung mit seinem Wissen. Diese Methode kann zum Steckenbleiben führen, zu einer Art Tunnelsicht: Sein Lesen ist sehr schwerfällig. Der mit der rechten Gehirnhälfte arbeitende Leser stellt, ausgehend von wenigen visuellen Hinweisen, Hypothesen

159

auf, greift vor, aber kontrolliert nicht. Er liest wie auf einem Radarschirm, verwechselt manchmal ein Wort mit dem anderen; so wird sein Lesen oberflächlich. Ein Leser kann also nur dann effizient lesen, wenn er die rechte und linke Gehirnhälfte gleichermaßen einsetzt und das, was er weiß und sieht, kombiniert, visuelle und intellektuelle Strategien einsetzt. Mit anderen Worten: der linkshirnige Leser benutzt eine aufsteigende Strategie (vom Text zum Leser), der rechtshirnige eine absteigende Strategie (vom Leser zum Text), der Leser, der beide Gehirnhälften einsetzt, eine interaktive Strategie (vom Text zum Leser, vom Leser zum Text). Besser lesen heißt, besser vorher-sehen (in zwei Wörtern) und besser sehen. Daher ist es notwendig, seine intellektuellen Fähigkeiten einzusetzen in Form von gedanklicher Vorwegnahme, Formulieren von Hypothesen und Ausnutzen der Wahrnehmungsfähigkeit, genaues Hinsehen, sich einen Überblick verschaffen, flexibel bleiben. Wie soll das geschehen? Dazu kommen wir nun …

Mind-Map »Nutzen aus einer Vorlesung ziehen«

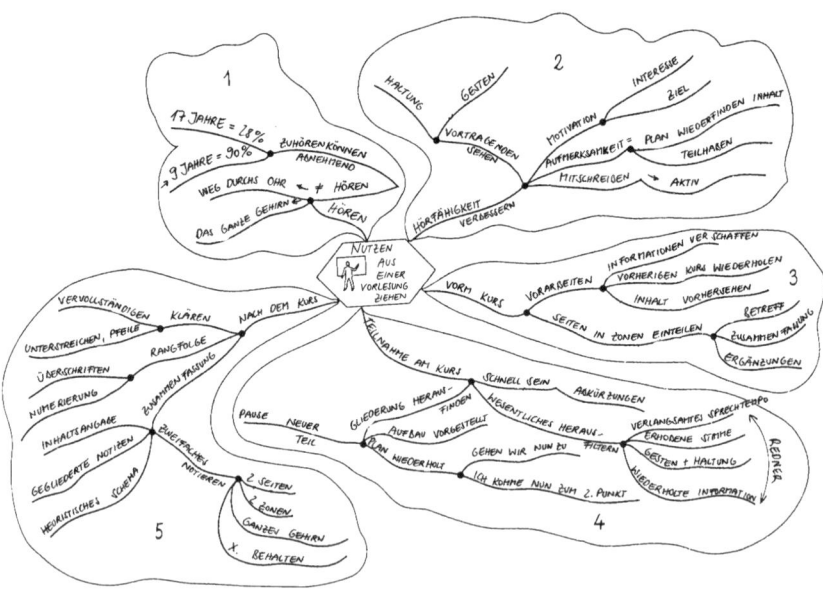

Baustein 6
Die eigene Arbeit organisieren

Sie haben die Gesetze, nach denen das Gedächtnis funktioniert, kennengelernt; Sie sind sich Ihrer Möglichkeiten bewußt geworden und können jetzt entsprechend einen Arbeitsplan entwerfen. Dieses Kapitel will Ihnen einige zusätzliche Hilfen geben, Hilfsmittel, die Ihre Arbeit wirksamer machen und Sie durch Atmungs- und Entspannungstechniken vor Ermüdung schützen.

Organisation ist, wie wir gesehen haben, deshalb wichtig, weil das limbische Gehirn aus Angst vor dem Unbekannten Bezugspunkte braucht. Aufgabe der Organisation ist es, Sie zu führen und nicht etwa in eine starre Ordnung zu zwängen; es geht darum, den Weg abzustecken, damit Sie immer wissen, wo Sie sich befinden. Sie sind damit in der Lage, wenn die Situation sich ergibt, unbeschwert zu entscheiden, ob Sie z.B. ins Kino gehen können, denn Sie wissen, daß das Abweichen vom festgelegten Programm keine schwerwiegenden Folgen haben wird. Andernfalls würden unerwartete Ereignisse oder nicht vorgesehene Vergnügungen stets ein Gefühl des schlechten Gewissens aufkommen lassen. Wenn Ihnen dauernd eine Aufgabe im Nacken sitzt, deren Ausmaße Sie nicht einschätzen können, werden Sie sich ständig überlastet, schuldig und desorientiert fühlen. Sie würden also aus einer Mücke einen Elefanten machen, wogegen das Festlegen von Zielen Ihnen Ruhe und Zuversicht schenkt.

1. Planung für ein Jahr oder ein Semester

Sobald Sie über die notwendigen Informationen verfügen, teilen Sie Ihre Zeit ein und stellen Sie einen Arbeitsplan für das Jahr oder das Semester auf, je nach dem Zeitpunkt der Prüfungen.
- Bestimmen Sie den Arbeitsumfang für jedes Stoffgebiet. Am Ende des zweiten Semesters werden Sie auch in der Lage sein, die Zeit einzuschätzen, die Sie den

161

einzelnen Gebieten widmen müssen: Nacharbeiten der Mitschriften, Vorbereitung von Übungen, Hausarbeiten (Lektüre, Referate …).

- Bestimmen Sie Ihre Aufnahmefähigkeit bezüglich der einzelnen Gebiete (siehe
  Seite 127)
- Legen Sie die Zeit fest, die Sie für Arbeiten zu Hause (x Stunden in y Wochen)
  zur Verfügung haben, ziehen Sie Zeit für Sport und Freizeitvergnügen ab.
- Sehen Sie Zeiten für Wiederholungen vor.
- Denken Sie an die unterschiedliche Wertigkeit von Noten bei den Prüfungen.
  Gehen Sie strategisch vor, und sparen Sie Ihre Kräfte für Themen, die für Ihre
  Noten wichtig sind.
- Planen Sie auch unerwartete Störungen ein (Versäumen einer Vorlesung,
  Krankheit, sonstige Schwierigkeiten …).
- Unterteilen Sie Ihre Arbeit in mehrere Etappen und setzen Sie sich Termine für
  den Abschluß der einzelnen Arbeiten. Sie verteilen damit die Probleme auf eine
  größere Strecke und erhalten sich durch regelmäßige kleine Siege Ihre Motiva-
  tion. Das große Ziel wird Ihnen weniger weit entfernt und damit erreichbarer
  erscheinen.

2. Wochenplanung

Die Woche ist die praktischste Basis für die Planung. Machen Sie jeden Montag
eine Bestandsaufnahme. Stellen Sie Ihre Fortschritte fest und ändern Sie, wenn Sie
es für angebracht halten, Ihren Arbeitsplan ab. Es ist klar, daß manche Wochen an-
gefüllter sind als andere, insbesondere wenn regelmäßig Klausuren geschrieben
werden. Richten Sie Ihren Arbeitsplan danach aus.

3. Programm für einen vorlesungsfreien Tag

Entweder sind das regelmäßig wiederkehrende freie Tage oder Tage vor den Prüfungen. Gibt es günstigere Momente fürs Lernen?

Häufig hört man, man könne nur am Vormittag gut lernen. In Wirklichkeit
gibt es jedoch keine strikte Regel. Sie müssen für sich die beste Zeit herausfinden,
die Ihrem natürlichen Rhythmus am meisten entspricht. Diesen Zeitraum reservieren Sie für anspruchsvolle Tätigkeiten. Wenn Sie ein Frühaufsteher sind, ist der

Vormittag für Sie der vorteilhafteste Zeitpunkt; sind Sie dagegen ein Langschläfer, arbeiten Ihre Gehirnzellen am Ende des Tages am besten.

Neben den Vorlieben, die jeder einzelne Mensch hat, gibt es auch ein biologisches Gesetz. Studien, die in Deutschland und Schweden durchgeführt wurden, haben gezeigt, daß geistige Leistungen optimal bis zum Mittag erbracht werden, sie lassen bis fünfzehn oder sechszehn Uhr nach und steigen dann wieder an, bis sie gegen neunzehn und einundzwanzig, zweiundzwanzig Uhr wieder einen Höhepunkt erreichen. Diese Leistungskurve ist den Studien zufolge unabhängig von Ernährung und Arbeitsrhythmus. So ist es günstig, den frühen Nachmittag für Arbeiten vorzusehen, die keine zu hohe Konzentration voraussetzen, wie Nacharbeiten, Reinschriften, Nachlesen …

3.1 Dauer der Arbeitsphasen

Gleich, welche Tätigkeit Sie gerade ausüben, vermeiden Sie, ohne Unterbrechung zu arbeiten. Planen Sie immer Pausen ein, in denen Sie sich erholen können. Diese Momente der Entspannung sind unentbehrlich, um nervöse Verkrampfungen zu vermeiden.

Die Dauer einer Arbeitsphase hängt immer von der Art der Arbeit ab: Verstehen kann z.B. länger auf hohem Niveau gehalten werden als Einprägen (vgl. S. 136). So können Sie, wenn Sie lesen und Notizen machen für die Vorbereitung einer schriftlichen Arbeit (Referat, Dossier) gut zwei Stunden am Stück arbeiten, wenn Sie sich nicht müde fühlen; aber gehen Sie nicht über Ihre Grenzen hinaus, denn dann wird Ihre Arbeit nichts mehr bringen.

Beim Lernen aber achten Sie darauf, daß Sie nicht die Schwelle überschreiten, nach der das Gedächtnis unerbittlich nachläßt. Diese Schwelle liegt bei vierzig bis fünfzig Minuten je nach Stoffgebiet. Unterteilen Sie also Ihre Lernzeit in Arbeitsphasen von *vierzig* bis *fünfzig* Minuten und legen Sie dazwischen Pausen von fünf bis zehn Minuten ein. Zu den Essenszeiten, insbesondere nach dem Mittagessen, wenn das Lernergebnis nie besonders gut ist, machen Sie eine längere Pause von sechzig bis achtzig Minuten.

Richten Sie es so ein, daß Arbeitsphasen und Pausen eindeutig voneinander getrennt sind. Mitteldinge, wie halb Arbeit, halb Entspannung sind entmutigend. Damit tatsächlich ein Bruch entsteht, bleiben Sie nicht an Ihrem Schreibtisch sitzen; gönnen Sie sich eine kurze, aber richtige Pause.

3.2 Wechsel zwischen Stoffgebieten und Tätigkeiten

In den Stoffgebieten und Tätigkeiten abzuwechseln, ist eine Möglichkeit, Monotonie zu vermeiden. Das Gefühl, immer das gleiche zu machen, schafft Desinteresse. Zu Anfang wählen Sie ein Gebiet, das Ihnen die meisten Schwierigkeiten bereitet, dann haben Sie die besten Voraussetzungen, Hindernisse zu überwinden; außerdem haben Sie sie dann hinter sich …

Empfehlenswert ist auch der Wechsel der Tätigkeit: Lernen, Notizen machen, Ausarbeitung einer langfristigen Arbeit. Mit Abwechslung erlauben Sie ihrem Gehirn, die Daten zu ordnen und zu klären, Ihr Lernen wird erleichtert.

4. Eine schwierige Aufgabe – sich an die Arbeit zu setzen

Für viele Menschen ist es die schwierigste Aufgabe, mit der Arbeit anzufangen. Die nachfolgende Situation haben Sie vielleicht auch schon einmal erlebt. Sie wachen mit den besten Vorsätzen auf. In dem Augenblick, in dem Sie sich an Ihren Schreibtisch setzen, fällt Ihnen ein, daß Sie einem Freund versprochen haben, ihn anzurufen. Also machen Sie das gleich. Nach diesem Anruf, der etwas länger als geplant gedauert hat, werfen Sie einen Blick auf das Fernsehprogramm. Sie entdecken den Titel eines Films, den Sie im Kino gesehen haben, und es fallen Ihnen einige Szenen daraus ein. Dann kehren Sie an Ihren Schreibtisch zurück, aber Ihre Gedanken schweifen ab. Um sich wieder zu motivieren, beschließen Sie, sich einen Kaffee zu machen, der schließlich auch von einem Butterbrot begleitet werden muß … Das Ende des Vormittags nähert sich und, seltsam, Sie fühlen sich erschöpft, obwohl Sie praktisch nicht vorangekommen sind.

Diese weitverbreitete Kettenreaktion muß um jeden Preis vermieden werden, denn sie führt früher oder später zur Aufgabe. Nichts ist demotivierender, als sich immer wieder zu sagen: »Ich muß arbeiten« und den Moment des Anfangens immer wieder hinauszuschieben. Nichterledigte Arbeit ermüdet mehr als erledigte und sie vergiftet das Leben. Außerdem sammelt sich, je länger Sie warten, immer mehr Arbeit an und sie erscheint schwieriger und ermüdender. Wenn dann der Termin näher kommt, hilft nur noch eins: sich ganze Tage einschließen und das Programm durchpauken. Diese Art des Vorgehens vermindert beträchtlich das Arbeitsergebnis.

Einige einfache Vorgehensweisen, die zum Teil schon in Baustein 3 angesprochen wurden, können Ihnen helfen, diese Klippe zu überwinden.

– Setzen Sie die Zeit fest, die Sie dieser oder jener Arbeit widmen wollen und überschreiten Sie sie nicht. Dadurch werden Sie schon viel entspannter sein.

– Messen Sie Ihre Zeit mit der Uhr. Sie haben gesehen, daß eine Tätigkeit sich leicht in die Länge zieht, je mehr Zeit man dazu zur Verfügung hat, wogegen eine begrenzte Zeit optimal genutzt wird.

– Bereiten Sie Ihr »Handwerkszeug« vor, bevor Sie sich hinsetzen. Wenn Sie nach fünf Minuten Arbeit aufstehen müssen, um in einer Schublade nach einer Tintenpatrone zu suchen, verlieren Sie den Faden.

– Planen Sie äußere Stimuli ein, z. B.: »Wenn ich mit diesem Teil fertig bin, werde ich … anrufen, … werde ich die CD hören …«. Wenn Sie sich für die Zeit nach der Arbeit Vergnügungen in Aussicht stellen, motivieren Sie sich. Dieses Vorgehen erscheint Ihnen vielleicht simpel, ist aber sehr wirksam.

5. Die Jagd nach »verlorener« Zeit

Es ist sicher Unsinn, eine Arbeit von gewissem Umfang zu beginnen, wenn man nur fünf Minuten Zeit hat; diese fünf Minuten sind aber dennoch nutzbar, z.B. um Ihre Notizen zu ordnen, schnell etwas zu überfliegen, ein paar Wörter in einer Fremdsprache zu lernen …

Die Wartezeiten zwischen zwei Vorlesungen oder die Zeit, die Sie in öffentlichen Verkehrsmitteln zubringen, ergeben oft mehrere Stunden in der Woche. Verlieren Sie sie nicht. Lesen Sie Ihre Notizen, wiederholen Sie im Geist den Ablauf einer Vorlesung: Was war das Thema? Welche Punkte waren wichtig? Was kam mir seltsam vor? Was habe ich nicht verstanden? Diese Aktivität kann überall erfolgen. Dadurch werden Sie feststellen können, ob Sie das Wesentliche verstanden haben, und Sie können Ihre Lücken füllen. Wenn Sie sich danach an Ihren Schreibtisch setzen, wissen Sie, was Sie nachsehen und vervollständigen müssen.

6. Gruppenarbeit

In der Schule wird normalerweise auf die individuelle Arbeit gesetzt, während Gruppenarbeit die Ausnahme ist. Diese Art der Arbeit hat jedoch viele Vorteile.

- Sie erlaubt, sich gegenseitig zu bereichern; jeder kann den anderen das mitteilen, was er weiß.
- Sie ermutigt und gibt Hilfestellung bei schwierigen Situationen.
- Sie stimuliert: Kontakt und Austausch aktivieren die Neuronen.
- Sie ist ein Mittel zur Überprüfung des eigenen Verstehens. Wenn ich einem anderen etwas erklären kann, habe ich es wirklich verstanden.
- Sie erlaubt Arbeitsteilung, also einen Zeitgewinn.
- Sie bereitet auf mündliche Prüfungen vor, denn man lernt, das Wort zu ergreifen und klar zu formulieren.
- Sie bietet die Möglichkeit, verschiedene Arbeitsweisen zu vergleichen und neue Methoden zu übernehmen. Die linken Gehirnhälften kommen den rechten näher und umgekehrt. Ganz sicher werden sich in einer Gruppe die rechten Gehirnhälften entfalten können, besonders wenn das jeweilige limbische System gut entwickelt ist.
- Sie ist eine gute Vorbereitung für das Berufsleben. Der Erfolg einer Firma oder einer Gesellschaft überhaupt ist das Ergebnis einer gemeinsamen Arbeit und nicht die Summe von Arbeiten einzelner.

Man muß sich jedoch bewußt sein, daß Gruppenarbeit die individuelle Arbeit zwar harmonisch ergänzt, sie aber nicht ersetzen kann. Sie ist nur vorteilhaft, wenn jeder aktiv teilnimmt und sich nicht damit begnügt, sich von der Gruppe tragen zu lassen. Zu diesem Zweck muß der Gruppenarbeit individuelle Vorarbeit vorausgehen und/oder Nacharbeit folgen, damit die Ergebnisse der Gruppenarbeit übernommen werden können.

7. Fit sein

7.1 Außeruniversitäre Aktivitäten

Geistige Arbeit erfordert auch sportliche, kulturelle und soziale Aktivitäten. Von Montag bis Sonntagabend ohne Unterbrechung zu arbeiten, ist falsch kalkuliert. Entspannen Sie sich, machen Sie wenigstens an einem Tag in der Woche etwas ganz anderes. Das ist die Garantie für Ihr psychisches und physisches Gleichgewicht und die Garantie für den Erfolg.

7.2 Die Bedeutung der Atmung

Das physiologische Geheimnis einer positiven geistigen Arbeit liegt in der Atmung. Das Gehirn braucht Sauerstoff. Das Gedächtnis von Untertagearbeitern zum Beispiel, denen keine frische Luft zur Verfügung steht, verringert sich enorm. Wir verbrauchen täglich 4 Kilo Sauerstoff und von diesen 4 Kilo beansprucht das Gehirn für sich 20%.

Eigentlich wissen wir gar nicht richtig zu atmen; wir füllen und leeren nur einen Teil unserer Lungen. Die tiefe Atmung hingegen läßt eine größere Menge Luft in die Lungen dringen und der Organismus verfügt dadurch über einen besseren Vorrat an Sauerstoff, der wiederum das Ausscheiden von Giftstoffen unterstützt. Der Sauerstoff durchdringt das Gehirn, erhöht die Aufmerksamkeit und die Konzentrationsfähigkeit und macht weniger anfällig gegen Müdigkeit. Außerdem hilft er uns bei Prüfungen, unsere Emotionen zu kontrollieren; er bekämpft die Angst durch Regulieren des Herzschlages.

7.3 Die Bedeutung von Entspannung

Auch die Entspannung ist eine grundlegende Technik zur Wiederherstellung der Kräfte und zum Abbau von Spannungen. Die anschließenden Übungen werden Ihnen helfen, die tiefe Atmung und das richtige Entspannen zu lernen.

Ich betone, daß ich bewußt nicht auf die Frage der Ernährung zu sprechen gekommen bin. Es ist klar, daß eine ausgewogene Ernährung das A und O ist. Aber da ich die Lebensbedingungen der Mehrzahl der Studenten kenne, erlaube ich es mir nicht, fünf Seiten mit dem empfohlenen Verzehr von 100 Gramm dieses und 150 Gramm jenes Nahrungsmittels, ergänzt durch 4 Körnchen eines Wundermittels (für den, der es verkauft), zu füllen. Kochrezepte für das Denkenkönnen gibt es nicht. Auf jeden Fall kennt man sie in den Küchen der Mensen und meist auch in der häuslichen Küche nicht. Ich werde Ihnen nur einen Rat geben: variieren Sie ihre Mahlzeiten, essen Sie Obst, Gemüse, Käse, Fisch. Einen Apfel oder ein Stück Käse kann man immer essen oder ein Glas Milch trinken.

Trainingsaufgaben

Übung 1

Ziel: Einen Arbeitsplan aufstellen.

Warten Sie nicht bis nächstes Jahr. Legen Sie jetzt einen Zeitplan fest für die Zeit, die Ihnen noch bis zur Prüfung bleibt und stellen Sie ein Wochenprogramm aller Ihrer Aktivitäten zusammen. Ordnen sie jeder Tätigkeit eine andere Farbe zu.

Übung 2

Ziel: Beherrschen der tiefen Atmung.

Diese Übung, die am besten im Stehen gemacht wird, besteht aus drei Schritten.
    Erster Schritt: ruhig und gleichmäßig acht Sekunden lang durch die Nasenlöcher einatmen.
    Zweiter Schritt: Die Luft zwei Sekunden lang zurückhalten.
    Dritter Schritt: langsam acht Sekunden lang ausatmen und dabei die Lungen ganz leeren.
    Warten Sie dann einige Augenblicke und wiederholen Sie. Erst wenn Sie etwas Übung haben, können Sie die einzelnen Schritte verlängern.
    Diese Übung muß regelmäßig durchgeführt werden, mindestens einmal am Tag, am besten morgens. Lüften Sie vorher das Zimmer oder lassen Sie das Fenster

geöffnet, wenn es die Außentemperatur zuläßt. Sie können diese Übung auch machen, wenn Sie merken, daß Ihre Aufmerksamkeit nachläßt, oder wenn Sie Streß haben. Man kann sie ja überall machen, auch während einer Prüfung oder in einem Wartezimmer ...

Übung 3

Ziel: Sich entspannen können.

Legen Sie sich auf den Rücken, am besten in einem ruhigen Zimmer (wenn das nicht möglich ist, wird eine zarte Musik helfen, die Geräusche von außen auszuschalten). Entspannen Sie sich total. Beginnen Sie im Gesicht: Lösen Sie die Muskeln des Unterkiefers; schließen Sie die Augen ohne Druck, indem Sie einfach die Augenlider zusammenbringen. Gehen Sie dann zu den Armen und Beinen: Sie sollen schwer auf der Unterlage liegen. Jeder Teil Ihres Körpers soll entspannt sein. Sie fühlen sich wie eine Katze, die sich faul ausstreckt.

Wenn Ihnen erst einmal bewußt ist, wie der Zustand des Entspanntseins sich in Ihrem Körper ausbreitet, kontrollieren Sie sich hin und wieder zu verschiedenen Tageszeiten. Wenn Ihre Zähne zusammengebissen sind, Ihre Schultern steif, atmen Sie bewußt und bauen Sie die Spannung ab. Allmählich werden Sie einen entspannteren Zustand erreichen und sich in Ihrem Körper und Ihrem Kopf wohler fühlen.

Neben der Entspannung können Sie auch die Technik des psychischen Isolierens einüben, die darin besteht, Ihren Geist völlig leer zu machen. Sobald Sie einen Gedanken kommen fühlen, schieben Sie ihn zur Seite, bis Sie einen vagen Zustand erreichen, in dem Sie sich nur Ihres Seins bewußt sind.

Manchmal staunen Sie sicher über die Fähigkeit von Personen, mit der Müdigkeit fertig zu werden. Nach einer durchgemachten Nacht sind sie in der Lage, an die Arbeit zu gehen. Diese Menschen verstehen es, sich schnell wieder zu regenerieren, weil sie auch die kleinste Zeitspanne nutzen können, um zu entspannen und sich von der äußeren Welt zu lösen. Zwanzig Minuten gelungenes psychisches Isolieren können manchmal eine ganze Nacht Schlaf ersetzen. Allerdings dürfen Sie diese Technik nicht zu oft wiederholen, denn auf die Dauer würde Ihr Organismus Schaden nehmen.

Mind–Map »Seine Arbeit organisieren«

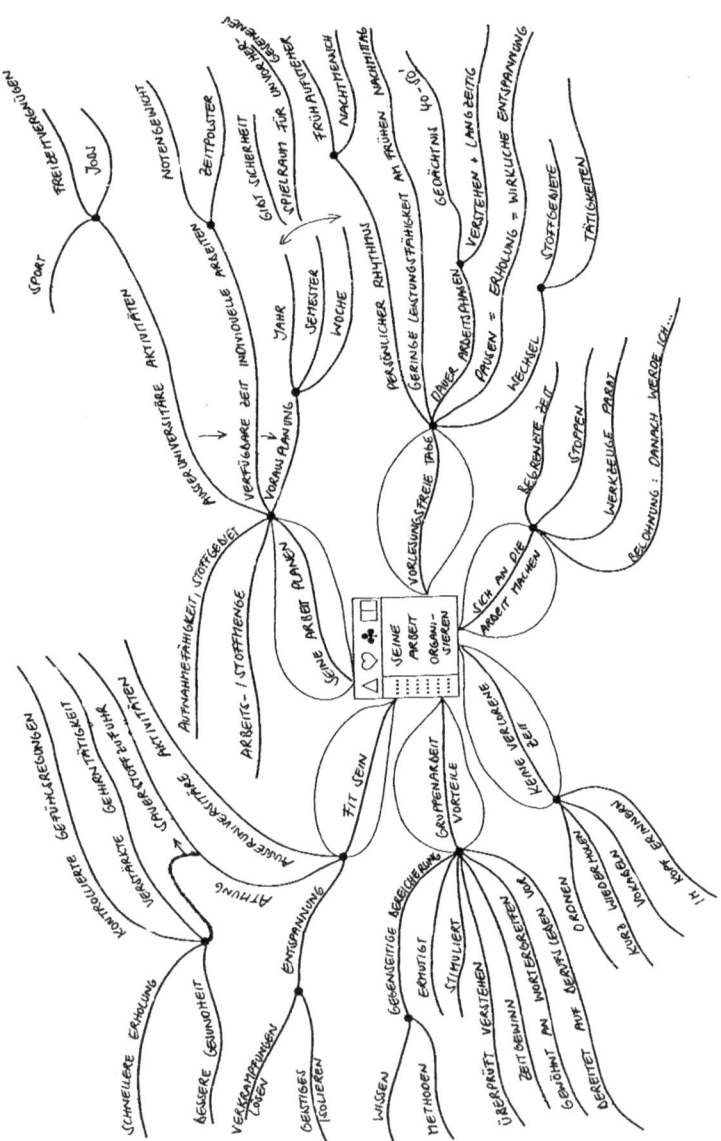

Baustein 7
Die Prüfung

Am Abend vor der Prüfung bereiten Sie alles, was Sie brauchen werden, sorgfältig vor:
- Personalausweis und Studentenausweis, falls dies vom Prüfer verlangt wird;
- Schmierpapier, zwei Kugelschreiber oder Füller (einer könnte nicht mehr funktionieren), Tintenpatronen, eventuell Tintenkiller, Bleistift und Radiergummi, verschiedenfarbige Textmarker (um die Gedanken auf Ihrem Schmierblatt zu markieren), ein Lineal, usw.

Gehen Sie nicht viel früher als sonst zu Bett, in der Hoffnung, am nächsten Tag fiter zu sein, denn Sie werden kaum einschlafen können.

Am Tag der Prüfung gehen Sie nicht mit leerem Magen aus dem Haus, denn so könnte zu dem Streß noch ein Blutzuckermangel hinzukommen. Auch wenn normalerweise der Verzehr von Süßigkeiten nicht empfohlen wird, machen Sie eine Ausnahme und nehmen Sie etwas Süßes oder einfach ein paar Stücke (Trauben-) Zucker mit. Essen Sie sie, sobald Sie Ihre Leistungsfähigkeit abnehmen fühlen. Sie liefern Ihrem Organismus direkt – Zucker wird sofort aufgeschlossen – die Energie, die er braucht.

Brechen Sie früh genug auf, um sich nicht hetzen zu müssen, aber gehen Sie nicht zu früh, denn durch langes Warten entstehen unausweichlich Angstgefühle. Halten Sie sich von unruhigen Mitstudenten fern, denn die könnten ihre Angst auf Sie übertragen.

Nach diesen wichtigen Vorbereitungsmaßnahmen können wir nun zu der Prüfung selbst kommen. Vor dem Schreiben der Arbeit sind drei wichtige Dinge zu tun: die Zeit einteilen, das Thema analysieren, das eigene Wissen aktivieren. Diesen Dingen ist das folgende Kapitel gewidmet.

1. Seine Zeit einteilen

Man muß etwas weniger als die Hälfte der zur Verfügung stehenden Prüfungszeit
für die Vorbereitung rechnen (45 %):
- 10 % um das Thema zu analysieren
- 20 % um sein Wissen und seine Gedanken zu aktivieren,
- 15 % um die Gliederung festzulegen und die Stichworte auf dem Schmierblatt
  durch Pfeile und verschiedenfarbige Markierungen zu ordnen und zu numerieren.

Wenn Sie die Wahl zwischen mehreren Themen haben, entscheiden Sie sich innerhalb von höchstens 10 Minuten.

Das Verfassen des Textes wird etwa 55% der verbleibenden Zeit beanspruchen:
- 30% für die Darstellung
- 10 % für die Einleitung
- 10% für den Schluß
- 5% für ein nochmaliges Durchlesen, das keinesfalls unterbleiben sollte.

Um sicher zu sein, daß die Zeit eingehalten wird und Sie nicht Teile der Arbeit
nur hinschludern, schreiben Sie sich den vorgesehenen Zeitrahmen für jeden
Schritt auf. Schauen Sie ab und zu auf diesen Zeitplan.

2. Das Thema analysieren

Laut Statistik haben die meisten Studenten, die in einer Prüfung durchfallen, das
Thema falsch verstanden oder falsch gelesen. Dieses Problem tritt häufig durch den
Prüfungsstreß auf, der den Prüfling veranlaßt, sich auf den ersten Hinweis zu stür-
zen und so die Aussage viel zu hastig zu interpretieren. So gerät der Kandidat auf
eine falsche Fährte. Wie vermeidet man eine solche Fehlinterpretation und analysiert das Thema richtig?

2.1 Lesen, neu formulieren, vergleichen

Ganz wichtig ist es, das Thema mehrmals zu lesen, ohne gleich etwas zu unterstreichen oder einzukreisen. Danach schauen Sie vom Blatt auf und formulieren

Sie das Thema mit eigenen Worten neu. Stellen Sie sich Fragen: Worum geht es eigentlich? Was will man von mir ? Lesen Sie dann wieder die Aufgabe und vergleichen Sie. Jetzt können Sie die Schlüsselwörter hervorheben.

Wenn Sie den Dozenten kennen, der das Thema gestellt hat, erinnern Sie sich an Empfehlungen, die er Ihnen im Verlauf der Vorlesungen und Übungen gegeben hat; denken Sie an seine Erwartungen.

Nichts ist gefährlicher als zu glauben, daß genau dieses Thema schon einmal während einer Vorlesung, in einem Buch oder einer Hausaufgabe behandelt worden ist. Meist gibt es Nuancen oder auch große Unterschiede zwischen den beiden Themen und eine falsche Weichenstellung ist daher hier noch leichter möglich als bei einem ganz neuen Thema.

2.2 Untersuchen Sie das Thema nach der Methode T.G.P.A.

Eine sichere Methode, um wirklich das ganze Thema zu erfassen, besteht darin, nacheinander vier grobe Grundrisse zur Aussage aufzustellen.

Beispiel für eine Aufgabenstellung: »Diskutieren Sie die Meinung: Ohne einen aktuellen Anlaß wird eine wissenschaftliche Information nicht wahrgenommen«.

Grobplan zum Thema (T)

Hier geht es darum, das Wissensgebiet festzulegen, den Bereich, in den das Thema einzuordnen ist. Dabei sind die Substantive wichtig. Bei dem Beispiel ist das Thema die *Information*; es kann auch zweiteilig sein, dann bietet sich ein Vergleich an (Beispiel: »Kino und Fernsehen«). Später werden wir sehen, worauf dabei zu achten ist.

Grobplan zu den Grenzen (G)

Grenzen können folgender Art sein:
– zeitlich(»zu Anfang des 20. Jahrhunderts«)
– räumlich (»in Deutschland«)
– nach Gruppen oder Sektoren (»bei den Jugendlichen«).

Beispiel: »Beschreiben Sie das russische Bauerntum im 18. Jahrhundert«. Dieses Thema enthält drei Grenzen. Sie sollen sich mit den *Bauern* (nicht anderen Bevölkerungsgruppen), in *Rußland*, im *18. Jahrhundert* befassen.

In dem vorher genannten Thema sind die Grenzen einerseits die *wissenschaftliche* Information und nicht etwa die literarische oder aktuelle, andererseits *ohne aktuellen Anlaß*. Sie sollen also nicht die Information generell behandeln (ihre Verbreitung, ihre Objektivität ...), sondern sich auf die wissenschaftliche Information in ihrer Beziehung zur Aktualität konzentrieren.

Grobplan zur Problemstellung (P)

Die Problemstellung macht das Thema lebendig. Sie stellt Verbindungen von Ursache und Wirkung her, sie betrachtet verschiedene Standpunkte, Besonderheiten, Lösungen. Das beste Mittel, um ein Thema zu problematisieren ist, Fragen zu stellen. So etwa: Was ist die Besonderheit der wissenschaftlichen Information? Warum »wird sie kaum wahrgenommen«? Wer vertritt diese Meinung: alle Leser oder Hörer, die Medien?

Die Problemstellung ist manchmal in der Aufgabenstellung angegeben. Dann gehört sie auch zu den Grenzen.

Beispiel: »Beschreiben Sie die Ursachen des Wachstums der Weltwirtschaft zwischen 1950 und 1973«; hier werden Sie die Ursachen und nicht die Folgen oder Lösungen analysieren.

Grobplan zu den Anweisungen (A)

Die Anweisung oder Aufforderung beinhaltet die Tätigkeit, die der Prüfer von Ihnen verlangt. Sie ist oft in einem Verb im Infinitiv oder Imperativ enthalten, etwa: Beschreiben Sie, Erklären Sie, Kommentieren Sie ...

Thema T	Grenzen G	Problemstellung P	Anweisung A
Die Information	wissenschaftlich $\uparrow$ $\downarrow$ Aktualität	Welche Besonderheit? Warum? Für wen ?	diskutieren Sie

Die Anweisung ist die wichtigste Hilfe, um ein Verfehlen des Themas zu vermeiden. Sie ist auch wertvoll, weil sie oft Hinweise zum Aufbau der Aufgabe gibt. Manchmal gibt sie sogar den Aufbau vor.

In unserem Beispiel ist die Anweisung »Diskutieren Sie«: Sie sollen also das Für und Wider gewichten und Ihre Meinung dazu äußern.

Sonderfälle

»Inflation und Arbeitslosigkeit«: Dieses Thema enthält keine Grenzen, keine Problemstellung, keine Anweisung. In solch einem Fall wird von Ihnen erwartet, daß
– Sie sich auf die aktuelle Situation und nicht auf die von 1939 beziehen,
– Sie eine Beziehung zwischen den beiden Bereichen herstellen (bloß keine Gliederung nach dem Muster: erster Teil Inflation, zweiter Teil Arbeitslosigkeit!),
– Sie eher analysieren als kommentieren.

2.3 Die Verben der Anweisungen

Diese relativ wenigen Verben, die für alle Gebiete verwendet werden, bestimmen die Art und Weise, wie Sie ein Thema behandeln sollen. Schauen wir uns jetzt einmal im einzelnen an, was sich hinter ihnen verbirgt.

Würdigen/beurteilen:

Sie sind aufgefordert, die Bedeutung, den Wert, den Sie der gegebenen Meinung oder Äußerung beimessen, zu beschreiben; dazu analysieren Sie zuerst, dann betrachten Sie die der Wahrheit entsprechenden, positiven Aspekte und die anzuzweifelnden, nicht belegten Aspekte. Das Erklären ist hier wichtiger, als das Diskutieren.

Charakterisieren:

Sie müssen die unterscheidenden oder vorherrschenden Eigenschaften herausarbeiten.

Kommentieren:

Ihre Aufgabe ist es, ein Zitat, einen Satz, einen Gedanken zu erklären, sie zu verdeutlichen durch Beispiele, die entkräften oder bestätigen. Sie können auch Ihre persönliche Meinung einbringen, aber die Analyse muß im Vordergrund stehen.

Vergleichen:

Hier sollen zwei Ansätze miteinander verglichen werden, um Unterschiede oder Gemeinsamkeiten herauszustellen.

Kritisch betrachten:

Hier dürfen Sie nicht nur Stellung beziehen, sondern Sie müssen es; Sie stellen Richtiges, Falsches, positive und negative Aspekte heraus.

Beschreiben:

Sie zählen die besonderen Eigenschaften auf.

Definieren:

Diese Anweisung kommt eher in wissenschaftlichen als in literarischen Themen vor und fordert Sie auf zu bestimmen, zu welcher Kategorie ein Begriff gehört, ihn zu erläutern und seine charakteristischen Merkmale zu beschreiben.

Aufzeigen:

Sie müssen argumentieren, deutlich gegliederte Tatsachen anführen und zu einer Schlußfolgerung oder These kommen.

Diskutieren:

Diese Anweisung ist der Anweisung »kritisch betrachten« sehr ähnlich. Sie betrachten ein Problem, eine Meinung und entwickeln das Für und Wider, die Vor- und Nachteile und beziehen schließlich selbst Stellung. Das ist die klassische Situation der These und Antithese.

Erklären:

Dieses Verb fordert zum Analysieren auf, Sie sollen eine Behauptung, ein Urteil erklären; die Diskussion des Themas ist zweitrangig.

Untersuchen:

Der Akzent liegt auf dem Analysieren. Wenn das Thema z. B. eine globale Problemstellung beinhaltet, wie etwa »Nikotinabhängigkeit« oder »die Versteppung des Ackerlandes« ..., müssen Sie das Problem in allen seinen Ausformungen ansprechen:
– alle Tatsachen darstellen, die Situation erklären;
– die Gründe und die Auswirkungen aufzeigen;
– Lösungen vorschlagen, ohne Partei zu ergreifen.

Bewerten:

Diese Anweisung entspricht dem Verb würdigen/beurteilen.

Darstellen:

Wie auch bei dem Verb »untersuchen« müssen Sie das Thema in seiner Gesamtheit beleuchten und dabei neutral bleiben.

Erläutern:

Sie müssen aussagekräftige Beispiele bringen, um den Sinn eines Zitats, einer These ... klarzumachen.

Themen in Frageform:

»Was halten Sie von ...«, »Was fällt Ihnen ein ... bei ...?« usw. Diese Formulierungen wollen Ihre persönliche Meinung haben.

Zwischen der reinen Beschreibung, die die Verben »definieren« oder »darstellen« fordern, und der Stellungnahme, die Verben wie »kritisch betrachten« oder » diskutieren« erwarten lassen, schwankt der Grad des persönlich Impliziertseins enorm. Das sollte man immer im Auge behalten.

3. Seine Kenntnisse aktivieren

Eine grundlegende Fähigkeit – wichtig für eine Prüfung, aber auch für zahlreiche andere Situationen – liegt darin, sein Wissen, seine Gedanken aktivieren zu können. Das Gehirn speichert sehr viel mehr Informationen, als man denkt. Die Schwierigkeit besteht nur darin, sie wieder aufzustöbern; das Aufstöbern lernt man in der Schule (oder besser: sollte man in der Schule lernen). Um auf die »Jagd nach den Ideen« zu gehen, können Sie zwei Methoden einsetzen, bei denen rechte und linke Gehirnhälfte abwechselnd aktiviert werden.

3.1 Die analoge Methode

Zuerst ist die rechte Hälfte an der Reihe: Schreiben Sie das Thema in die Mitte eines Notizblattes und lassen Sie die Gedanken einfach spontan kommen, ohne sie zu ordnen; schreiben Sie sie kurz in Form von Schlüsselwörtern auf.

Diese Art der Darstellung fördert die Assoziationen ähnlich wie das Mind-Map. Das Gedächtnis funktioniert übrigens nach dem gleichen Prinzip.

Sie sollten jetzt keine Gedanken weglassen, auch wenn sie Ihnen weit hergeholt erscheinen; ziehen Sie sie in Betracht, sie könnten Ausgangspunkt für andere Ideen werden ...

Wenn zwei Gedanken Ihnen verwandt vorkommen, schreiben Sie sie im gleichen Teil des Blattes zusammen oder verbinden Sie sie mit Pfeilen. Versuchen Sie, geistige, visuelle, auditive Erinnerungen wachzurufen, Sie haben davon ein unerschöpfliches Reservoir. Lassen Sie neben den Lernerfahrungen auch andere persönliche Erfahrungen einfließen, denken Sie an das Tagesgeschehen, finden Sie Erinnerungen, die an Lesen, an Reisen oder Gespräche gebunden sind ...

Wenn es sich um eine Fragestellung aus einer Vorlesung, einem Seminar o.ä. handelt, stellen Sie sich Ihre Notizen vor, denken Sie an die Gliederung, die Sie gemacht haben; lesen Sie sich im Geist die wichtigen Teile davon vor.

Wenn nichts mehr kommt, lesen Sie das Thema noch einmal und lesen Sie leise für sich, was Sie notiert haben.

Wenn Sie nervös werden und die Angst Sie blockiert, machen Sie zwei drei tiefe Atmungen, wie auf Seite 168 beschrieben; diese Atemzüge werden Sie entspannen, Ihre Verkrampfung lösen, und Ihr Gehirn wird durch die bessere Sauerstoffversorgung wieder wacher werden und neue Ideen produzieren.

3.2 Die logische Methode

Nach der Intuition und den Assoziationen, die Ihnen die rechte Gehirnhälfte schenkt, kommt die linke Hälfte mit ihrer rationellen und geordneten Art ins Spiel. Dabei werden alle möglichen Wege systematisch abgesucht, wie wenn Sie, um einen verlorenen Gegenstand wiederzufinden, eine Schublade nach der anderen aufziehen. Hier folgt nun eine Aufzählung der möglichen Wege; jetzt ist es an Ihnen, die auszuwählen, die Ihrer Aufgabe am besten entsprechen.

Weg Definition
Einfach, aber unumgänglich ...

Weg Rolle–Funktionen

Weg Vergleich–Gegensatz

Weg Vor- und Nachteile

179

Interdisziplinärer Weg
Denken Sie an alle Blickwinkel, unter denen das Thema angegangen werden könnte: der historische, psychologische, wirtschaftliche, geographische, ästhetische, juristische, moralische, politische, pädagogische, linguistische, soziologische technische usw. Blickwinkel.

Typologischer Weg
Schauen Sie sich die verschiedenen Arten, unterschiedlichen Kategorien und Formen an, unter denen das Thema behandelt werden kann.

Begrifflicher Weg
Beim Betrachten des Themas denken Sie an gegensätzliche Begriffe:

kurzfristig – langfristig	implizit – explizit
allgemein – besonders	subjektiv – objektiv
öffentlich – privat	theoretisch – praktisch
Quantität – Qualität	Zeit – Raum

Weg des Standpunktes
Gehen Sie an das Thema heran, indem Sie sich in den Standpunkt des einzelnen, der Gesellschaft, der öffentlichen Verwaltung versetzen ...

Weg der Frage – Das ist eine wahre Fundgrube:
- Wer? (die Personen),
- Was? (die Dinge),
- Wo? (die Orte),
- Wann? (Datum, Epoche, Zeiträume),
- Wie? (Art und Weise, Methoden),
- Wieviel? (Maße, Mengen),
- Warum? (die Ursachen),
- Wozu? (die Motive, die Ziele),
- Welche Folgen? (Effekte, Auswirkungen),
- Welche Lösungen?[*]

---

[*] Einzelne Fragen ergeben die gleichen Elemente, die schon durch andere Wege aufgefunden wurden. Sie sind aber dennoch nicht unbrauchbar: Mit ihrer Hilfe kann überprüft werden, ob auch alle Möglichkeiten ausgeschöpft worden sind und nichts unberücksichtigt geblieben ist.

Alle diese Fragen können miteinander kombiniert und auch mit verschiedenen Präpositionen verbunden werden (mit wem, für wen …).

Weg der Beispiele
Notieren Sie die Beispiele, die Ihnen einfallen. Sie werden Ihnen nützlich sein, wenn Sie Ihre Ideen entwickeln, untermauern und argumentieren.

Die beiden zuletzt genannten Methoden ergänzen sich gegenseitig, die erste ist jedoch sicher angezeigter für Arbeiten, die größere Kreativität erfordern und weniger Wissenswiedergabe.

Üben Sie diese Methoden mit den unterschiedlichsten Themen: Lärm, Glück, Sekten, Romantik, Humor … Sie werden feststellen, daß man, wenn man ein Thema so methodisch behandelt, immer Ideen bekommt. Auf diese Weise brauchen Sie die leere Seite nicht zu fürchten.

Trainingsaufgaben

Übung 1

Ziel: Ein Thema nach der Methode T.G.P.A. behandeln.

Üben Sie bei den folgenden Aufgabenstellungen,
– das Thema/die Themen
– die Grenzen
– die Problemstellung
– die Anweisung(en)
herauszuarbeiten.

1. Glauben Sie, daß es einem Journalisten möglich ist, objektiv zu sein ?
2. Die Revolution der Informatik.
3. Erläutern Sie die Ursachen der Krise von 1929, ihre Auswirkungen in den Vereinigten Staaten und ihre Folgen.
4. Welche Auswirkungen kann die demographische Entwicklung auf die Wirtschaft der westlichen Länder in den kommenden Jahren haben?
5. Landflucht und Verstädterung in den Entwicklungsländern.

6. In zahlreichen Komödien spielt der Knecht oder die Dienerin eine Rolle. Zeigen Sie an Hand von genauen Beispielen, welche charakteristischen Eigenschaften und Aufgaben diese Rolle hat.

7. Zeigen Sie die Einflüsse der modernen Zivilisation auf das Phänomen der schulischen Verhaltensstörungen auf.

8. Charakterisieren Sie die wichtigsten ökonomischen Probleme der Länder der Dritten Welt.

9. Man wollte gern in Jean-Jaqcues Rousseau den ersten Vertreter der französischen Romantik sehen. Erscheint Ihnen diese Ansicht richtig?

10. Die Arbeit der Frau in Deutschland.

Übung 2

Ziel: Ein Thema erkennen und den Inhalt angeben.

– Lesen Sie das erste Thema und wählen Sie dann unter den drei Inhaltsangaben (a, b, c) die, die Ihnen am genauesten scheint.

– Wenden Sie das Raster wie in Übung 1 an, um das Thema/die Themen, die Grenzen, die Problemstellung oder die Anweisung(en) herauszufinden.

1. Vergleichen Sie die Machtübernahme von Hitler und Mussolini.
   a. Vergleichen Sie die Politik Mussolinis und Hitlers.
   b. Stellen Sie eine Parallele zwischen dem Aufstieg Mussolinis und Hitlers her.
   c. Vergleichen Sie den Aufstieg von Faschismus und Nationalsozialismus.

2. Analysieren Sie die Wirkung der öffentlichen Meinung auf die Entscheidungen der Regierung.
   a. Glauben Sie, daß die öffentliche Meinung Auswirkungen auf die Entscheidungen der Regierung hat?
   b. Untersuchen Sie den Einfluß der öffentlichen Meinung auf die Entscheidungen der Regierung.
   c. Analysieren Sie die Wirkung der sozialen Bewegungen auf die Entscheidungen der Regierung.

3. Für den Menschen des 20. Jahrhunderts ist es wichtiger, Lernen zu lernen als Wissen anzuhäufen. Diskutieren Sie diese Meinung.

    a. Für den heutigen Menschen ist es wichtiger, Lernen zu lernen, als Wissen anzuhäufen. Begründen Sie diese Behauptung.

    b. Der Unterricht muß den Akzent auf den Wissenserwerb setzen. Diskutieren Sie diese Meinung.

    c. Es ist heute von grundlegender Bedeutung, über die Fähigkeit zum Lernen zu verfügen und nicht nur, Wissen anzuhäufen. Diskutieren Sie diese Ansicht.

4. Untersuchen Sie die Schwierigkeiten, auf die die entwickelten kapitalistischen Länder bei der Umsetzung ihrer Wirtschaftspolitik gestoßen sind.

    a. Untersuchen Sie die Schwierigkeiten, auf die die kapitalistischen Länder beim Einsatz ihrer Wirtschaftspolitik gestoßen sind.

    b. Untersuchen Sie die Umsetzung der Politik in den entwickelten kapitalistischen Ländern.

    c. Analysieren Sie die Schwierigkeiten, auf die die entwickelten kapitalistischen Länder bei der Umsetzung ihrer Wirtschaftspolitik treffen.

5. Warum schreibt Ihrer Meinung nach ein Schriftsteller?

    a. Die Rolle der Literatur.

    b. Was veranlaßt die Schriftsteller Ihrer Meinung nach zu schreiben?

    c. Ist ein Schriftsteller Ihrer Meinung nach der Überbringer einer Botschaft?

Zusammenfassendes Schema: Die Prüfung

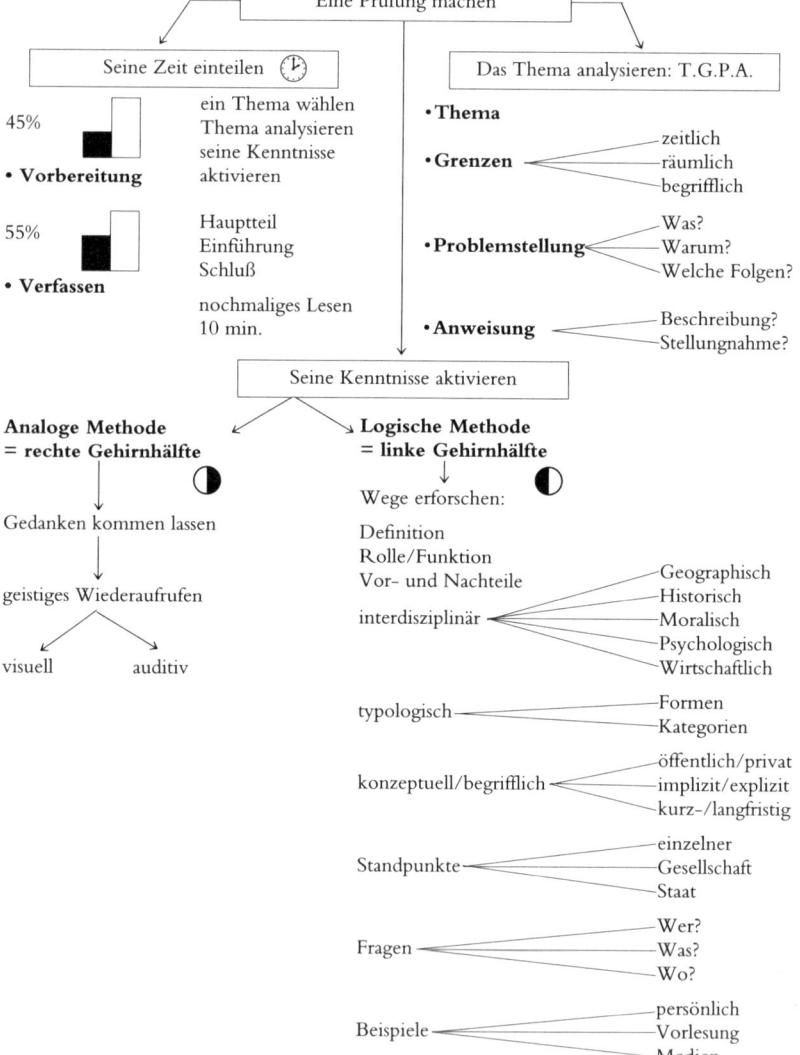

Baustein 8
Gliedern, strukturieren

Sie haben Ihre Gedanken aktiviert, Sie haben sie kurz notiert. Nun müssen Sie sie ordnen, d. h. strukturieren, um eine Gliederung aufzubauen.

In der Schule werden häufig Gliederungen wie eine Formalität behandelt, die künstlich und nebensächlich ist. Tatsächlich aber ist eine Gliederung ein Wegweiser, ein Plan, eine dynamische Struktur, die den Leser oder Hörer von einem Punkt zum anderen führt und zum Verstehen beiträgt. Wenn man eine Gliederung unter diesem Blickwinkel betrachtet, ist sie nicht mehr nur eine schulische Pflichtübung, sondern eine gute Hilfe für besseres Kommunizieren. Das ändert alles.

1. Die unterschiedlichen Gliederungsarten

Chronologische Gliederung

Die einzelnen Punkte sind in einer durch ihre zeitliche Aufeinanderfolge festgelegten Ordnung aufgereiht. Diese Art Gliederung findet man z. B.:

- in einem Bericht: Fakten werden nacheinander erzählt, wie sie sich ereignet haben;
- in einem historischen Text: Die Ereignisse werden in der Reihenfolge erzählt, wie sie geschehen sind;
- in einem technischen Text, in einer Anweisung: Man beschreibt nacheinander die verschiedenen Vorgänge, die nötig sind, um einen Gegenstand herzustellen oder zu gebrauchen;
- in einem Protokoll oder einer Niederschrift.

Räumliche Gliederung

Die einzelnen Orte werden nach ihrer Verteilung im Raum beschrieben. Diese Art Gliederung findet man bei der Beschreibung eines Landes, eines Ortes wie z. B. Bahnhof, Flugplatz, schulische Einrichtung, Wohnung oder auch bei einem Gegenstand.

Aufzählende Gliederung

Die einzelnen Bestandteile eines Problems werden aufgezählt.

Eine Gliederung, die vom Allgemeinen zum Speziellen geht

Vom großen Ganzen zu den Teilen.

Eine Gliederung, die vom Speziellen zum Allgemeinen geht

Vom Detail zum Ganzen.

Gliederung nach Gruppen

Man betrachtet nacheinander die unterschiedlichen Aspekte eines Problems; soziale, wirtschaftliche, juristische, technische, psychologische Aspekte; oder unterschiedliche Standpunkte: den des Konsumenten, des Bürgers, des Verkäufers, der Regierung, der Region, der Nation; oder auch unterschiedliche Typen wie z. B. die Meinungsfreiheit, die persönliche Freiheit.

Gliederung nach Wichtigkeit

Man kommt vom weniger Wichtigen zum Wichtigeren oder umgekehrt. Das ist die erste Regel, die man z. B. bei einer Seminararbeit befolgen sollte; man hält beim Prüfer immer den positiven Eindruck wach und kommt erst am Ende zu den »schweren Geschützen«.

Der Journalist wählt in der Regel folgendes Vorgehen: Er setzt eine wichtige Nachricht schon in den Titel. Sein Ziel ist ein anderes als das Ihre, denn er will die Aufmerksamkeit des Lesers direkt wecken, damit dieser die Zeitung oder Zeitschrift kauft. Eine Gliederung ist auch gleichzeitig eine Strategie.

Induktive Gliederung

Man geht vom Besonderen aus, um zum Allgemeinen zu kommen. So verfährt auch der Forscher; er sammelt eine Reihe von Beobachtungen, analysiert sie und versucht dann, zu verallgemeinern und zusammenzufassen.

Diese Art der Gliederung werden Sie eher für Textteile als für Texte benötigen. Darauf werden wir noch zurückkommen.

Deduktive Gliederung

Man formuliert ein Gesetz und belegt es durch Beispiele. Das ist das Wesen des Beweises.

Auch Sie werden von dieser Art des Aufbaus Gebrauch machen, allerdings eher auf der Ebene des Textabschnitts als auf der des ganzen Textes.

Argumentative Gliederung

(Konträre Aspekte zu X einander gegenüberstellen)
Das ist der typische Aufbau einer Debatte. Einerseits wird alles angeführt, was dafür spricht, die positiven Aspekte, die Vorteile; andererseits zieht man auch das Negative, die Nachteile in Betracht. Zwischen den beiden Teilen dieser Art von Gliederung gibt es immer eine deutliche Gegenüberstellung, die man an den logischen Konjunktionen wie »aber«, »außerdem«, » demgegenüber« erkennt.

Beispiel: »Vor- und Nachteile der flexiblen Arbeitszeit«.

In diesem Fall gibt es zwei Möglichkeiten, eine Gliederung aufzustellen. Sie werden sie durch die Übungen herausfinden und anwenden lernen.

Vergleichende Gliederung

(X mit Y vergleichen)

Hier geht es nicht darum, zwei gegensätzliche Aspekte einer einzigen Realität miteinander zu vergleichen, wie vorher, sondern um zwei unterschiedliche Realitäten.

Beispiel: »Stellen Sie den Expansionismus Deutschlands und Japans von 1933 bis 1939 einander gegenüber.«

Eine solche Gliederung erfordert besondere Vorsicht, die der Kandidat oft mißachtet. Auf keinen Fall dürfen Sie hier folgendermaßen vorgehen:

– Untersuchen des ersten Elementes – Expansionismus in Deutschland;
– Untersuchen des zweiten Elementes – Expansionismus in Japan;
– Übereinstimmungen und Unterschiede zwischen den beiden Elementen; Expansionismus Deutschlands und Japans;

oder:

– gemeinsame Punkte im Expansionismus der beiden Länder;
– Unterschiede im Expansionismus der beiden Länder.

In beiden Fällen behandeln Sie nicht das Thema; Sie untersuchen jedes Gebiet für sich und vergleichen sie nicht miteinander.

Es ist besser, zu Beginn die genauen Vergleichspunkte festzulegen und dann auf dieser Grundlage die Ähnlichkeiten und Unterschiede aufzuzeigen.

So können Sie zum Beispiel zu einer solchen Gliederung kommen:

1. Wirtschaftliche Gründe
2. Demographische Gründe
3. Ideologische Gründe usw.
4. Unterschiedliche Absichten usw.

Gliederung Tatsachen – Ursachen – Folgen

Ein solcher Aufbau wird häufig in der Presse verwandt. Der Journalist schildert zuerst Tatsachen, die Situation und dann das Problem.

In einem zweiten Schritt untersucht er die Ursachen. Am Ende liefert er dann die positiven oder negativen Folgen.

Diese Art Aufbau ist ideal, um große, übergreifende Probleme, wie z. B. das Leben in den Vorstädten oder das Problem der Jugendlichen, zu behandeln.

Bei der Behandlung eines historischen Themas (Revolution, Krieg usw.) muß die Schilderung der Ursachen den Tatsachen vorausgehen. In dem Fall ist der chronologische Aufbau das Gebot der Stunde.

Gliederung Tatsachen – Ursachen – Lösungen

Diese Gliederung ist von der gleichen Art wie die vorausgehende. Auch sie ist ein in der Presse häufig benutzter Typ. Zuerst werden die Tatsachen geschildert, dann die Ursachen betrachtet und schließlich schlägt der Autor Lösungen, Maßnahmen oder Abhilfen vor.

Je nach Thema kann diese Gliederung auch nur aus zwei statt drei Teilen bestehen:
– Situation (und/oder Problem) – Lösung
– Situation (und oder Problem) – Folgen
– Situation (und/oder Problem) – Ursachen

Beispiel 1: »Im Rahmen einer nationalen Kampagne für das Lesen müssen Sie die Probleme, die hinsichtlich des Lesens in der Bundesrepublik bestehen, untersuchen und Lösungen zur Verbesserung des Leseverhaltens vorschlagen. Stellen Sie Ihren Aktionsplan vor.«
Mögliche Gliederung:
1. Die Situation (Erwartungen, Bedenken)
2. Maßnahmen (Lösungen):
- im Bereich Unterricht
- im Bereich Bibliotheken
- im Bereich Verlagshäuser

Beispiel 2: »Großbritannien, das anfangs weniger ausgedehnt und weniger bevölkert war, hat Frankreich im XVIII. und XIX. Jahrhundert überholt. Analysieren Sie die Tatsachen und versuchen Sie dann, Ursachen und Folgen aufzuzeigen.«
Mögliche Gliederung (schon fast durch das Thema festgelegt):
1. Situation
2. Ursachen
3. Konsequenzen

Gliederung S.P.L.I.

(Situation, Problem, Lösung, Information)
Die Gliederung zielt darauf, jedes Thema als Problem mit Lösungsvorschlägen zu behandeln. Sie besteht aus vier Teilen.

1. Die Situation **(S)** analysieren. Dazu muß sie beleuchtet und dokumentiert werden.
2. Das Problem **(P)** herausstellen: Verstehen, warum die Situation ein Problem (aus dem Griechischen problêma = was vor einen geworfen wird) mit sich bringt. Ein Problem erfordert einen Akteur (einen einzelnen oder ein Kollektiv) und das ihm »vorgeworfene Objekt«, das seinen Weg behindert: ein Hindernis, »ein Problem haben«, bedeutet mit einer materiellen oder intellektuellen Schwierigkeit konfrontiert sein. Ein Problem ist von Natur aus von einer bestimmten Person in einer bestimmten Situation abhängig. Das klassische Beispiel ist die Zeichnung von Sempé, auf der man eine Familie beim Picknick sieht, die, ohne zu reagieren, schlimme Nachrichten im Radio hört und erst, als von Staus auf den Straßen berichtet wird, plötzlich zuhört. Das »Problem« dieser Familie war die Rückkehr in die Großstadt am Abend.
3. Kündigen Sie Ihren prinzipiellen Lösungsvorschlag **(L)** an. Legen Sie ihn nur in großen Zügen dar, auch den Grund Ihrer Wahl. Bieten Sie noch keine Details an.
4. Geben Sie die notwendigen Informationen **(I)** zur Realisierung Ihrer Lösung, erklären Sie das Wie, Einzelheiten, Modalitäten.

Diese Gliederung werden Sie vielleicht nicht bei einer Prüfung gebrauchen können, aber sie ist sehr nützlich, wenn Sie Entscheidungen treffen oder Lösungen vorschlagen müssen. Solche Situationen sind sehr häufig, wenn Sie z.B. in Vereinen oder Verbänden mitarbeiten.

Es folgt ein typisches Beispiel für die Einsatzmöglichkeit der Gliederung S.P.L.I., nämlich im Rahmen einer Arbeitsgruppe, die das Ziel hat, die Lebensbedingungen an der Universität zu verbessern.

S. Die Mensa ist zwischen 12 und 13 Uhr überfüllt.

P. Die Studenten verlieren sehr viel Zeit mit Schlangestehen.

L. Ein Schichtsystem könnte eingeführt werden.

I. Nur die Studenten, die um 13 Uhr Vorlesung haben, werden zwischen 12 und 13 Uhr essen. Dieser Schichtbetrieb sollte auf freiwilliger Basis eingeführt werden.

Dialektische Gliederung

Diese Art der Gliederung ist sehr bekannt, aber durch ihre Komplexität nicht ganz leicht aufzubauen. Sie basiert auf dem Konzept des Gegensatzes und besteht aus drei Teilen:
- die These, in der alles betrachtet wird, was dafür spricht, die positiven Aspekte, die Vorteile;
- die Antithese, in der alles, was dagegen spricht, alle negativen Punkte, Nachteile und Gefahren betrachtet werden;
- die Synthese, die es erlaubt, die Widersprüche in Einklang zu bringen.

Die größte Gefahr bei diesem Aufbau besteht darin, daß keine ernstzunehmende Lösung entsteht. Die Vorschläge fallen nach dem Muster aus wie »es kann so sein«, »es kann aber auch anders sein«, »sagen wir, halbe-halbe« oder noch schlimmer »richtig«, »falsch«, »vielleicht«. In einer echten Synthese jedoch sollte nicht das Unvereinbare in Einklang gebracht werden, sondern es sollte allen Gesichtspunkten Rechnung getragen und eine Meinung vertreten werden.

Wenn Sie erst einmal das Für und Wider dank Ihrer linken Gehirnhälfte ganz logisch entwickelt haben, lassen Sie Ihre rechte Hälfte arbeiten; sie wird die Synthese gestalten und Position beziehen.

Übrigens akzeptiert man mehr und mehr, daß die Synthese nicht mehr getrennt steht, sondern in die Form der Schlußfolgerung einfließt, was die Gliederung erleichtert. So kommt man dann wieder auf die Form der argumentativen Gliederung zurück.

Beispiel 1: »Die großen Wohneinheiten werden oft in Frage gestellt und als »Wohnmaschinen« bezeichnet, in denen der Mensch sich nicht frei entfalten kann. Was halten Sie davon?«

Sie könnten folgenden Aufbau wählen:
1. Die positiven Aspekte dieser Art zu wohnen (finanzielle Vorteile, Lösung des Problems der Wohnungsnot).
2. Die negativen Aspekte (ästhetische, soziale, menschliche Gesichtspunkte).
3. Die Synthese, in der Sie Ihre persönliche Meinung darlegen (»Folglich scheint

es, daß diese Art des Wohnens nicht in unveränderter Form weiter..., sondern«).

In welcher Reihenfolge sollten Sie nun die beiden Aspekte präsentieren? Seien Sie Stratege. Sprechen Sie zuletzt die Position an, die Ihrer eigenen am nächsten kommt. Wenn Sie also mit dem Autor einer Meinung sind (also gegen die großen Wohneinheiten), setzen Sie die negativen Aspekte an zweiter Stelle. So werden Sie ganz ohne Bruch zu Ihrer persönlichen Meinung übergehen können.

Beispiel 2: »Sie sind beauftragt, eine Stellungnahme zum Kauf von moderneren Fotokopiergeräten in größerem Umfang für Ihre Fakultät abzugeben.«

Ihre Stellungnahme könnte folgendermaßen aufgebaut sein:

- These: »Die neuen Modelle von Kopierern haben eine Anzahl von Vorteilen. Sie bieten mehr Leistungen, wie etwa Vergrößern und Verkleinern, die Kopien haben bessere Qualität.«
- Antithese: »Aber diese Geräte haben auch Nachteile. Sie sind sehr teuer; sie sind auch immer empfindlicher und gehen leicht kaputt ...«
- Synthese – Schlußfolgerung: »Aus den genannten Gründen schlage ich vor, eine begrenzte Anzahl dieser Geräte zu kaufen und sie nicht ganz frei zugänglich aufzustellen. Man sollte sie in einem Raum aufstellen, in dem ein Verantwortlicher darauf achtet, daß sie funktionieren und den Benutzern auf Wunsch Hilfestellung gibt. Die Geräte der älteren Serie dagegen könnten weiterhin frei benutzt werden.«

Jeder Text ist einer Hauptstruktur folgend organisiert, in seinem Innern jedoch können unterschiedliche Aufbautypen miteinander kombiniert sein. Bei einer argumentativen Gliederung können die positiven und die negativen Aspekte zum Beispiel nach Arten oder Standpunkten geordnet sein (Gliederung nach Gruppen). Ebenso kann innerhalb einer Gliederung nach Gruppen eine aufzählende Gliederung vorkommen: erstes Argument, zweites Argument ..., oder besser wäre noch, wenn es das Thema erlaubt, eine Gliederung nach der Wichtigkeit zu wählen: von dem schwächsten Argument bis zum stärksten. Diese sind Gliederungen der untergeordneten Kategorie.

Wenn Sie soweit sind, können Sie dank der im vorausgegangenen Kapitel angegebenen Methoden Ihre Ideen ordnen. Geben Sie jedem Teil eine Nummer (1, 2, ...) und ebenso jedem untergeordneten Teil (1.1, 1.2 ...) nach der Reihenfolge, in der sie im Text erscheinen sollen, und setzen Sie diese Nummern vor die aufge-

2. Für welche Gliederung soll ich mich entscheiden?

schriebenen Ideen. Damit Sie schnell diesen oder jenen Gedanken den einzelnen Teilen zuordnen können, markieren Sie sie mit unterschiedlichen Farben. Wenn Sie sie benutzt haben, streichen Sie sie durch.

2. Für welche Gliederung soll ich mich entscheiden?

Die Aufgabenstellung gibt oft schon Hinweise auf den richtigen Weg.

Beispiel: »Untersuchen Sie die Auswirkungen der Unterernährung auf die intellektuelle Entwicklung des Kindes.«

Dieses Thema läßt sofort an den Aufbau »Tatsachen (kurzer Teil) – Folgen« denken.

Innerhalb des Teils »Folgen« werden Sie diese nach verschiedenen Gruppen betrachten, Sie werden also eine Gruppengliederung einbauen.

Die Anweisung, das auffordernde Verb, ist ein exzellenter Hinweis auf die richtige Gliederung.

Verben	Passende Gliederung
Analysieren	Gliederung nach Gruppen: Man betrachtet einen Aspekt nach dem anderen
Bewerten	Argumentative Gliederung verbunden mit einer Gliederung nach Gruppen oder nach Wichtigkeit
Charakterisieren	Gliederung nach Gruppen
Kommentieren	Argumentative Gliederung*
Die gegensätzlichen Aspekte eines Gebietes vergleichen	Argumentative Gliederung
Zwei Gebiete vergleichen	Vergleichende Gliederung verbunden mit einer Gliederung nach Gruppen
Kritisch betrachten	Argumentative oder dialektische Gliederung
Beschreiben	Aufzählende oder Gruppengliederung, chronologisch oder räumlich geordnet
Definieren	Aufzählende oder Gruppengliederung*
Aufzeigen	Induktive Gliederung
Diskutieren	Argumentative oder dialektische Gliederung mit Betonung auf der Antithese*
Aufzählen	Aufzählende Gliederung
Untersuchen, ein Klischee oder eine Einschätzung erklären	Argumentative und/oder dialektische Gliederung und/oder nach Wichtigkeit
Untersuchen, eine Situation darstellen	Gliederung Tatsachen – Ursachen – Folgen und/oder Lösungen*
Was meinen Sie zu ..., an was denken Sie bei ...?	Argumentative oder dialektische Gliederung

* Die argumentativen, dialektischen, Tatsachen – Ursache – Lösung – oder Folgen-Gliederungen sind immer mit Gliederungen nach Gruppen und/oder nach Wichtigkeit kombiniert.

Trainingsaufgaben

Reihe 1:

Ziel: Den Aufbau eines Textes erfassen.

Übung 1

Überfliegen Sie den Text:
- Lesen Sie den ersten und den letzten Absatz ganz.
- Lesen Sie jeweils den ersten Satz der anderen Absätze.
- Finden Sie die Hauptgliederung heraus, nach der der Text aufgebaut ist. Nennen Sie die Absätze, die sich auf die einzelnen Teile der Gliederung beziehen.

Eine neue Hölle

Der erbärmliche Zustand des Verkehrs in der Hauptstadt ist so oft Gegenstand von Kommentaren, daß es unnötig ist, nochmal auf die Details einzugehen. Man hat im Laufe der Jahre eine Situation sich entwickeln lassen, die nicht mehr durch Medikamente, sondern nur noch durch chirurgische Eingriffe zu heilen ist.

Die Stadt gleicht einer überfüllten Garage, in der die Fußgänger sich durch den engen Gang, der Häuserwände und Blechlawine voneinander trennt, mitten durch Getöse der Motoren und Gestank der Auspuffgase durchschlängeln. Die Weltstadt hat ihren Charme verloren. Die Aussicht ist versperrt, die Sehenswürdigkeiten entstellt. Man kann nicht mehr bummeln oder in Ruhe innehalten. Sich zu Fuß irgendwohin bewegen ist kein Spaziergang mehr, sondern eine lästige Bürde, die statt Erholung nur ständig Risiken bietet.

Diese Unordnung hat auf den Bürger der Stadt sowohl psychologische als auch physiologische beunruhigende Auswirkungen. Vielen von ihnen verdirbt sie das Dasein, indem sie schon am Morgen, hinter ihrem Lenkrad eingeklemmt, in einer endlosen Autoschlange gefangen sind, rasend durch die Staus, besessen von der Parkplatzsuche und dem Zwang, den Parkplatz regelmäßig wechseln zu müssen, aus dem Gleichgewicht gebracht durch eine Maschine, die Zwangsvorstellungen erzeugt, wo sie doch nur ein Hilfsmittel für den Weg zur Arbeit sein sollte, werden sie durch das Vorhandensein eines leblosen Objektes mehr aufgeregt, als durch einen lebendigen Menschen.

Die ungewöhnliche Nervosität der meisten Bewohner läßt sie nicht nur ihre gute Laune, sondern auch jede Form von Höflichkeit verlieren und die Besucher der Hauptstadt sind ge-

195

*schlagene Zeugen dieser bedauerlichen Entwicklung, die sich zuspitzt und dazu beiträgt, die
Hauptstadt zu verunstalten und ihres freundlichen Images zu berauben. Die Höflichkeit hat
dem Egoismus und der Beschimpfung Platz gemacht. Vom frühen Morgen an ist das Leben
des Autofahrers nur noch ein verbissener Wettkampf, ein ständiger, mürrischer Streit, um
durchzukommen, zu überholen, andere dauernd zu schikanieren, ohne einen einzigen Gedanken an Solidarität oder Freundlichkeit zu verschwenden.*

*So löscht der Mensch nach und nach das, was den Wert der menschlichen Zivilisation
ausmachte, aus, indem er sich von den Diensten eines verdammten Hilfsmittels beherrschen
läßt.*[21]

Übung 2

1. Finden Sie die Hauptgliederungsart heraus, nach der der Text aufgebaut ist.
Nennen Sie die Abschnitte, die sich auf die jeweiligen Teile dieser Gliederung
beziehen.
2. Finden Sie die Unterstruktur(en) und geben Sie einige Beispiele zur Unterstützung Ihrer Wahl.

Brand in La Réunion

*Der Brand, der in zehn Tagen zwischen 4 000 und 5 000 Hektar Wald und Buschwerk in
der hochgelegenen Hügellandschaft im Südwesten von La Réunion vernichtet hat, ist an der
Oberfläche unter Kontrolle. Aber er schwelt im Boden immer noch weiter und breitet sich im
Humus und in den Wurzeln aus, die wegen der verheerenden, monatelangen Trockenheit
leicht entflammbar sind. Mehr als 500 Männer sind in dem Gebiet in Alarmbereitschaft, da
das Feuer jeden Augenblick durch den starken Passat, der über die Insel weht, wieder entfacht
werden kann.*

*Das Ausmaß dieser Katastrophe, die wahrscheinlich kriminelle Ursachen hat, läßt sich
durch mehrere Faktoren erklären: die Höhe von mehr als 2 000 Meter, in der das Feuer aus-
gebrochen ist, die fehlende Überwachung der Wälder, die vorhandenen, für die Trockenheit
zu schmalen Feuerschneisen.*

*Zu den zerstörten Hektar Wald gehören auch 500 Hektar Wirtschaftswald, der insbe-
sondere aus Tamarisken bestand. Wegen der besonderen Schönheit ihres Holzes wurde es
von cirka 50 Kunsttischlern verarbeitet, die jetzt ohne Holzvorräte dastehen. Der Brand hat
auch zwanzig Jahre Arbeit der Waldbehörde zunichte gemacht, die das Nachwachsen von
Naturwald gefördert hatte, weil dieser durch zweihundert Jahre Übererntung geschädigt war.*

Der Brand wird auch die Erosion des Bodens zur Folge haben, weil die Hänge in der Gegend eine starke Neigung haben und die bevorstehenden Regenfälle in der Zeit der Wirbelstürme die Erde mit sich reißen werden.[22]

Reihe 2:

Ziel: Eine argumentative Gliederung erstellen.

Übung 1

Anweisungen

1. Ordnen Sie die folgenden Thesen über die Werbung in zwei Reihen: positive Aspekte, negative Aspekte. Die linke Gehirnhälfte ist angesprochen.
2. Finden Sie die Themen heraus, denen man die einzelnen Thesen zuordnen könnte; z. B. für die erste These: Werbung und ihre Auswirkung auf das wirtschaftliche Leben. Sie müssen dabei etwas Abstand gewinnen, um den Überblick über die Gesamtheit der Thesen zu finden und Verbindungen herzustellen. Die rechte Gehirnhälfte kommt jetzt zum Zuge.
3. Stellen Sie eine argumentative Gliederung auf. Sie haben die Wahl zwischen zwei Vorgehensweisen.

Erste Vorgehensweise	Zweite Vorgehensweise
1. Die positiven Aspekte	Thema 1
1.1 Thema 1	– positive Aspekte
1.2 Thema 2	– negative Aspekte
1.3 Thema 3 usw.	
2. Die negativen Aspekte	Thema 2
2.1 Thema 1	– positive Aspekte
2.2 Thema 2	– negative Aspekte
2.3 Thema 3 usw.	

Je nach Gegenstand werden Sie für Ihre Arbeit die eine oder andere Vorgehensweise wählen. Für sehr umfangreiche, vielgestaltige Themen ist die zweite besser geeignet.

Üben Sie aber beide Möglichkeiten. Innerhalb eines jeden Teils entscheiden Sie sich wiederum für eine der folgenden Unter-Gliederungen:

– aufzählende Gliederung
– Gliederung nach Wichtigkeit.

Thesen (Schreiben Sie die Thesen nicht ab, sondern nur deren Nummer)

1. *Die Werbung trägt zur Verminderung der Produktionskosten bei.*
2. *Man sagt, daß die Werbung den Verbraucher informiert, aber der Informationsgehalt ist sehr gering.*
3. *Die Werbung hilft, neue Produkte schnell auf den Markt zu bringen.*
4. *Die Kosten der Werbung sind in den Preisen der Waren enthalten und sind so eigentlich eine Art Steuer.*
5. *Die Werbung trägt zur Reduzierung der Vertriebskosten bei.*
6. *Es ist – entgegen haufiger Behauptungen – nicht erwiesen, daß die durch die Werbung verursachte Umverteilung der Einkäufe zum Vorteil des Konsumenten ist.*
7. *Die Werbung vergrößert die Schere zwischen den Bedürfnissen und den Konsummöglichkeiten und macht aus dem Menschen einen Neider.*
8. *Die Werbung ermöglicht eine Senkung der Zeitungspreise.*
9. *Die Werbung zieht eine enorme Ressourcenverschwendung nach sich.*
10. *Die Werbung kann dazu beitragen, den Verkauf eines landwirtschaftlichen Produktes zu beschleunigen, das durch eine außergewöhnliche Ernte in zu großer Menge auf dem Markt ist.*
11. *Die Werbung täuscht den Kunden, indem sie Produkte übermäßig positiv herausstellt und noch dazu mit irreführenden Argumenten.*
12. *Die Werbung verschönert die Mauern der Städte und die Gänge der U-Bahn.*
13. *Die Werbung erweitert die Wahlmöglichkeiten des Konsumenten.*
14. *Die Werbung verleitet den Konsumenten zu Käufen, die sein Budget in Gefahr bringen.*
15. *Die Werbung zerstört manche Landschaftsbilder.*
16. *Die Werbung schafft Arbeitsplätze.*
17. *Die Werbung erfüllt das dem Menschen eigene Bedürfnis nach Ablenkung.*
18. *Die Werbung stört die Radio- und Fernsehsendungen.*
19. *Die Werbung zielt darauf ab, aus dem heutigen Menschen ein passives Wesen zu machen: »Machen Sie es wie alle: trinken Sie X, lesen Sie Y...«*
20. *Die Werbung ist eine einträgliche Investition.*
21. *Der Verbraucher ist ebenso manipuliert, wie es der Hund von Pavlov war, und hat dabei noch das Gefühl, sich frei zu entscheiden.*
22. *Die Werbung lenkt den Menschen vom Wesentlichen ab.*
23. *Die Werbung erzeugt eine Nachfrage nach Dingen, deren tatsächlicher Wert oft fraglich ist.*

24. *Die Werbung trägt dazu bei, die Nachfrage zu verstärken und ermöglicht damit eine Serienproduktion; die zu einer Verringerung der Stückkosten führt.*

Übung 2

Anweisung
Bearbeiten Sie jetzt in gleicher Weise wie im vorangegangenen Beispiel die folgende größere Menge von Thesen. Zwei der angeführten Thesen lassen sich kaum einem bestimmten Thema zuordnen. Fragen Sie sich also, worin deren Rolle besteht. Wir werden später darauf zurückkommen.

Thesen
  1. *Seit der flächendeckenden Verbreitung des Fernsehens sind die Namen von Nobelpreisträgern oder Gewinnern von Literaturpreisen fast allen Deutschen geläufig und man kann sie aussprechen, ohne daß es für Chinesisch gehalten wird.[23]*
  2. *Das Fernsehen verschafft Entspannung und Erholung. Es erlaubt, einen Augenblick lang den Alltag mit seinen Schwierigkeiten und Unzulänglichkeiten zu vergessen.*
  3. *Es ist unbestreitbar, daß das Fernsehen den Geist neuen Erkenntnissen öffnet, und Menschen kulturelles Wissen vermittelt, die sonst in der Unwissenheit weiterleben würden.[24]*
  4. *In manchen Ländern hat der Staat die Kontrolle über das Fernsehen. In den Händen einer Regierung ist dieses Informationsmittel weniger objektiv. Denn es geht dann nicht so sehr um informieren im Sinne von unterrichten, sondern um »informieren« im Sinne von formen.*
  5. *Unter der unaufhörlichen Flut von Bildern wird der Geist ständig abgelenkt und man wird unfähig zum wirklichen Nachdenken.*
  6. *Dank der Fortschritte der Technologie kann das Fernsehen sehr gute Informationen liefern. Es ermöglicht uns, fast direkt Ereignissen am anderen Ende der Welt beizuwohnen.*
  7. *Das Fernsehen hält den Menschen von anderen kulturellen Vergnügungen fern und erschwert den Zugang zum Lesen, zu Konzerten und insbesondere zum Kino.*
  8. *In Deutschland gibt es Anfang 1998 ca. 33,5 Millionen gemeldete Fernsehgeräte. Fernsehen ist also ein Phänomen von beachtlicher sozialer Bedeutung.*
  9. *Die Kultur, die früher einer Elite vorbehalten war, ist dank des Fernsehens allen zugänglich geworden.*
  10. *Das Fernsehen ist ein Mittel zur ständigen Weiterbildung und verhilft zu einer Verbes-*

serung der mündlichen Ausdrucksfähigkeit durch Berieselung. Das ist von besonderer Bedeutung in bestimmten kulturell benachteiligten Milieus.

11. *Radio und Fernsehen sind politische Instrumente. Wenn in einem Land eine Revolution ausbricht, so ist eines der ersten Ziele der Aufständischen die Besetzung der Sendezentralen. Von Information zu Propaganda ist nur ein kleiner Schritt.*

12. *Insgesamt wirft man dem Fernsehen vor, daß es das kulturelle Niveau auf das des Durchschnittsmenschen zurückschraubt und sich dem Geschmack der Massen für Mittelmäßigkeit angleicht; das ist dann alles, was übrigbleibt.*

13. *Um alle Fernsehzuschauer zufriedenzustellen, haben die Programmgestalter und die Herausgeber von Zeitschriften sich veranlaßt gesehen, das Niveau der Information so weit abzusenken, bis die Wahrheit zwar deformiert, aber jedem zugänglich wurde.*

14. *Das Fernsehen hat eine »enorme Schlagkraft«, sagte Pierre Lazareff. Es kann von Regierungen eingesetzt werden, um eine maßgeschneiderte öffentliche Meinung zu bilden, um den menschlichen Geist so zu formen, daß aus den Bürgern brave Schafe werden.*

15. *Die Qualität der Unterhaltungssendungen ist mittelmäßig, wenn nicht sogar von schlechtem Geschmack. Das Fernsehen macht aus den Dramen anderer ein Schaustück: aus Hungersnöten, Kriegen, Katastrophen, Unfällen ...*

16. *Das Fernsehen bietet uns ununterbrochen aktuelle Informationen. Wenn etwas Wichtiges geschieht, kann, gleich welche Sendung, unterbrochen werden, um die Öffentlichkeit zu informieren. Die gedruckte Zeitung liefert die Informationen mit einer Zeitverzögerung von 12 bis 24 Stunden.*

17. *Das Ziel des Fernsehen ist ein dreifaches: informieren, bilden, unterhalten.*

18. *Als es noch kein Fernsehen gab, war es üblich, sich am Abend mit Nachbarn und Freunden zu treffen; das soziale Leben war viel stärker entwickelt.*

19. *Das Fernsehen ist ein Mittel, an die Kunst, die Literatur und die Wissenschaft heranzuführen (Theater, Musik, wissenschaftliche Sendungen ...).*

20. *Das Fernsehen ist ein auf die Welt geöffnetes Fenster: Entdecken anderer Völker, Länder, unterschiedlicher sozialer Milieus, Erkennen von Problemen unserer Zeit, Kontakt mit allen Meinungen.*

21. *Das Fernsehen hat nicht zur Verringerung des Lesens beigetragen, im Gegenteil. Der Fernsehzuschauer kauft oft ein Buch zu einem Thema, das ihn in einer Sendung interessiert hat.*

22. *Das Fernsehen hat Begegnungen innerhalb der Familie, im Freundeskreis oder in Vereinen ersetzt. Man bleibt vor dem Gerät sitzen und geht nicht mehr aus.*

23. *Das Fernsehen behindert die Kommunikation in der Familie; es verhindert Gespräch und Austausch.*

24. *Das Fernsehen ist ein Mittel, um Vorurteile abzubauen und die Menschen aller Konti-nente einander anzunähern.*

25. *Die audiovisuellen Medien können die Nachteile einer Bildung, die sich nur aus dem geschriebenen Wort nährt und die leicht verknöchert sein kann, beseitigen.*

26. *Durch das Fernsehen haben alle, vom Ingenieur bis zum Arbeiter, vom Firmendirektor bis zum Pförtner, vom Verwaltungsbeamten bis zum Straßenfeger, den gleichen Film, die gleiche Reportage, den gleichen Dokumentarfilm gesehen.*

27. *Die Programme sind in kultureller Hinsicht nicht von großer Qualität. Die die es sind, werden kaum zur Bildung aller beitragen können.*

28. *Die Nachrichtensendung gleicht mehr und mehr einem Zeichentrickfilm.*

Reihe 3:

Ziel: Eine dem Thema entsprechende Gliederung wählen.

Geben Sie für jede Aufgabe, die Sie mit dem Raster »Thema erkennen«, »Inhalt angeben« (vgl. S. 181) bearbeitet haben, die Hauptgliederung und die Unterglie-derungen an, die am geeignetsten sind.

Reihe 4:

Ziel: Das Thema anhand der Gliederung finden.[*]

1. Es folgen Gliederungen von Arbeiten, die von Studenten angefertigt wurden. Die Gliederungen enthielten natürlich auch eine Einleitung und einen Schluß. Finden Sie aus den drei vorgeschlagenen Themen (a, b, c), dasjenige heraus, das der Gliederung entspricht.

2. Geben Sie die Hauptgliederung und die Untergliederungen, die in den drei Fällen ausgewählt wurden, an.

---

[*] In den Gliederungen werden zwei unterschiedliche Numerierungsarten benutzt. In Ihren Arbeiten können Sie sich für die eine oder die andere entscheiden.

201

Erste Gliederung

1. Warum Sezessionskrieg?
A. Die Situation der Schwarzen in den Vereinigten Staaten
1. Allgemein
2. Aus der Sicht des Südens
3. Aus der Sicht des Nordens
B. Entwicklung des Konfliktes

2. Der Verlauf des Konfliktes
A. Die Wahl Lincolns
B. Die vertretenen Kräfte
C. Der Schauplatz der Vorgänge
D. Einige große Schlachten und die Zerschlagung der Föderation.

3. Folgen und Tragweite des Krieges
A. Die Gleichberechtigung
B. Das Chaos des Wiederaufbaus des Südens

Themen
a. Untersuchen Sie die wichtigsten Etappen des Sezessionskrieges.
b. Untersuchen Sie die Auswirkungen des Sezessionskrieges auf das Leben der Schwarzen in den Vereinigten Staaten.
c. Untersuchen Sie die Ursachen, den Verlauf und die Folgen des Sezessionskrieges.

Zweite Gliederung

1. Die Grenzen, die die Technik setzt: die Beherrschung des Feuers.
2. Die Grenzen, die der Faktor Mensch setzt: Nachbildung eines neolithischen Hauses auf Grund von Funden.
3. Die Grenzen, die durch die Vielzahl der Erklärungsmöglichkeiten gesetzt sind: die Grotten von Gargas und Pech Merle.

Themen

a) Zeigen Sie die Grenzen der Interpretationen auf, die die Archäologie zu Gesellschaften ohne Schrift anbietet.

b) Zeigen Sie anhand von exakten Beispielen, die Grenzen der Auslegungen der Archäologie auf dem Gebiet der Gesellschaften ohne Schrift.

c) Zeigen sie anhand von Beispielen die Möglichkeiten der Archäologie auf, Gesellschaften ohne Schrift zu erforschen.

Dritte Gliederung

Es handelt sich um die Gliederung eines von einer Studentin zusammengestellten Dossiers.

1. Definitionen und allgemeine Eigenschaften

A. Definitionen

B. Allgemeine Eigenschaften

(1) Ein Unternehmen ist eine

- Produktionseinheit

- Verteilungseinheit.

(2) Ein Unternehmen ist ein

- physisches System

- ein zielgerichtetes und soziales System.

(3) Klassifizierung unterschiedlicher Unternehmen.

2. Das Unternehmen und seine Umgebung

A. Seine natürliche Umgebung

B. Seine technologische Umgebung

C. Seine soziokulturelle Umgebung

D. Seine politische Umgebung

E. Seine wirtschaftliche Umgebung

3. Das Unternehmen ist eine Gruppe von Menschen

A. Menschliche Beziehungen innerhalb einer Arbeitsgruppe

B. Information und Kommunikation im Unternehmen

C. Einfluß des Führungssystems

4. Das Unternehmen ist eine organisierte Gruppe

A. Die unterschiedlichen Aufgaben

(1) Das Konzept von Fayol (Anfang des Jahrhunderts)

(2) Das Konzept in unserer Zeit

B. Der Aufbau des Unternehmens

Themen

a. Untersuchen Sie die Schwierigkeiten im Ablauf eines Unternehmens.

b. Untersuchen Sie das Funktionieren eines Unternehmens.

c. Zeigen Sie auf, daß das Unternehmen sich im Verlauf der letzten zwanzig Jahre entwickelt hat.

Schema: Wahl der Gliederung abhängig von der Anweisung

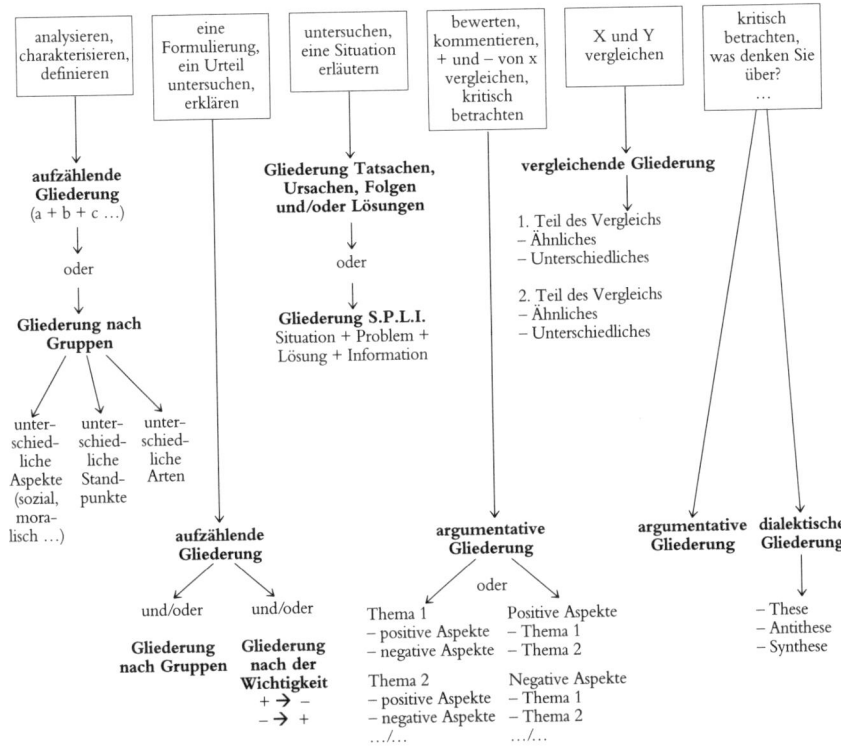

Baustein 9
Der Arbeit eine Form geben

»Schluderige Einleitung, oberflächlicher Schluß, schlecht gegliederte Teile«: Bestimmt haben auch Sie schon einmal solche oder ähnliche Korrekturhinweise in roter Schrift auf Ihrer Arbeit vorgefunden.

Sie haben den notwendigen Stoff für Ihre Arbeit gesammelt, haben eine Gliederung gemacht und da wäre es schade, wenn Sie jetzt nicht auch die letzte Hürde nähmen, nämlich die Gestaltung. Dieses Kapitel will die Kriterien für eine gelungene Einleitung, einen gelungenen Schluß und eine übersichtliche Einteilung in Abschnitte aufzeigen und Ihnen helfen, die einzelnen Teile zu erarbeiten. Sehen Sie dies nicht nur als notwendige Formalität an, sondern als Möglichkeit zu einer besseren Kommunikation. Was Sie in Ihrem beruflichen Leben auch immer werden vorbereiten müssen, um zu informieren, zu überzeugen – sowohl in schriftlicher als auch mündlicher Form –, muß, um Zustimmung zu finden, den gleichen Regeln folgen.

1. Die Technik der Einleitung

Das Verfassen eines schriftlichen oder mündlichen Textes setzt automatisch eine Einleitung voraus. Sie ist eine Art Ouvertüre, die den Kontakt zum Leser oder Hörer herstellt und das Eis schmelzen läßt. Daher muß sie drei Funktionen erfüllen:

– das Thema vorstellen: das Problem nennen;
– das Interesse wecken: Sie müssen die Aufmerksamkeit des Lesers oder Hörers auf sich ziehen, er muß den Wunsch verspüren, zu lesen oder zu hören;
– die einzelnen Punkte festlegen: Es geht darum, die großen Linien Ihrer Arbeit anzugeben und der Reihe nach die Punkte, die behandelt werden, zu nennen.

Hier eine Einleitung. Wie ist der Verfasser vorgegangen?

Die Menschheit geht Ihrem eigenen Aussterben entgegen. Der Planet ist dabei, unbewohnbar zu werden. Temperaturanstieg, Entwaldung, Erosion, Verschmutzung der Meere und des Grundwassers ... Alles geschieht gleichzeitig und in einer schwindelerregenden Geschwindigkeit. Die Auswirkungen summieren sich; es gibt ständig Synergien. So tragen die Entwaldung und die Zerstörung des Bodens zur Klimaveränderung bei. Um Entscheidungen zu treffen und zu handeln, bleibt uns nur eine sehr kurze Zeit. Fünftausend Tage sind viel. Aber wieviel Zeit bleibt uns wirklich? Niemand kann das sagen. Das ist, wie wenn jemand mit dem Revolver auf Sie schießt: Es wird immer eine gewisse Ungewißheit darüber geben, welche Auswirkungen die Kugel in Ihrem Körper haben wird. Aber dennoch ist die Tatsache allein schon ausreichend, um sich dagegen zur Wehr zu setzen.[25]	Das Thema ist angegeben und die Aufmerksamkeit geweckt (1. und 2. Satz). Der Aufbau ist angekündigt: Tatsachen (3. und 4. Satz), Ursachen (5. und 6. Satz), Lösungen (7. Satz). Die Aufmerksamkeit wird wieder geweckt (8. Satz bis zum Ende).

Das Thema wird sofort zu Beginn vorgestellt – »der Planet ist bedroht« – und auf eine Weise präsentiert, daß es den Leser anspricht (benutzen der sehr starken Ausdrücke wie Aussterben, unbewohnbar ...). Dann folgt die Hauptgliederung: es werden Tatsachen, Ursachen, Lösungen aufgeführt. Der letzte Teil des Textes zielt darauf, die Aufmerksamkeit des Lesers erneut zu wecken. Zu diesem Zweck stellt der Journalist eine Frage, die neugierig macht, und führt einen Vergleich an: »das ist wie ...« – eine Technik, die besonders für die rechten Gehirne angesagt ist – und er endet mit einem Ausrufungssatz, einem sehr wirksamen Appell.

Alle Zutaten sind nun da, um das Interesse des Lesers zu mobilisieren. Der Prüfer ist natürlich nicht irgendein Leser, Ihre Arbeit würde daher vielleicht nuancierter ausfallen, aber nach der Durchsicht von fünfzig Arbeiten ist er Ihnen dankbar, wenn Sie die ausgetretenen Pfade verlassen haben.

Wann soll man die Einleitung schreiben?

Bedenkt man die Funktion der Einleitung, ist klar, daß sie nicht verfaßt werden kann, wenn die Gedanken noch nicht geordnet sind und die Gliederung noch nicht gemacht ist. Sie können sie erst am Ende schreiben, wenn das ganze Haus vor seiner Vollendung steht. Allerdings vergessen Sie nicht, ausreichend Zeit für die Einleitung einzuplanen, damit sie nicht zu kurz kommt.

2. Die Technik der Absatzgliederung

2.1 Warum soll man den Text in Absätze unterteilen?

Der Absatz ist die kleinste Sinneinheit des Textes. Er bleibt der Untersuchung nur eines einzigen Hauptgedankens vorbehalten. Dieser Hauptgedanke kann von anderen Gedanken begleitet werden, die erläutern, erklären, mit Beispielen illustrieren oder mit Tatsachen ergänzen und die Konsequenzen darstellen.

Auf jeden Fall aber ist der Hauptgedanke eine Art Etikett, das den Inhalt des Absatzes durch einen kurzen Titel wiedergeben kann.

Durch die Aufteilung in Absätze sind die einzelnen Etappen des Textes deutlich zu erkennen und folglich weiß Ihr Leser immer, woran er ist.

Auf dem Papier ist der Absatz daran zu erkennen, daß er mit einer neuen Zeile und manchmal etwas nach rechts eingerückt beginnt.

2.2 Wie baut man einen Absatz auf?

Es gibt drei Arten, dies zu tun:

Der deduktive Typ (Regel → Tatsachen)

Der Hauptgedanke wird zu Beginn des Absatzes durch ein oder zwei Sätze eingeführt. Ergänzende Gedanken werden ihn in den folgenden Sätzen untermauern. Diese Methode wird am häufigsten angewendet. Ein Beispiel dazu:

Was uns immer wieder an den Massenmedien erstaunt, ist die ungeheure Schnelligkeit, mit der die kleinste Nachricht um die Welt oder doch durch die Länder mit fortschrittlicher Technologie geht. Es hat immerhin acht Tage gedauert, bis ein Europäer von der Ermordung Lincolns (1865) erfahren hat, bei Kennedy (1963) waren es weniger als acht Minuten. Den mutmaßlichen Attentäter konnte man dank der Satellitenübertragung sogar live, von einer Kugel getroffen, fallen sehen.[26]	Hauptgedanke = 1. Satz. Ergänzende Gedanken = übrige Sätze. Ihre Rolle ist es, den Hauptgedanken durch Beispiele zu erläutern.

Der induktive Typ (Tatsachen → Regel)

Das Vorgehen ist umgekehrt: Zuerst wird eine bestimmte Anzahl von Tatsachen aufgeführt, die die ergänzenden Gedanken darstellen; der Hauptgedanke wird erst am Ende des Absatzes genannt. Das ist im folgenden Beispiel der Fall.

Der Leser kann während des Lesens anhalten, weiter zurückgehen, erst am nächsten Tag weiterlesen. Er hat die Wahl, er kann nachdenken. Daraus ergibt sich, daß das Lesen ein echter Weg zur Bildung ist.	Tatsachen = die ersten beiden Sätze Hauptgedanke = letzter Satz.

Wenn Sie einen Text überfliegen, um den Inhalt zu finden, halten Sie sich an den Anfang und das Ende der Absätze: Dort werden Sie alles Wichtige finden.

Der Absatz »a contrario« (These – Antithese)

Man geht von einem Gedanken aus, der dem des eigenen entgegensteht; man betrachtet ihn kritisch und kann schließlich seine eigene Position vertreten. Ein Beispiel dazu:

Oft wirft man der Kultur des »Bildes« vor, sie verhindere das Denken, und die visuelle Information dringe direkt in die Gefühlswelt vor, ohne Raum für eine Meinungsbildung zu lassen ... Das ist möglich, aber so einfach ist das auch wiederum nicht; welchen Platz nahm wohl früher die Meinungsbildung im Kopf derer ein, die sich heute von Bildern überschütten lassen?[27]	Gegenteiliger Gedanke = 1. Satz. Persönliche Meinung = 2. Satz

Übersicht über die wichtigsten Konjunktionen der logischen Gliederung

Sie wollen	passende Gliederungs-Konjunktionen	
eine Idee entwickeln	auch	darüber hinaus
	andererseits	folglich
	ebenso	und
	außerdem	übrigens
	ebenfalls	dann
	überdies	hinsichtlich
einen Gedanken präzisieren oder erläutern	so	insbesondere
	das heißt	zum Beispiel
	nehmen wir	
	zum Beispiel	
die Folgen einleiten	so	also
	auch	daher
	was	demnach
	daher	infolgedessen
	folglich	
Ursachen angeben oder Beweise anführen	denn	weil
	dank	da
	nämlich	
Gedanken einander gegenüberstellen oder abschwächen	jedoch	nichtsdestoweniger
	hingegen	dennoch
	aber	gleichwohl
	unglücklicherweise	
eine Schlußfolgerung einleiten	so	zusammenfassend
	also	letztlich
	kurz, kurz gesagt	abschließend
	schließlich	

2.3 Wie verbindet man die einzelnen Absätze?

Die Verbindungen, die es zwischen den einzelnen Absätzen (wie zwischen den Gedanken, aus denen der Absatz besteht) gibt, müssen durch logische Konjunktionen unterstrichen werden. Diese Konjunktionen, die Wörter oder Ausdrücke sein können, ordnen die Aussage, betonen und helfen dem Leser, der Entwicklung des Gedankens oder der Argumentation zu folgen (s. auch die Übersicht).

Einige Konjunktionen können mehrere Bedeutungen annehmen; aber der Kontext wird Sie immer auf die richtige Spur bringen und die Zweideutigkeit auflösen.

Im folgenden Beispiel stehen die Konjunktionen *in gerader Schrift.*

Der Begriff Bildung

Wir wollen versuchen, quer durch die unterschiedlichen Formen von Bildung, die wir in den verschiedenen sozialen Gruppen finden, eine Aufstellung zu machen, die annähernd den Inhalt dieses Begriffes beschreibt.	1. Absatz = Einleitung (kündigt Thema und Aufbau an)
Erst einmal *sind sich alle einig, daß Bildung ein Synonym von Wissen ist.* Tatsächlich *wurde einmal gesagt, daß »Bildung das sei, was übrigbleibt, wenn man alles vergißt«,* aber *diese Definition setzt zumindest voraus, daß man schon einmal damit angefangen hat, etwas zu lernen.*	leitet den ersten Teil ein erklärt markiert einen Gegensatz
Es ist ganz klar, daß aus der Unwissenheit niemals *Bildung entstehen kann.*	generalisiert den Gedanken
Und daher *betrachten Arbeiter die Schule instinktiv als das erste Mittel für ihren Aufstieg bzw. für ihre Befreiung.*	gibt die Folge an
In Wirklichkeit *geht Bildung über reines Wissen hinaus, insbesondere über oberflächliches Wissen,* denn *sie setzt eine Entwicklung in der Tiefe des Individuums voraus; sie kann sich nicht mit Spezialisierung zufriedengeben.*	kündigt eine Erklärung an kündigt eine Begründung an

Auch nicht mit der allerdifferenziertesten, denn *sie verlangt eine Wahrnehmung der Realität aus verschiedenen Richtungen.* Es gibt keine wirkliche Bildung ohne *eine Erweiterung des Horizonts, die bei dem, der sich in dem engen Rahmen einer einzigen Spezialisierung bewegt, Gefahr läuft, nicht stattzufinden.*

Der letzte Satz des Absatzes ist eine Überleitungsformulierung

Spezialisierung an sich ist schon *von Natur aus einschränkend; man sieht den Wald vor Bäumen nicht mehr.* Bildung erfordert ein kritisches Urteil über Menschen und Dinge, sie braucht also *einen sehr weiten Bezugshorizont, Abstand zu den Ereignissen und Banalitäten.*

kündigt eine Erklärung an

gibt die Folge an

Ebenso trifft es zu, daß Forschung und Entdeckung auch *der Bildung zugehören; sie umfassen das Wissen,* aber auch *die Aneignung des Wissens.*

entwickelt eine Idee

idem

idem

Weiterhin bedeutet Bildung wohl auch die Öffnung zur Welt. Sie besteht darin, sich seinen Platz zu erobern, seine Kritikfähigkeit zu entwickeln, Geschehnisse zu verstehen, ohne sie nur zu erleiden.

leitet den zweiten Teil ein

Das bedeutet, daß Bildung ein Synonym für Freiheit des Geistes ist. Es bedeutet jedoch nicht *Einschränkung und Verzicht. Bildung ist schwer vereinbar mit den sozialen Schranken der Kasten und Klassen,* denn *sie ist Synonym für gegenseitiges Verstehen, für Gespräch und Toleranz; sie erfordert geistigen Austausch, der persönliche Bereicherung und Entfaltung ermöglichen wird.*

kündigt eine Erklärung

weist auf Gegensatz hin

kündigt eine Erklärung an

Schließlich ist Bildung in der Mehrzahl der Fälle auch mit Aktivsein verbunden. Sie führt zu Engagement, Übernahme von Verantwortung, zu angewandter Solidarität, d. h. einer Solidarität, die aus dem Herzen kommt und sich nicht nur zwangsläufig ergibt.[28]

leitet den dritten und letzten Teil ein, entwickelt den Gedanken

Weiter unten können Sie den Schluß dieses Textes lesen, aber versuchen Sie doch schon einmal, ihn sich im voraus vorzustellen.

3. Die Technik des Schlußworts

Die Schlußfolgerung ist ein abschließendes Wort. Sie ist der letzte Eindruck, den Sie bei Ihrem Leser oder Hörer hinterlassen. Es ist daher sehr wichtig, mit diesem letzten Teil besonders sorgfältig umzugehen.

Die Schlußfolgerung oder auch das Schlußwort besteht häufig aus zwei Teilen, von denen der erste unverzichtbar ist, der zweite wünschenswert:

– Zusammenfassen: Sie sind jetzt am Ziel Ihrer Aufgabe, sollen das Fazit ziehen, und wenn es das Thema verlangt, Ihre persönliche Meinung äußern.

– die Problemstellung erweitern: Die Schlußfolgerung kann das Thema in einen globaleren generellen Zusammenhang stellen, um nicht schlagartig zum Ende zu kommen, sondern den Dialog mit dem Leser aufrechtzuerhalten, indem ein Fenster in die Zukunft geöffnet wird oder zu anderen analogen Gebieten oder Themen. Wenn Beispiele oder Details den logischen Aufbau der Arbeit unterstützt haben, sollen sie in der Schlußfolgerung nicht mehr angeführt werden. Der logische Aufbau mobilisiert hauptsächlich die linke Gehirnhälfte, durch die nacheinander die unterschiedlichen Gedanken dargestellt werden; Einleitung und Schluß dagegen erfordern auch den Einsatz der rechten Gehirnhälfte, um Abstand zu gewinnen und den Gesamtüberblick zu bekommen.

Betrachten wir einmal gemeinsam, wie der Autor des folgenden Schlußworts vorgegangen ist. Es handelt sich um die Schlußfolgerung des Textes von Seite 211. Der Autor beschäftigte sich dort mit dem Begriff Bildung.

Zusammenfassend läßt sich sagen, daß die Bildung mehr ist als nur Wissen; sie beinhaltet Entfaltung der Persönlichkeit und Freiheit des Denkens; sie verhilft zum Handeln und dient dem Menschen. Eine Bildung, die nicht zum Handeln veranlaßt, wäre nicht mehr als geistiges Amüsement, Verzicht, Absage, und die Geschichte hat uns gezeigt, daß, wenn die Bildung generell sich auf »l'art pour l'art« reduziert, wenn sie nur konsumiert wird, die Dekadenz nahe ist.

– Das Schlußwort wird durch den Ausdruck »zusammenfassend läßt sich sagen« als logische Konjunktion eingeleitet.

– Von »zusammenfassend« bis »Menschen« macht der Autor eine Zusammenfassung der wichtigsten Punkte.

– Das Ende des Abschnitts öffnet eine andere Sichtweise des Themas und ermöglicht so eine Öffnung hin zu einem umfassenderen Gebiet, nämlich zur Geschichte.
– Die knappe und prophetische Formulierung »die Dekadenz ist nahe«, mit der die Schlußfolgerung schließt, soll die Spannung erhalten.

Wann soll man das Schlußwort schreiben?

Es ist klar, daß eine Bilanz erst erstellt werden kann, wenn vorher die verschiedenen Aspekte betrachtet wurden; die Schlußfolgerung kann daher erst, ebenso wie die Einleitung, am Ende verfaßt werden. Aber Vorsicht! Reservieren Sie genügend Zeit, damit Sie sie auch nach den Regeln der Kunst verfassen können.

4. Ein Spezialfall: Die mündliche Prüfung

Alle in Baustein 8 und 9 behandelten Strategien können hierbei ebenfalls eingesetzt werden: Wie bei einer schriftlichen Arbeit auch muß das Thema analysiert werden, Ihr Wissen ist zu mobilisieren, es muß eingeleitet, gegliedert und ein Schlußwort muß gefunden werden. Dabei ist gleichzeitig Ihr Streß unter Kontrolle zu halten.

Der Hauptunterschied liegt in der Vorbereitungszeit, die normalerweise sehr kurz ist (10 bis 20 Minuten). Sie sollten dabei überhaupt nichts schriftlich ausformulieren, denn wenn Sie nachher mit Ihrer Nase in Ihren Notizen stecken, können Sie keinen Kontakt zu Ihrem Prüfer herstellen und auch nicht seine Reaktionen wie Zustimmung oder Zweifel feststellen ...

Wie gehen Sie vor?

– Erster möglicher Fall: Sie haben keinerlei Zugang zu dem Thema gefunden. Riskieren Sie alles, und bitten Sie den Prüfer um ein anderes Thema.
– Zweiter möglicher Fall: Sie erkennen gleich den Aufbau. Geben Sie jedem Teil des Aufbaus einen Titel und schreiben Sie die Titel auf ein Blatt, von dem Sie aber nur die Vorderseite benutzen. Notieren Sie knapp, in Form von Schlüssel-

wörtern, die Gedanken, die in den einzelnen Teilen entwickelt werden. Hierbei ist das Benutzen von Abkürzungen und Zeichen wichtiger denn je.

– Dritter möglicher Fall: Am Anfang durchschauen Sie den Aufbau nicht. Dann schreiben Sie die Gedanken in Form von Schlüsselwörtern auf, so, wie Sie Ihnen einfallen. Bei diesem Vorgehen wird der Aufbau nach und nach klar werden. Numerieren oder unterstreichen Sie mit der jeweils gleichen Farbe alle Informationen, die zu einem bestimmten Teil gehören.

Stellen Sie eine knappe Gliederung oder ein Mind-Map (vgl. S. 104 ff.) auf, das wird Sie leiten. Nur wenn Sie ausreichend Zeit haben, können Sie Einleitung und Schluß detaillierter schreiben.

Wenn Ihnen ein Datum, ein Name oder eine andere Einzelheit nicht einfällt, halten Sie sich damit nicht auf; wenn Sie einfach weiterarbeiten, wird es Ihnen eher wieder einfallen, denn beim Weiterarbeiten arbeitet Ihr Gehirn für Sie.

Trainingsaufgaben

Reihe 1:

Ziel: Die Funktion der Einleitung begreifen.

Finden Sie die einzelnen Teile der folgenden Einleitung heraus und notieren Sie die Strategien, die der Autor benutzt.

Wenn die Menschen heute jeden Beliebigen wegen der Mißstände anklagen, die sie belasten, und die Ursache für die großen Übel, die die Menschheit geißeln, überall suchen, nur nicht im technischen Fortschritt, so bestätigt das das Sprichwort, daß es keinen tauberen Tauben gibt, als den, der nicht hören will; und man muß schon die Augen vor dem Augenscheinlichen verschließen, wenn man weiterhin auf den unbegrenzten Fortschritt durch die Maschine und den Beginn des goldenen Zeitalters vertrauen will.

Reden wir nicht von den tiefgreifenden Veränderungen, die der technische Fortschritt unaufhörlich in der menschlichen Gesellschaft bewirkt, reden wir nur einmal von den Vorteilen, mit denen er den Törichten ködert: er spart Zeit, macht Anstrengungen überflüssig, schafft Überfluß, wird schließlich allen Menschen dauerhafte Freizeit garantieren.[29]

Reihe 2:

Ziel: Den Aufbau eines Abschnittes herausfinden.

1. Finden Sie in jedem der folgenden Auszüge den oder die Sätze heraus, die den grundlegenden Gedanken beinhalten.
2. Geben Sie die Funktion der ergänzenden Gedanken im Verhältnis zum Hauptgedanken an (erläutern, verdeutlichen usw.).

Auszug 1

Oft wird betont, daß das Individuum sich eine Art Panzer zugelegt hat, durch den es fast unempfindlich für die blutigen Geschehnisse wurde, die während der täglichen Mahlzeiten im Fernsehen serviert werden. Es lebt in seiner kleinen Welt wie »in der guten alten Zeit« und ist durch das Übermaß an Informationen quasi immun gegen Informationen geworden; es ist nur noch offen für Nachrichten, die für das Individuum selbst von praktischer Bedeutung sind. Wir kennen die Zeichnungen von Sempé, auf denen eine Familie in der Wiese picknickt und gänzlich unberührt alle Horrormeldungen, die das Transistorradio herunterleiert, an sich vorbeiziehen läßt, bis zu dem Moment, als der Sprecher mit der Meldung von Staus auf dem Heimweg ihre Aufmerksamkeit weckt.[30]

Auszug 2

Seit einigen Jahren ist es Mode geworden, Wissenschaft und Fortschritt anzugreifen und zu kritisieren. Das geht sogar bis zur Verherrlichung der Unwissenheit und zur Rückkehr zum Cromagnon-Menschen. Die ständige Kritik an der Industriegesellschaft führt zu einem umfassenden Pessimismus, der nur noch zwei logische Folgen zuläßt: einerseits die zerstörerische Revolte nach Art der Terrorbanden; andererseits der Verzicht auf zivilisiertes Leben, auf seine Hygiene und seine Medizin, wie es zum Beispiel in der makrobiotischen Zenlehre praktiziert wird.[31]

Auszug 3

(Im vorhergehenden Abschnitt war die Rede vom Geschichtenerzählen.)
Die gedruckte und gelesene Geschichte dagegen hat nicht mehr diese Formbarkeit. Sie liegt fest und ist an den Text oder das Buch gebunden. Sicher kann man sie auf »lebendige« Art lesen, man kann bei spannenden Passagen innehalten und andere schnell überfliegen. Aber das ist nicht das gleiche, weder für den, der liest, noch für den, der zuhört. Das Kind wird keine zusätzlichen Informationen erfragen (»Welche Farbe hatte ihr Kleid?« usw.).

Die kann es übrigens ja auch auf den Bildern sehen. Denn alle Bücher, die für Kinder bestimmt sind, sind reich bebildert. Diese Illustrationen können sehr schön sein, keine Frage. Sie geben aber den Personen und dem Geschehen in der Geschichte ein Gesicht und schließen dadurch andere Bilder aus, insbesondere die, die ein Kind sich selbst ausdenken oder auch zeichnen könnte. Warum sollte es auch etwas zeichnen, was der Illustrator schon gezeichnet hat? Etwas, das es selbst vielleicht nicht so gut hinbekommt ...[32]

Reihe 3:

Ziel: Den Ablauf eines Textes untersuchen.

Übung 1

1. Geben Sie an, auf welchen Hauptgedanken(1–4) sich die ergänzenden Gedanken (A bis F) beziehen.
2. Rekonstruieren Sie den Text, indem Sie die Gedanken in der Reihenfolge ihrer Nennung aufschreiben. Stützen Sie sich dabei auch auf den Sinn, die Konjunktionen, die Interpunktion. Sehen Sie für jeden Hauptgedanken einen Abschnitt vor.

Kinderbücher

(Im vorangegangenen Abschnitt hatte der Autor festgestellt, daß der Kinderbuchmarkt expandiert und daher die Verlagshäuser immer mehr interessiert.)

Hauptgedanken
1. *Um also ein Buch preiswert herzustellen, kauft man das Layout auf der Buchmesse (Frankfurt oder Bologna) ein.*
2. *Dieses Phänomen hängt selbstverständlich mit dem des Überkonsums zusammen. Das Kinderbuch ist jedoch nicht irgendein Produkt; es wendet sich an das Kind, wird aber von Eltern gekauft.*
3. *Die Verlagshäuser, die auf ihre Rentabilität achten müssen, setzen daher auf die Verpackung, die sie an der jeweiligen Zielgruppe orientieren.*
4. *Aber es gibt Schlimmeres als die Kommerzialisierung des Buches, nämlich wie sich die Auffassung darüber verändert, was ein Kind ist.*

Komplementäre Gedanken

A. *Nun, die Eltern stehen oft hilflos vor der Auswahl: Sie wollen schöne Geschenke ma-chen, also kaufen sie schöne Bücher. Anders ausgedrückt, die Verpackung (Format, Ein-band, Schriftart, Bilder) zählt mehr als der Inhalt.*

B. *Die Kindheit ist eine ernstzunehmende Phase, ein Problem. Immer neue Studien über die Eltern-Kind-Beziehung (Schuldgefühle zahlen sich in barer Münze aus!) kommen auf den Markt, man organisiert das internationale Jahr des Kindes, man erfindet die »Hochbegabten« (die ja tatsächlich Probleme schaffen ...).*

C. *Die Funktion des Textes schließlich besteht darin, die weißen Stellen zwischen den Bil-dern zu füllen: man übersetzt, kürzt, paßt an, schreibt neu, und das Verlagshaus bietet den armen Kindern dann in den Supermärkten »die schönsten Geschichten von Walt Disney« an ...*

D. *Es gab einmal eine Zeit, da sollte – nach Beendigung der Schule – ein Buch zu lesen unterhalten, Spaß machen.*

E. *Der Verleger Harlin Quiste zum Beispiel publiziert in begrenzter Auflage teure Bücher, deren Illustrationen wirklich bei jedem Alpträume erzeugen würden, wenn diese Bücher nicht »in« wären. Um ein breiteres Publikum anzusprechen, legen die großen Häuser immer wieder die unsterblichen Helden des unsterblichen Walt Disney auf: » Das gefällt dem Leser.«*

F. *Die Zeichnungen werden durch die Übernahme viel billiger, als wenn sie bei einem Zeichner neu in Auftrag gegeben würden.*[33]

Übung 2

Nur der erste Satz des Textes ist an seinem Platz.

1. Finden Sie unter den einzelnen Abschnitten diejenigen heraus, die die Haupt-gedanken oder auch »Etikettengedanken« wiedergeben.

2. Setzen Sie die Hauptgedanken in die richtige Reihenfolge und achten Sie da-bei auf die logischen Konjunktionen.

3. Notieren Sie, auf welche Hauptgedanken sich die anderen Abschnitte bezie-hen und welche die ergänzenden Gedanken enthalten.

Der überladene Mensch

Warum können wir nichts wegwerfen?

A. *Der Hang zum Aufbewahren – ein charakteristischer Zug einer über lange Zeit hin bäuerlichen Kultur – spiegelt sich in dem Begriff Eigentum wider. Der Mythos eines eigenen Wagens, der den des eigenen Hauses ersetzt hat, erhöht das Park- und Verkehrsproblem.*

B. *Auf was kann man verzichten? Und unter Berücksichtigung welcher Gesichtspunkte? Hier stoßen wir auf das Problem der Wahl und der Werteskala. Wenn die Zweckbestimmtheit nicht deutlich festgelegt ist, sind die Wahlkriterien schlecht bestimmt und das Aussondern kann nicht richtig und logisch erfolgen.*

C. *Zweitens ist es schwierig, insbesondere wenn das Aussondern nur sehr wenig praktiziert wurde, sich von etwas zu trennen.*

D. *Der Überfluß, den die Länder des Westens gegenwärtig erleben, ist an die Stelle einer chronischen Knappheit getreten, die manchmal, wie auch heute noch in manchen Gebieten der Welt, katastrophale Ausmaße annahm. Der Reichtum ist noch so jung und die Armut noch so eingeprägt in die menschliche Geschichte, daß die industrialisierten Länder auch weiterhin von dem Modell der Knappheit beeinflußt werden.*

E. *Ein Grund liegt zweifelsohne in der angeborenen Neigung des Menschen, Dinge aufzubewahren.*

F. *Allerdings muß man erwähnen, daß Wegwerfen eine kostspielige Angelegenheit ist.*

G. *Es braucht Organisation, Kreisläufe, immer perfektioniertere Apparate, und das zu immer höheren Kosten (Kläranlagen, moderne Müllverwertungsanlagen usw.).*

H. *Man muß nicht nur Müll beseitigen, sondern in dieser Flut auch Gedanken, Pläne und bestimmte Ideen zugunsten von anderen aufgeben.*

I. *Manchmal ist es sogar teurer zu vernichten, als neu zu schaffen, und diese Tendenz wird sich wohl noch verstärken.*

J. *Wegwerfen bedeutet, Wichtiges von Nebensächlichem zu unterscheiden, und somit auswählen.*

K. *Diese Neigung zum Aufheben verhindert, daß wir alle Abfälle, die unsere Produktions- und Konsumgesellschaft produziert, vernichten. Wir riskieren dadurch die Vergiftung.*[34]

Reihe 4:

Ziel: Die Funktion des Schlußworts begreifen.

Es folgen vier Schlußworte. Finden Sie die unterschiedlichen Teile dieser Schlußfolgerungen heraus, und untersuchen Sie die von den Verfassern benutzten Strategien.

1. Der »Heiratsmarkt«

(Der Autor hat in seiner Einleitung und seinem Hauptteil folgende Frage unter-
sucht: Hat die Entwicklung der geistigen und moralischen Einstellung und die
Revolution der Sitten heute eine Verschmelzung unterschiedlicher Klassen durch
Heirat ermöglicht?)

Nun denn, jeder bei sich zu Hause mit seiner Familie oder doch mit seinesgleichen. Die
Wahl eines Partners »fürs Leben« scheint einer gewissen Rationalität zu folgen. In dem
Maße, wie man heute eine Gemeinschaft mit gleichen Vorlieben und Zielen sucht, eine Un-
terstützung auf dem Gefühlssektor, wird, nach Soziologen wie Louis Roussel, die gegenwär-
tige Heiratspraxis immer mehr zur Neuausgabe der einstigen »Vernunftehe«.[35]

2. Das Alter

Aus den folgenden Gründen wird das Problem des Alters in eine Wolke des Schweigens
gehüllt: Das Alter zeigt uns den Mißerfolg unserer gesamten Gesellschaft. Wenn man die
Situation für den alten Menschen tatsächlich akzeptabel machen wollte, müßte man den
ganzen Menschen neu schaffen und alle seine Beziehungen neu gestalten. Ein Mensch sollte
nicht an der letzten Station seines Lebens einsam und mit leeren Händen ankommen. Wenn
die Kultur nicht lebloses Wissen wäre, das einmal erlernt und dann vergessen wurde, wenn
sie brauchbar und lebendig wäre, wenn durch sie der Mensch eine Einstellung zu seiner Um-
gebung gewänne, die wachsen und sich ständig erneuern könnte, würde sie aus dem Men-
schen jeden Alters einen aktiven und nützlichen Mitbürger machen. Wenn der Mensch nicht
von Kindheit an vereinzelt würde, abgetrennt und isoliert von anderen Einzelwesen, wenn
er statt dessen an einem Leben in Gemeinschaft teilhätte, das ebenso wirklich und alltäglich
wäre wie sein eigenes, würde er niemals im Exil landen; nie und zu keiner Zeit ist es zu ei-
ner solchen Situation gekommen.[36]

3. Ruhestand und Abnahme der Geburtenzahl

Wir haben vor uns ein unabwendbares soziales Problem, das es zu lösen gilt. Es ist unsere

Aufgabe, das Alter zu gestalten (denn in der Zukunft werden wir es sein, worüber wir jetzt sprechen): Wir müssen eine neue Rolle finden.[37]

4. Heuschrecken: Die Reise am Ende der Nacht

Zusammenfassend kann man sagen, daß ein Streifen von 300 bis 400 km, der sich vom Atlantik bis zum Roten Meer erstreckt, von den Insekten, sobald sie ihre Geschlechtsreife erreicht haben, verwüstet werden wird. Der Direktor des Zentrums für Katastropheneinsätze der FAO äußert sich folgendermaßen: »Diese Geißel wird sich immer weiter entwickeln, ihre Geschwindigkeit verdoppeln und auch in bisher verschonte Gebiete vordringen.«[38]

Reihe 5:

Ziel: Einen Text erstellen.

Übung 1

Anweisungen
In Übung 1 auf Seite 197 haben Sie eine argumentative Gliederung erarbeitet. Verfassen Sie nun den entsprechenden Text.
1. Schreiben Sie eine Einleitung.
2. Entwerfen Sie die Textabfolge, indem Sie um jeden Hauptgedanken Ihre Absätze gruppieren, an deren Beginn oder Ende – je nach der Methode (induktive/deduktive), die Sie benutzen wollen – Sie den Hauptgedanken ankündigen. Wenn Argumente übereinstimmen, fassen Sie sie in einem Satz zusammen; Sie müssen sie auf keinen Fall alle benutzen, auch wenn Sie sich auf die gelieferten Argumente stützen sollen. Weiter können Sie auch eine andere Formulierung wählen, die Ihnen persönlich mehr entspricht.
3. Verbinden Sie Gedanken und Abschnitte durch logische Konjunktionen.
4. Verfassen Sie ein Schlußwort

Übung 2

Machen Sie die gleiche Übung mit den Thesen von Übung 2 auf Seite 199.

221

Reihe 6:

Ziel: Frei sprechen auf der Grundlage knapper Notizen.

1. Wählen Sie ein Kapitel diese Buches aus. Überfliegen Sie nur die Titel und die durch die Typographie hervorgehobenen Wörter; tragen Sie dann laut die Gedanken des Kapitels vor, so, als ob Sie Zuhörern einen Vortrag halten würden. Am besten machen Sie diese Übung im Stehen; denken Sie daran, wichtige Gedanken durch eine entsprechende Geste oder besondere stimmliche Betonung zu unterstreichen, schauen Sie Ihre unsichtbaren Zuhörer an.
2. Machen Sie es ebenso mit den Schemata und Mind-Maps am Ende der Kapitel.

Schema: Anatomie eines Textes

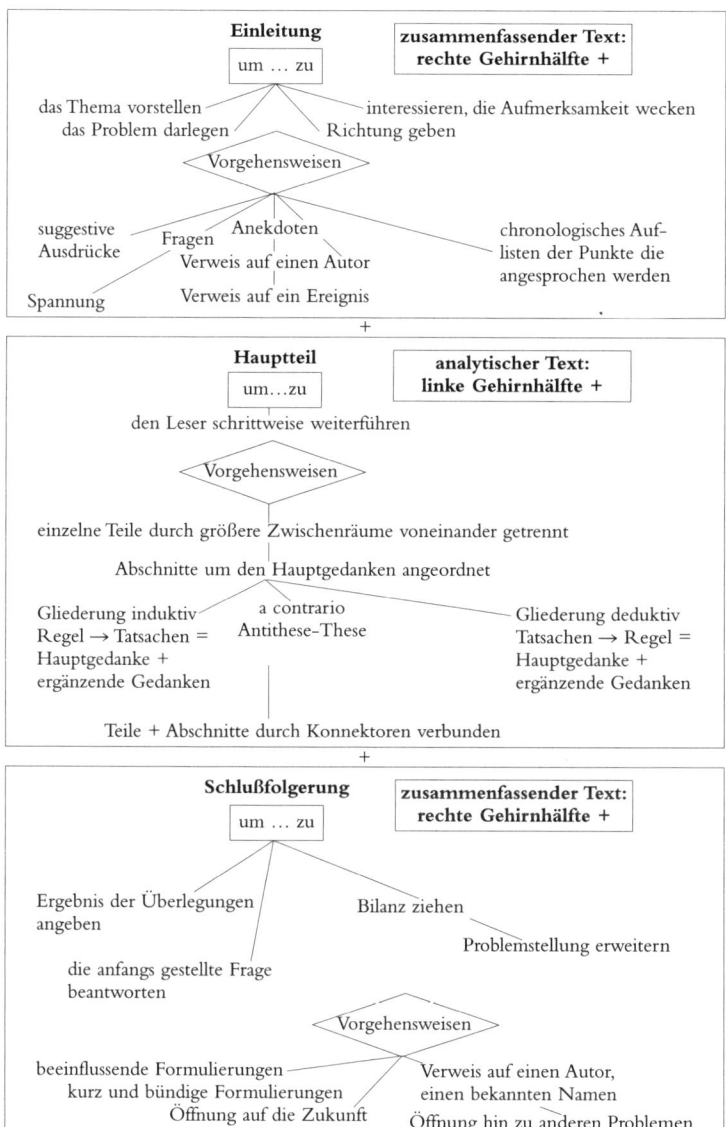

Anhang
Lösungen zu den Aufgaben der einzelnen Bausteine

Baustein
Einführung: Wer sich selbst besser kennt, kann leichter studieren

Test: Welche Gehirnhälfte dominiert bei Ihnen? (S. 13)

Erklärung zur Frage 11: Die »linkshirnig Orientierten« wählen gewöhnlich die linke Seite des Saals, so ist die Leinwand rechts von ihrem Gesichtsfeld, das bedeutet, daß sie die Leinwand mit ihrem rechten Auge und ihrer linken Gehirnhälfte sehen. Für die »rechtshirnig Orientierten« geschieht das ganze umgekehrt.

Übung 1 (S. 25)
1. richtig, **2.** richtig, **3.** falsch, **4.** richtig, **5.** richtig, **6.** falsch, **7.** richtig, **8.** richtig.

Übung 2 *(LH = Linke Gehirnhälfte; RH = Rechte Gehirnhälfte)* (S. 26)
1. LH , **2.** RH, **3.** LH, **4.** LH, **5.** RH, **6.** LH, **7.** RH, **8.** LH, **9.** LH, **10.** RH, **11.** LH, **12.** LH.

Übung 3 (S. 26)
Hier einige mögliche Antworten, aber bestimmt haben Sie unter Einsatz Ihrer rechten Gehirnhälfte noch zahlreiche andere Metaphern gefunden.
1. Automat, Feder – 2. Gargantua, Cromagnon-Mensch – 3. Filter, Sieb, Schleuse, Code – 4 eher ein Hund oder eine Katze als eine Schildkröte oder eine Schnecke – 5. Fontane, Goethe, Hesse, Chateaubriand, Rimbaud oder auch jeder andere Schriftsteller, Dichter, Künstler, dessen Werk sich mit Emotionen auseinandersetzt – 6. Computer, Arbeitsplanung, Tonbandgerät – 7. Buchhalter, Informatiker, Jurist, Biologe – 8. Hercule Poirot: Er schaut sich alles minutiös genau an, die Hinweise einen nach dem anderen, sein Vorgehen ist analytisch, deduktiv – 9. Bildschirm, Kamera, Bild – 10. Maler, Romanautor, Filmemacher, Dekorateur, Werbefachmann – 11. Columbo, Maigret: Sie lassen die Atmosphäre auf sich einwirken, sie versuchen, die Psychologie der Personen zu verstehen, ihre Beweggründe festzustellen; ihr Vorgehen ist eher intuitiv als analytisch.

224

Baustein 1
Die Lesefähigkeit erhöhen

1. Lesen – ein Geheimnis?

Fragebogen: Ihre Einstellung zum Lesen (S. 30)

1. Falsch: Das Gesichtsfeld ermöglicht es, mehrere Wörter auf einmal aufzunehmen.
2. Falsch: Die schnellen Leser stellen zumeist besseres Verstehen unter Beweis.
3. Falsch: Die schnellen Leser stellen besseres Behalten unter Beweis.
4. Falsch: Die Lesegeschwindigkeit kann immer verbessert werden.
5. Richtig oder falsch, das hängt von Ihrem Ziel ab: Wenn Sie sich nur einen Überblick über den Inhalt des Werkes verschaffen wollen, können Sie sich damit begnügen, nur die Knotenpunkte zu lesen; wenn Sie aber das Werk analysieren wollen, ist es besser, es ganz zu lesen.
6. Falsch: die beste Taktik ist es, Titel und Untertitel sowie typographische Hervorhebungen zu überfliegen.
7. Falsch: Es ist sinnvoll, den Abschnitt erst zu Ende zu lesen und dann in einem zweiten Schritt das Wörterbuch aufzuschlagen.
8. Falsch: Im Text zurückzugehen ist oft unnütz.

Trainingsaufgaben (S. 33)

1. b – 2. c – 3. a, c, e, g – 4. a, d – 5. b – 6. c.

2. Lesen mit einer »Länge Vorsprung«[*]

Trainingsaufgaben (S. 41)

1. abbiegen	2. zwangsläufig
3. Einkaufswagen	4. niedrigsten
5. einfache	6. Artikel
7. am	8. manchen
9. Weg	10. die
11. sich	12. jenes
13. vollgestopft	14. der
15. Durchgang	16. Händler

[*] Hier sind natürlich nur die Wörter des ursprünglichen Textes angegeben. Alle Synonyme sind ebenfalls richtig.

225

17. anbieten	18. eine
19. vor	20. loszuwerden
21. vorne	22. wenn
23. zeigt	24. Hausfrau
25. Paket	26. Verpackung
27. da	28. mit
29. Eine	30. eigentlich
31. ist	32. wissen
33. fast	34. ist
35. kommt	36. auch
37. nach	38. Viele
39. und	40. identische
41. befand	42. Farbtöne
43. wohlhabende	44. den
45. Verkaufsflächen	46. Produkt
47. als	48. Regalen
49. großen	50. Die

3. Das genaue visuelle Erfassen

Reihe 1

Übung 1 (S. 45)
Zielwort
Meldung 2x
Informieren 2x
Durchblick 1x
Mund 2x
Zeitung 2x

Reihe 2

Übung 1 (S. 45)
1. Helligkeit – 2. konzentriert sein – 3. tadeln – 4. verschwenden – 5. bedeutend – 6. ausführen – 7. belasten – 8. verbieten – 9. ausatmen – 10. beruhigen

Übung 2 (S. 46)
1. fruchtbar – 2. schließen – 3. Anhänger – 4. ausdehnen – 5. Elastizität – 6. explizit – 7. Mißerfolg – 8. Leichtgläubigkeit – 9. zuverlässig – 10. lieben

4. Das Gesichtsfeld

Übung 1 (S. 50)
1. Literatur, Psychologie , Mathematik, Geographie, Philosophie, Elektronik
2. Hagelschauer, dichter Nebel, heißer Sommer, verregneter Herbst

Übung 2 (S. 51)
1. bezahlter Urlaub, Sozialversicherung, Arbeitslohn, Krankenversicherung, Dollarabschwung, Streik im Verkehrswesen, Kindergeld
2. ein fesselnder Roman, eine Bibliographie, Inhaltsverzeichnis

Baustein 2
Die Techniken des selektiven Lesens
2. Das Wichtigste herausfiltern

Übung 1 (S. 74)

Die Bleikrankheit fordert weitere Opfer

Weil sie in ungesunden Wohnungen lebten, sind in Paris im Jahr 1985 zwei Kinder gestorben. Zwei Kinder, die man nicht rechtzeitig retten konnte, weil die Krankheit, die sie getötet hat, nur sehr schwer erkannt werden kann. Ihr Name ist Bleikrankheit und sie ist eine richtige, schleichende »Epidemie«. Ausgangspunkt dieser Heimsuchung ist die Bleiweißfarbe.

Das Bleiweiß, das, bis es 1948 verboten wurde, sehr häufig verwendet wurde, ist ein Bleikarbonat, das sehr giftig ist, wenn es eingeatmet oder eingenommen wird. Unsere Großeltern tünchten ihre Wände mit Farben, die es enthielten. In den reichen Vierteln ist es dann bei Renovierung und Sanierung verschwunden. Aber in vielen Elendsvierteln gibt es diesen Anstrich immer noch und er zersetzt sich. Die Kinder kratzen Stückchen davon ab, und essen sie auf, weil sie süß schmecken. Oder aber sie führen ihre mit dem Staub beschmutzen Finger in den Mund und nehmen es so auf. Dieses Verhalten ist besonders gefährlich für den kindlichen Organismus, weil sich 50% des Bleis, das aufgenommen wird, ablagert. Das ist eine fünfmal höhere Belastung als bei dem Organismus eines Erwachsenen, zudem ist das Metall schon in sehr geringer Dosis giftig. Innerhalb von fünf Jahren wurden in Paris mehr als dreihundert Kinder mit Bleikrankheit (fast alle waren Ausländerkinder) in Krankenhäuser eingewiesen. Ein Drittel dieser Kinder hatten schwere Enzephalopathie. Von 1 500 untersuchten Jugendlichen hatten 70 % einen Anteil von Blei im Blut, der auf lange Sicht neurologische Folgen haben kann.

Prävention hat Vorrang

Diese Zahlen repräsentieren jedoch nur die Spitze des Eisbergs: ein systematisches Feststellen der Krankheit wird nur in sechs Arondissements von Paris durch die Mutter-und-Kind-Beratungszentren durchgeführt. Außerhalb die-

227

ser sechs Stadtteile weiß man überhaupt nichts über die Bekämpfung dieser Krankheit. Außerhalb der Hauptstadt ist bisher noch kein Fall registriert worden. Da die Kinderärzte auch nicht darauf hingewiesen wurden, kommen sie auch nicht auf die Idee, eine Bleikrankheit zu diagnostizieren. Die Diagnose der Krankheit ist sehr schwierig, weil die Symptome zu Anfang denen normaler Pathologien gleichen. Aber unentdeckt, greift die Krankheit das Gehirn des Kindes an. Wenn sie das Lernzentrum befällt, kann sie zu einer geistigen und verhaltensmäßigen Rückentwicklung führen, die nicht mehr rückgängig gemacht werden kann. Auch wenn richtig diagnostiziert wird, ist es nicht immer leicht, die Kleinen wirksam zu behandeln und Rückfälle zu vermeiden. Die Krankenhauskuren, die die am schlimmsten Betroffenen machen müssen, sind sehr hart und manchmal erfolglos.

»Wenn die Behandlungen wiederholt eingesetzt werden, können sie die Nieren schädigen«, erklärt Dr. Yves Manuel, der im Umweltministerium mit dieser Aufgabe betraut ist. »Außerdem erleiden die Kranken, wenn sie aus dem Krankenhaus in ihre ungesunde Umgebung zurückkehren, häufig einen Rückfall. Auch wenn ihre Wohnung inzwischen saniert wurde, sind sie der Bleibelastung zum Beispiel weiterhin im Treppenhaus oder bei Nachbarn ausgesetzt. Es gibt Kinder, die schon fünfzehn Entgiftungskuren hinter sich haben!«

Die Folgebehandlung der Kranken, die noch mehrere Jahre überwacht werden müssen, ist ungenügend. In Paris sind die Krankenhausteams überlastet, und da es kein nationales Register gibt, werden diejenigen, die wegziehen, nicht mehr kontrolluntersucht. Da die Krankheit keine äußeren Zeichen mit sich bringt, versäumen es viele Eltern, ihre Kinder zum Arzt zu bringen, und sind oft taub gegenüber den Ratschlägen, die ihnen Ärzte oder Sozialarbeiter zur Vorsorge geben (Isolieren der gefährlichen Oberflächen, häufiges Reinigen von Händen und Nägeln, Kinder besser beaufsichtigen). »Die Informationsbemühungen sind oft vergebens«, unterstreicht Yves Manuel. »Die Mehrzahl der Kinder sind Afrikaner und in deren Herkunftsländern ist der direkte Kontakt zur Umgebung ein Zeichen von Aufgewecktsein, die gefördert werden muß.« Auch bei der internationalen Organisation Acceuil Santé, ist man ziemlich ernüchtert: »Man spürt bei den Eltern einen gewissen Fatalismus, sie haben das Gefühl, nichts tun zu können, um die Krankheit zu bekämpfen. Und wenn ihre Kinder krank sind, fragen sie lieber den Guru als den Arzt.«

Ideal wäre es, alle gefährlichen Wohnungen zu renovieren. Vom Finanziellen her gesehen, wäre das gar kein schlechter Vorschlag. Denn jede Entgiftungskur kostet immerhin das schöne Sümmchen von 56 000 Francs.

Aber die Aufgabe ist nicht einfach. Man muß die riskanten Gebäude herausfinden und Spezialarbeiten durchführen. Um die besten Renovierungsmethoden herauszufinden, haben im vergangenen Jahr zwei Vereinigungen (Migrations Santé und Ärzte ohne Grenzen) ein Forschungsprogramm in fünfzig Wohnungen gestartet, in denen die am schlimmsten betroffenen Kinder wohnten. Bei dieser Gelegenheit konnten sie sich davon überzeugen, daß der Kampf gegen die Bleikrankheit ein Weg voller Tücken ist.

Ein Hindernislauf

Um die betroffenen Wohnungen ausfindig zu machen, muß dort zuerst eine Bleimessung vorgenommen werden. Diese Analyse ist sehr aufwendig, erfordert teure Apparate und kann nur von spezialisierten Labors durchgeführt werden. Zum gegenwärtigen Zeitpunkt ist das Labor des Gesundheitsamtes von Paris total überlastet.

Für die Renovierung selbst ist dann einfaches Abschleifen oder Abkratzen verboten, weil sich dabei Bleipartikel in der Luft verteilen. Das Material muß auf chemischen Weg mit einem Spezialprodukt »Peel Away« entfernt werden. Eine langwierige und schwierige Arbeit, bei der die Arbeiter besonders intensiv geschützt werden müssen. Und während der Arbeiten, die einige Wochen dauern können, müssen die Bewohner woanders untergebracht werden. Die von dem Pilotprojekt betroffenen Familien wurden im Acceuil Santé aufgenommen. Aber die Unterbringungs-

möglichkeiten sind sehr beschränkt. »Die Stadt schlägt Unterkünfte vor, die vierzig Kilometer außerhalb liegen«, bedauert der Arzt. Wenn der Vater zum Beispiel bei der Müllabfuhr arbeitet und um fünf Uhr morgens im Zentrum von Paris sein muß, ist man schon in der Sackgasse. »Außerdem erhalten die Familien oft eine Ablehnung von den Ämtern, die Sozialwohnungen vergeben«, erklärt Vincent Nedelec, der Direktor der Migration Santé: »Die Wohnungen vom Typ F4 oder F5 sind für sie unerreichbar, weil die Mieten für sie zu hoch sind. Und wenn mehrere Kinder da sind, reicht eine kleinere Wohnung nicht aus.«

Wer muß für die Renovierung aufkommen?

In den Vereinigten Staaten, wo 500 000 Erkrankungen registriert sind und Jahr für Jahr 45 000 neue Fälle hinzukommen, gilt die Bleikrankheit als eines der vorrangigen Probleme in der Gesundheitsvorsorge für Kinder. Die Bekämpfung der Krankheit wird dort sehr liberal gehandhabt. Die Eigentümer der ungesunden Wohnungen müssen selbst für die Renovierungskosten aufkommen. Nach Meinung von Yves Manuel, dem Beauftragten des französischen Gesundheitsministeriums, ist das keine gute Regelung, denn oft sehen sich die Eigentümer dadurch veranlaßt, den Mietern zu kündigen und das Haus weiterzuverkaufen.

Und so wird das Problem der Wohnungssuche noch gravierender. Ähnlich äußert sich auch Philippe Delaroa, der Direktor des PACTE, einem Ausschuß zur Koordinierung der Gelder für die Renovierungsarbeiten: »Man kann einen Eigentümer nicht für einen Anstrich verantwortlich machen, der womöglich gemacht wurde, lange bevor er die Wohnung erworben hat. Und außerdem müßte dann eine sehr strenge Kontrolle durchgeführt werden, um sicherzustellen, daß die Arbeiten ordnungsgemäß durchgeführt würden. Hinzu kommt, daß von manchen Wohnungen, die wir untersucht haben, der Eigentümer gar nicht auszumachen war. In dem Wohngebiet Goutte d'Or zum Beispiel ist es Gang und Gäbe, daß sich kleine Gangster als Eigentümer ausgeben, die Miete in bar kassieren und verschwinden, sobald ein Problem auftaucht. Der einzig gangbare Weg ist daher die Wohnungsbeschaffung mit staatlicher Finanzhilfe.«

Eine Hoffnung auf lange Sicht

Daß das Pilotprojekt erfolgreich durchgeführt werden konnte, wurde durch die finanzielle Hilfe zahlreicher öffentlicher und privater Organismen, insbesondere durch den Bürgermeister der Stadt Paris und durch die ANAH (Nationale Stelle zur Verbesserung der Wohnverhältnisse) ermöglicht. Aber die Renovierung einer Wohnung kostet mindestens 50 000 Francs. Und diese Art Zusammenarbeit ist nur bei einer begrenzten Anzahl von Programmen möglich. Die öffentlichen Einrichtungen, die lange Zeit nachlässig waren, sind jetzt bereit, die Aufgabe zu übernehmen. Das Gesundheitsministerium will in großem Umfang Erhebungen über die Krankheit machen. Da man nicht genau weiß, wie man vorgehen soll, wird man doch nicht etwa alle gefährdeten Kinder einer sehr kostspieligen Untersuchung unterziehen? Wie soll man jene erkennen, die der Krankheit tatsächlich ausgesetzt sind? Müssen etwa alle Wohnungen in allen alten Stadtvierteln von Frankreich untersucht werden, um dort Blei zu finden? Es wurde eine Arbeitsgruppe gebildet, um die wirksamsten Methoden festzustellen. Die Ergebnisse dieser Arbeit werden erst in ein paar Monaten zur Verfügung stehen. Parallel hierzu hat das Wohnungsministerium beschlossen, daß die Menschen, die der Bleikrankheit ausgesetzt sind, im Rahmen des Besson-Gesetzes bevorzugt berücksichtigt werden. Deutlich gesprochen, müßte man ihnen Wohnungen anbieten, die ihrer Situation angepaßt sind, und zwar insbesondere hinsichtlich Miethöhe und sozialer Betreuung.

Aber das Gesetz vom 31. Mai 1990 (veröffentlicht am 2. Juni) wurde in Projekten auf Departementebene umgesetzt, die erst im Juni 1991 beginnen konnten.

229

Bis dahin werden die Fälle als Einzelfälle behandelt, und die Krankheit fordert weiterhin ihre Opfer. Trotz der Warnschreie der Mediziner haben die Behörden mehrere Jahre benötigt, um sich der Schwere der Lage bewußt zu werden. Bleibt nur zu hoffen, daß der Schritt von den guten Absichten hin zum konkreten Handeln schneller vollzogen wird.[19]

3. Lokalisieren

Reihe 1

Übung 1 (S. 80)
1. Metall – 2. Duft – 3. Mahlzeit – 4. glänzen – 5. Möbel – 6. Angst – 7. Schriftverkehr – 8. Geräusch – 9. Waffe – 10. Unbilden der Witterung

Übung 2 (S. 80)
1. Gedicht – 2. Veröffentlichung – 3. Musik – 4. Weg – 5. Wohnung – 6. Freude – 7. Weggehen – 8. Gefühl – 9. denken – 10. ansehen.

Reihe 2

Übung 1 (S. 82)
1. reizbar – 2. behende – 3. leichtfertig – 4. wunderschön – 5. beschuldigen – 6. sarkastisch – 7. erhöhen – 8. aufkratzen – 9. Sonderbarkeit – 10. einzig und allein

Übung 2 (S. 82)
1. Wahrhaftigkeit – 2. abklären 3. Einsamkeit – 4. Vertrag – 5. Kontroverse – 6. entbinden – 7. komprimiert – 8. unwiderruflich – 9. durcheinanderbringen – 10. komplett.

Reihe 3 (S. 83)

1. Informierende Zeitungen, Zeitungen im Dienst einer Ideologie, unabhängige Zeitungen, 2. der Abstand, 3. keine Entscheidung treffen, Gleichgültigkeit, Schweigen, Lügen durch Unterdrücken (drei Antworten reichen aus), 4. Viele Quellen nutzen, Nachrichten wiederholen und überprüfen, mehrere Versionen veröffentlichen, die Möglichkeitsform benutzen, vervollständigen, möglichst große Zahl von Nachrichten über Ereignisse, korrigieren, abwarten, bis das Ereignis abgeschlossen ist, 5. Angsthasen, Zauderer, 6. Falschmeldung, falsche Einschätzung.

Baustein 3
Lernerfolg beim Lesen

1. Vertieftes Lesen

Trainingsaufgaben (S. 97)

Text 1
1. Hauptgedanke: erster Satz.
2. Die anderen Sätze erläutern den Hauptgedanken durch Beispiele, die mit »so war es« eingeleitet werden.

Text 2
1. Hauptgedanke: erster Satz.
2. Die anderen Sätze führen den Hauptgedanken weiter aus, indem sie die unterschiedlichen Arten von Eingriffen beschreiben.

Text 3
1. Hauptgedanke: erster Satz.
2. Der zweite Satz untermauert den Hauptgedanken und erklärt ihn; die anderen Sätze erläutern durch Beispiele, die durch »so«, »wie« eingeführt werden.

2. Notizen machen

Übung 1 (S. 119)
1) Notiz: die ergänzenden Gedanken des 1. Abschnittes geben die Gründe für die mit dem Hauptgedanken (erster Satz) gemachte Behauptung an: Der Ernst der Lage. Die ergänzenden Gedanken des zweiten Abschnittes führen den Hauptgedanken dieses Abschnittes aus: Der Pakt zwischen Mensch und Natur ist gebrochen.

2a) gegliedertes Notieren:
1.   **Eine schlimme Lage**
1.1   Allgegenwärtigkeit der industriellen Gesellschaft
+
1.2   Nie gekannte Bevölkerungsexplosion
+
1.3   Beschleunigte Entwicklung menschlicher Phänomene
+
1.4   Unüberwindliche wirtschaftliche Probleme (Beisp.: Unterernährung)
+
1.5   Verschwendung der Ressourcen

1.5.1   Energieressourcen
1.5.2   Nahrungsressourcen
↓
1.6   Überleben des Menschen und der Gesellschaft in Gefahr
+
1.7   Die Technik: ein Wundermittel nach Auffassung des Menschen
1.7.1   Blindes Vertrauen
1.7.2   Lösung aller Probleme
↓ ↓ ↓
2.   **Der Mensch und die Natur: Pakt gebrochen**
2.1   Überholte Regeln
2.1   Macht, in der Lage, sich von der Natur zu befreien

Um ein Gliederungsschema aufzustellen, schreiben Sie die Titel und Untertitel nach der auf Seite 111 angegebenen Anordnung.

b) Zusammenfassung

Die gegenwärtige Lage ist ernster als je zuvor. Tatsächlich hat die Industriegesellschaft den ganzen Planeten erobert, die Bevölkerungsexplosion ist groß wie nie zuvor, die Entwicklung der menschlichen Erscheinungsformen beschleunigt sich ungebremst. Der Mensch stößt an unüberwindliche wirtschaftliche Probleme, wie etwa die Unterernährung. Außerdem verschwendet er Energie- und Nahrungsressourcen und gefährdet dadurch das Fortbestehen seiner Kultur. Er pflegt ein blindes Vertrauen in die Technik, die seiner Meinung nach in der Lage ist, alle Probleme zu lösen. Er glaubt, in der Lage zu sein, sich von der Natur zu befreien, und hat daher den Pakt, der ihn mit ihr verbunden hat, gebrochen.

Schlüsselwort-Tabelle

Da der erste Abschnitt ziemlich lang ist, ist es schwierig, diese Tabelle auf der Breite einer Seite zu erstellen. Nehmen Sie besser die Seite im Querformat, wie wir es auf der folgenden Seite auch gemacht haben.

c) Mind-Map

Siehe übernächste Seite.

Übung 2 (S. 121)

Die Titel und Untertitel dieses Buches bilden den Ausgangspunkt für die verschiedenen Notiertechniken. Vgl. Mind-Map auf S. 235 zum Thema »Notizen machen«.

	Schlüsselwörter 1	Schlüsselwörter 2	Schlüsselwörter 3	Schlüsselwörter 4	Schlüsselwörter 5
§ 1	heute Lage schwer wie nie zuvor	Industriegesellschaft Herrschaft über gesamte Erde	Bevölkerungs-explosion	Entwicklung Phänomene immer schneller	unüberwindliche wirtschaftliche Probleme
	Schlüsselwörter 6	Schlüsselwörter 7	Schlüsselwörter 8	Schlüsselwörter 9	Schlüsselwörter 10
	verwendet erneuerbare und nichterneuerbare Ressourcen	blindes Vertrauen in Technik	Untergang Gesellschaft	Ausrotten Rasse	Technikkult = löst alle Probleme
	Schlüsselwörter 1	Schlüsselwörter 2	Schlüsselwörter 3	Schlüsselwörter 4	
§ 2	Recht, Brücken abzubrechen	überholte Gesetze	Pakt gebrochen	Mensch kann sich aus der Natur lösen	

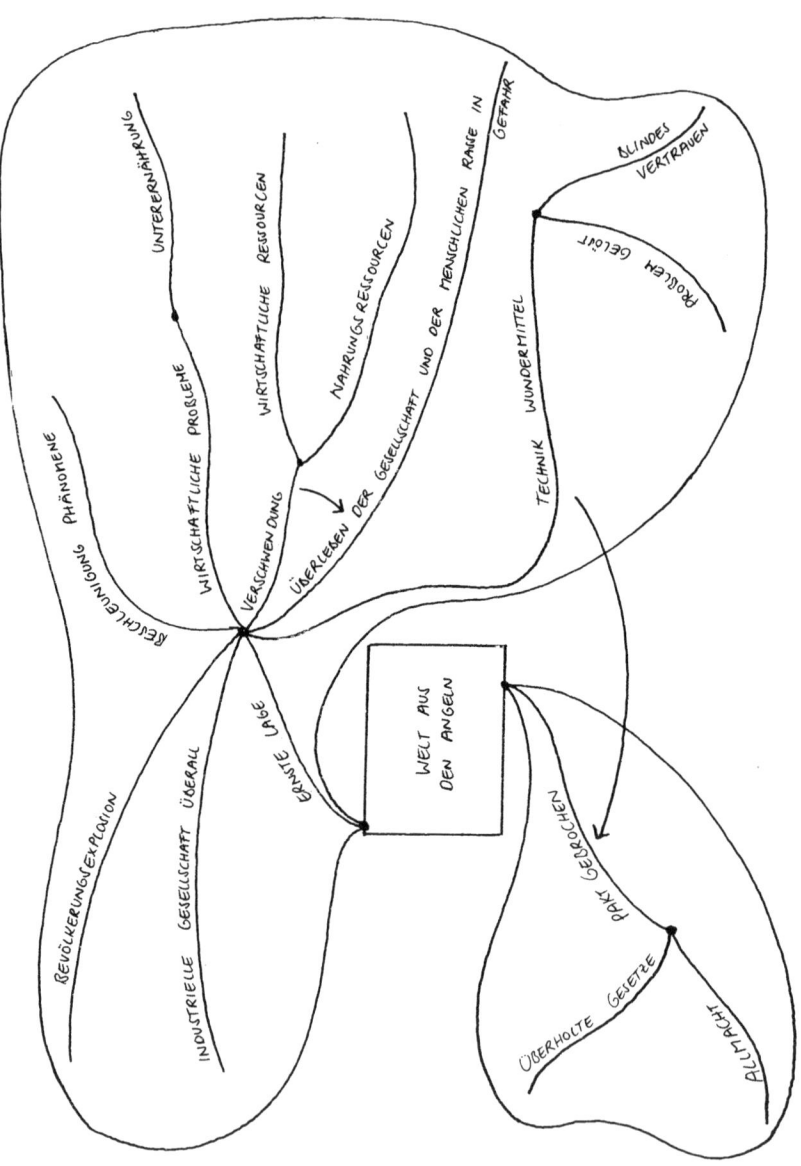

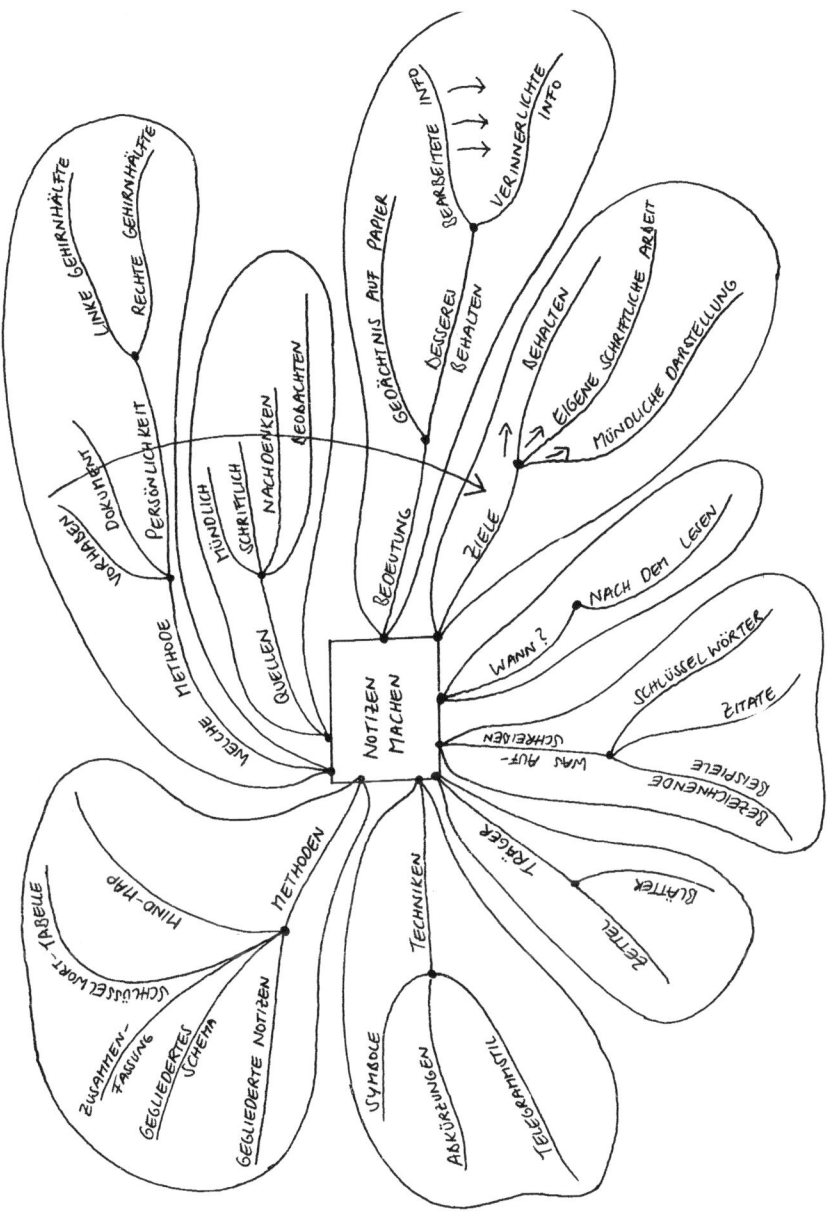

Baustein 4
Sich etwas einprägen

Übung 1 (S. 143)

Der Text besteht aus vier Abschnitten. Die Abschnitte 3 und 4 befassen sich jeweils mit den Hecken und Böschungen und können zusammengefaßt werden. Deshalb werden nur drei Teile unterschieden.

Strukturiertes Mitschreiben

1.   Eingriffe des Menschen in die Natur

1.1   Ein ständiges Bemühen: die Produktivität verbessern

1.2   Früher: begrenzte Möglichkeiten

1.3   Heute: schwerwiegende Folgen

+

2.   Beseitigung von Hecken und Böschungen: Warum?

2.1   Zu kleine Parzellen

↓

2.2   Moderne Bewirtschaftung schwierig

≠

3.   Hecken und Böschungen: Eine wichtige Funktion

3.1   Windschutz

+

3.2   Schutz für das Vieh

3.3   Lebensraum für nützliche Tiere

3.3.1 Tiere, die Schädlinge beseitigen

3.3.2 Tiere, die kranke Tiere jagen

+

3.4   Bollwerk gegen die Trockenheit

3.4.1 Wasserspeicher

3.4.2 Erosionsschutz

Mind-Map (siehe gegenüberliegende Seite)

Übung 2 (S. 144)

Die Titel und Untertitel in den verschiedenen Kapiteln geben Ihnen den Rahmen für das gegliederte Notieren. Sie können für sich andere, vielleicht treffendere Titel aussuchen. Vergleichen Sie die Mind-Maps in diesem Buch mit denen, die Sie selbst erstellt haben.

Übung 3 (S. 144)

Acht Regeln können herausgelesen werden.

– Das Gedächtnis kann sich nichts merken, ohne einen impliziten Hinweis auf ein Ziel, ein Projekt.

– Das Gedächtnis hat Angst vor dem Unbekannten.

– Das Gedächtnis behält nur das, was es versteht.

- Das Gedächtnis speichert Strukturen, geordnete Einheiten.
- Das Gedächtnis funktioniert durch Assoziationen.
- Das Gedächtnis ist vielschichtig.
- Das Gedächtnis braucht Pausen.
- Das Gedächtnis braucht Wiederholungen.

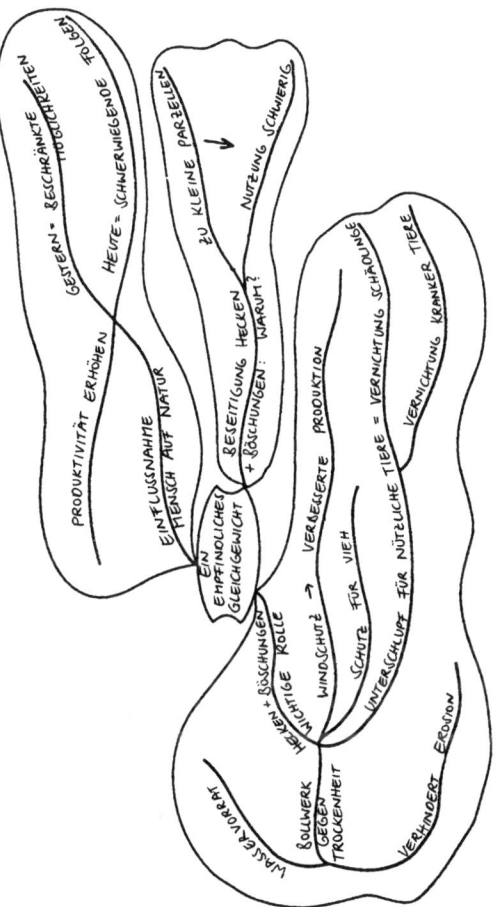

Baustein 5
Den größten Nutzen aus einer Vorlesung ziehen

Reihe 1

Übung 5 (S. 155)

1. b – 2. a – 3. c.

Die anderen Inhaltsangaben enthalten drei Arten von Ungenauigkeiten: etwas Hinzugefügtes, etwas Vergessenes, Interpretationen.

Reihe 3

Übung 1 (S. 158)

1. Die Wörter, die aufgeschrieben werden sollen, sind unterstrichen. Allerdings werden Sie in einer richtigen Vorlesung nicht immer die Wörter so, wie sie hier stehen, herausschreiben, sondern schon eine Art erste Übersetzung vornehmen (Beispiel: statt »intellektuelle und visuelle Fähigkeiten einsetzen«, könnten Sie sich auch notieren »Geist und Auge benutzen«). Diese Art des Vorgehens ist sehr sinnvoll, denn sie beinhaltet bereits eine erste Verarbeitung der Information.
2. Zwei senkrechte Striche = ein Teil. Ein senkrechter Strich = ein Abschnitt.
3. Die Ausdrücke, die den Übergang von einem Teil zum andern ankündigen, sind eingerahmt. Übrigens werden zu Beginn der Vorlesung von »Zuerst« bis »beim Lesen erhöhen« alle Punkte vorgestellt, die behandelt werden sollen.
4. Vergleichen Sie auch die Titel und Untertitel der Gliederung auf Seite 240.
5. Zusammenfassende Inhaltsangaben sind gerade, d.h. in normaler Schrift gesetzt.

Einleitung = Ankündigen des Themas und Gliederung: 3 Teile →	*Wie ich Ihnen schon vergangene Woche angekündigt habe, werden wir heute ein wichtiges Problem angehen, nämlich das <u>Lesen</u>. Das Lesen ist eine Tätigkeit, die im <u>Mittelpunkt</u> aller Aktivitäten <u>Ihres Studiums</u> und des geistigen Arbeitens überhaupt steht. <u>Zuerst</u> werden wir den <u>Prozeß</u> des Lesens selbst <u>betrachten</u>, d. h. wie der Leser aus den graphischen Zeichen einen Sinn herausfiltert. <u>Danach</u> werden wir die <u>Rolle der beiden Gehirnhälften</u> beim Lesen feststellen. Die <u>nächste Etappe</u> wird sein, die <u>praktische Anwendung</u> zu betrachten: Wie können Sie Ihre Leistungsfähigkeit beim Lesen erhöhen?*
Ein Beispiel zum Merken, da »sprechend« →	*|| Nun zum <u>ersten Punkt</u>, wie liest man? Nach der ersten Lernphase lesen Sie große Textteile, <u>ohne sie zu zergliedern</u> oder zu analysieren. Um Ihnen verständlich zu machen, was sich abspielt, lesen Sie diesen Satz: »<u>Die Indianer kamen näher</u> und stießen ihr Kriegsgeheul aus, <u>der Cowboy zog seinen</u> ...« Das letzte Wort fehlt, wie Sie sehen, aber Sie haben es sicher sofort ergänzt. An welches Wort haben Sie gedacht? ... Klar, an »Colt, Revolver«. | Was hat Sie <u>darauf gebracht</u>? Erst einmal der Sinn, der <u>Zusam-</u>*

menhang: Das, was vorausging, hat Sie auf diese Wörter vorbereitet und nicht etwa auf »Hut« oder »Taschentuch«! Außerdem hat das männliche Possessivpronomen »*seinen*« Sie schon veranlaßt, weibliche Substantive wie »*Pistole*, Maschinenpistole«, die vom Sinn her auch möglich gewesen wären, *auszuschließen*. Das Possessivpronomen hat Sie auch andere Wortarten ausschließen lassen wie *Verben* oder *Adverbien* ... Der Leser erwartet automatisch eine bestimmte *Struktur*: nach einem *Substantiv* ein *Verb*; nach einem Artikel ein Substantiv, usw. Das *Aufeinanderfolgen der Wörter* in einem Satz gibt eine wirkungsvolle *Hilfe* beim Herausarbeiten des *Sinns*. Beim normalen Lesen, »ohne Lücken«, kommt ein weiterer Hinweis hinzu: Bevor Sie das Wort lesen, sehen Sie schon seine *Umrisse*: ein langes oder kurzes Wort, ein Wort, dessen Zeichen mehrmals die obere Linie erreichen. | Alle diese Hinweise, <u>Sinnhinweise, syntaktische oder organisatorische, Form-Hinweise</u> ermöglichen Ihnen, vorauszusehen, was folgen wird. Sie veranlassen Sie zu einer *schnellen*, unbewußten *Wahl*, die das anschließende Lesen meist nur bestätigt. | Das Vorgehen des geübten Lesers spielt sich normalerweise *in drei Schritten* ab. | *Ausgehend* von Titel und Layout, stellt der Leser erste *Hypothesen* über den Inhalt an. Bevor er mit dem eigentlichen Lesen begonnen hat, hat sich sein Geist schon darauf *eingestellt*, dieses oder *jenes Wort* zu *finden* und hat so eine Auswahl aus der Vielzahl der möglichen Begriffe getroffen. Je weiter er in dem Text bzw. in dem Satz fortschreitet, um so enger wird seine Wahlmöglichkeit. | In einem *zweiten Schritt* sucht der Leser die *Bestätigung* seiner *Hypothese durch das Lesen*. Wenn er darin *geübt* ist, alle *vorhandenen Hinweise zu berücksichtigen*, reicht ihm ein *leichtes Überfliegen*, er braucht sich nicht lange damit aufzuhalten: Sein Lesen ist leicht geworden. In einem *dritten Schritt* schließlich *bestätigt* der Leser seine *Hypothese* mit Hilfe des *Sinns*. Dazu muß das gelesene *Wort* einerseits in *den Satz passen*, andererseits darf es dem Wissen des Lesers nicht *widersprechen*. Zum Beispiel ein Satz wie »Ein *Hase* mit leuchtenden *Federn* überquerte den Hof« verträgt sich nicht mit dem, was wir über dieses Tier wissen und ist daher nicht akzeptabel. | Lesen bedeutet also *nicht nur Buchstaben erkennen* und *verbinden*, sondern auch sein *Wissen* mit *einbringen*. Es geschieht ein ständiger *Austausch* zwischen dem geschriebenen *Text* und dem *Leser*, zwischen sichtbaren und nicht sichtbaren Informationen. Je nach der dominierenden Hirnhälfte stützt sich der Leser mehr auf die eine oder andere Art der Information. || Hier kommen wir zum zweiten Punkt: Wofür ist die rechte und die linke Gehirnhälfte beim Lesen zuständig? Die *linke Hälfte* entschlüsselt die *Wörter, analysiert* den Text sehr pointillistisch. Die *rechte Hälfte* dagegen stellt *Hypothesen* auf, *schaut* nach dem *Ganzen*, nach dem Aufbau und nicht nach den Einzelheiten. Der *Leser*, der sich vorwiegend an seine *linke Gehirnhälfte wendet*, stützt sich besonders auf *visuelle Hinweise*, er liest ein Wort nach dem anderen und bringt die Wörter nicht in Verbindung mit seinem Wissen. Diese Methode *kann zum Steckenbleiben führen*, zu einer Art Tunnelsicht: Sein *Lesen* ist sehr *schwerfällig*. Der mit der *rechten Gehirnhälfte* arbeitende Leser stellt, ausgehend von wenigen visuellen Hinweisen, Hypothesen auf, *greift vor*, aber *kontrolliert nicht*. Er liest wie auf einem Radarschirm, verwechselt manchmal ein Wort mit dem anderen; so wird

Marginalie: Ein Beispiel zum Merken, da »sprechend«, → es reicht, »Hase« und »Feder« zu merken

239

> sein _Lesen oberflächlich_. | _Ein Leser kann also nur dann efﬁzient lesen, wenn er die rechte und linke Gehirnhälfte gleichermaßen einsetzt und das, was er weiß und sieht, kombiniert, visuelle und intellektuelle Strategien einsetzt._ Mit anderen Worten: Der linkshirnige Leser benutzt eine aufsteigende Strategie (vom Text zum Leser), der rechtshirnige eine absteigende Strategie (vom Leser zum Text), der Leser, der beide Gehirnhälften einsetzt, eine interaktive Strategie (vom Text zum Leser, vom Leser zum Text). | _Besser lesen heißt, besser vorher-sehen (in zwei Wörtern) und besser sehen. Daher ist es notwendig, seine intellektuellen Fähigkeiten einzusetzen: in Form von gedanklicher Vorwegnahme, Formulieren von Hypothesen und Nutzung der Wahrnehmungsfähigkeit: genaues Hinsehen, sich einen Überblick verschaffen, flexibel bleiben._ | | Wie soll das geschehen? Dazu kommen wir nun ... usw.

6. Gegliedertes Mitschreiben (dabei handelt es sich um einen Rahmen, innerhalb dessen Sie die Schlüsselwörter, die Ihnen unentbehrlich erscheinen, hervorheben).

1. Wie liest man?

1.1 Hinweise auf den Sinn

1.1 Syntaktische Hinweise

1.2 Organisatorische Hinweise

1.3 Hinweise auf die Form

1.4 Das Lesen: Ein Vorgang in drei Schritten

1.5.1 Hypothesen

1.5.2 Überprüfen der Hypothesen durch das Lesen

1.5.3 Überprüfen der Hypothesen und des Lesens durch den Sinn

2. Die Rolle der beiden Gehirnhälften beim Lesen

2.1 Die linke Gehirnhälfte

2.1.1 Aufsteigende Bearbeitung: Text → Leser

2.1.2 Schwerfälliges Lesen (Blick durch einen Tunnel)

2.2 Die rechte Gehirnhälfte

2.2.1 Absteigende Bearbeitung: Leser → Text

2.2.2 Sichereres Lesen

2.3 Linke Gehirnhälfte und rechte Gehirnhälfte

2.3.1 Interaktive Bearbeitung: Leser ⟷ Text

2.3.2 Effizientes Lesen.

Baustein 7
Die Prüfung

Übung 1 (S. 181)

T = Thema; G = Grenzen; P = Problemstellung; A = Anweisungen

1. T (Thema): Objektivität des Journalisten – G (Grenzen): Achtung, das Problem ist das der Objektivität des Journalisten, nicht seine Rolle und auch nicht die Objektivität im allgemeinen – P(Problemstellung): Wie kann ein Journalist objektiv sein, welche Mittel kann er benutzen, gibt es Fälle, in denen Objektivität unmöglich ist? – A (Anweisungen):»Glauben Sie« = Sie sollen also Ihre persönliche Meinung äußern.

2. T: Die Informatik – G:»Die Revolution«, die einschneidenden Veränderungen, die die Informatik nach sich gezogen hat. Es geht nicht darum, die Entwicklung der Informatik zu schildern, sondern ihre Auswirkungen – P: Welche Änderungen, welche Folgen, auf welchen Gebieten? – A: Keine klar formulierte Anweisung; in dem Fall ist es besser, sich an die Analyse zu halten, ohne die persönliche Meinung auszudrücken.

3. T: Krise von 1929 – G: Ursachen, Ablauf, Folgen, Vereinigte Staaten – P: Welches sind die Ursachen der Krise von 1929, wie hat sie sich in den Vereinigten Staaten dargestellt, in welchen Bereichen, was sind die Folgen gewesen, in welcher Größenordnung? – A:»erläutern« = die Verbindung zwischen Ursache und Wirkung hervorheben und nicht nur einfach aufzählen.

4. T: die Demographie – G: Ihre Auswirkung auf die Wirtschaft + westliche Länder + kommende Jahre – P: Welche Umstände, in welchen Bereichen, warum ...? – A: Kein anweisendes Verb, aber Aufgabenstellung in Frageform, +»welche ... kann ... haben« fordert Sie zu einer vorausschauenden Betrachtung auf, in der Ausdrücke wie»es scheint, daß«,»man kann erwarten, daß« ... vorkommen sollen; Ihre persönliche Meinung ist nicht gänzlich ausgeschlossen, darf aber nicht lang und breit entwickelt werden.

5. T: Landflucht und Verstädterung – G: Entwicklungsländer – P: Welche Ursachen haben Landflucht und Verstädterung, welches sind deren Folgen, in welchen Bereichen? – A: Kein anweisendes Verb, Sie sind gehalten, das Problem zu analysieren und keinen persönlichen Kommentar abzugeben.

6. T: Rolle Knecht und Dienerin – G: Komödien, andere Formen von Theaterstücken sind nicht angesprochen, noch weniger Romane ...+ charakteristische Merkmale + Rolle + genaue Beispiele (keine allgemeinen) – P: Welche charakteristischen Merkmale weisen Knecht und Dienerin in der Komödie jeweils auf, welche Funktion haben sie, haben sie immer Gemeinsames, oder welche Unterschiede lassen sich feststellen? – A:»Zeigen Sie« = herausstellen.

7. T: die Gesellschaft und die Anpassungsschwierigkeiten in der Schule – G: Die Einflüsse (Auswirkungen), keine Lösungen +»moderne« – P: Was versteht man unter schulischen Anpassungsschwierigkeiten, welche Beziehung besteht zwischen moderner Gesellschaft und schulischen Anpassungsschwierigkeiten, welcher Art sind die Einflüsse? – A:»Zeigen Sie auf« = stellen Sie die verschiedenen Arten von Einflüssen dar, ohne persönlich Stellung zu beziehen.

8. T: die Wirtschaft – G: Probleme + Länder der Dritten Welt – P: Welche unterschiedlichen Arten von Problemen gibt es, welches sind jeweils die Ursachen? – A:»charakterisieren Sie« =

unterschiedliche Arten von Problemen herausarbeiten und sie analysieren, ohne Stellung zu beziehen.

9. T: J.-J. Rousseau und die Romantik – G: Erster der Romantik + Franzose – P: Welches sind die charakteristischen Merkmale des Werkes von Rousseau und der französischen Romantiker: Romantik definieren, welches sind gemeinsame Punkte, gibt es Unterschiede, ist J.-J. Rousseau tatsächlich der erste französische Romantiker? – A: »Erscheint Ihnen diese Ansicht richtig?« = Sie müssen Ihre persönliche Meinung darlegen.

10. T: Arbeit der Frau – G: In Deutschland – P: Welche Frauen arbeiten, wie viele, warum, welche Arbeiten machen sie, welche Auswirkungen hat die Frauenerwerbstätigkeit, in welchen Bereichen ...? – A: Kein anweisendes Verb, es handelt sich um eine allgemeine Fragestellung, die eine Untersuchung ohne Stellungnahme verlangt.

Übung 2 (S. 182)

1. b

T: Mussolini und Hitler – G: Machtergreifung – P: Welches sind gemeinsame Punkte bei der Machtübernahme der beiden Staatsmänner, wie lassen sie sich erklären, in welchem / welchen wirtschaftlichen, sozialen, menschlichen Zusammenhängen ... ? – A: »vergleichen Sie« = Sie müssen die gemeinsamen Punkte oder auch die Unterschiede herausarbeiten und nicht etwa nacheinander aufzeigen, was sich bei Hitler und bei Mussolini abgespielt hat.

2. b

T: Die öffentliche Meinung und die Regierung – G: der Einfluß = Auswirkungen + Einfluß auf die Entscheidungen – P: Beeinflußt die öffentliche Meinung die Entscheidungen der Regierung, in welchem Maße, in welchen Fällen, in welchen Bereichen? – A: »Analysieren Sie« = betrachten Sie die unterschiedlichen Aspekte, ohne Stellung zu beziehen.

3. c

T: Die Schule – G: heute – P: Warum ist es in unserer Zeit ebenso wichtig, Möglichkeiten des Lernens zu kennen wie Wissen anzuhäufen, welche Faktoren spielen eine Rolle, trifft es in allen möglichen Fällen zu? – A: »diskutieren Sie« = betrachten Sie das Für und das Wider, und geben Sie Ihre persönliche Meinung ab.

4. c

T: Die Wirtschaftspolitik der kapitalistischen Länder – G: Schwierigkeiten + industrialisierte Länder + Durchführung – P: Was versteht man unter industrialisierten, kapitalistischen Ländern, welche Wirtschaftspolitik wollen sie verfolgen, auf welche Schwierigkeiten stoßen sie, warum? – A: »untersuchen Sie« = die Schwierigkeiten aufzeigen, Sie sollen keine Lösungen vorschlagen und auch nicht Ihre persönliche Meinung abgeben.

5. b

T: Der Schriftsteller – G: Warum = die Gründe – P: Welche unterschiedlichen Gründe bringen einen Schriftsteller zum Schreiben? – A: Kein anweisendes Verb, aber » Ihrer Meinung nach« fordert Sie auf, Ihre Meinung durch Beispiele untermauert zu sagen.

Baustein 8
Gliedern, strukturieren
Reihe 1

Übung 1 (S. 195)

HG = Hauptgliederung; UG = Untergliederung

HG (Hauptgliederung): Tatsachen – Folgen. Tatsachen: Abschnitt 1 und 2 – Folgen: die anderen Abschnitte (der letzte Abschnitt enthält gleichzeitig eine Schlußfolgerung).

Übung 2 (S. 196)

1. HG: Tatsachen – Ursachen – Folgen. Tatsachen: Abschnitt 1 – Ursachen: Abschnitt 2 – Folgen: Abschnitt 3.
2. UG: aufzählende Gliederung. Beispiele: im 2. Abschnitt, der sich den Ursachen widmet: der Autor nennt die verschiedenen Ursachen: die Höhenlage, fehlende Überwachung, zu schmale Feuerschneisen.

Reihe 2

Übung 1 (S. 197)

1) Positive Aspekte: 1, 3, 5, 8, 10, 12, 13, 16, 17, 20, 24;
   Negative Aspekte: 2, 4, 6, 7, 9, 11, 14, 15, 18, 19, 21, 22, 23.

2) und 3)

1. Die positiven Aspekte
1.1 Die Werbung und ihre Auswirkung auf das wirtschaftliche Leben: 1, 3, 5, 10, 16, 20, 24[*]
1.2 Die Werbung und das kulturelle Leben: 8
1.3 Die Werbung und die Schönheit (oder die Umwelt): 12
1.4 Die Werbung und der Verbraucher: 13, 17[**]

2. Die negativen Aspekte
2.1 Die Werbung und ihre Auswirkungen auf das wirtschaftliche Leben: 4, 9
2.2 Die Werbung und das kulturelle Leben: 18
2.3 Die Werbung und die Schönheit (oder die Umwelt): 15
2.4 Die Werbung und der Verbraucher: 2, 6, 7, 11, 14, 19, 21, 22, 23

[*] Die Argumente 3, 10, 16 könnten auch in eine eigene Rubrik eingeordnet werden: die Werbung, ein Faktor der Expansion.
[**] Dieses Thema könnte in zwei Unterthemen gegliedert werden: die Werbung und die Information des Verbrauchers (12, 13) und die Auswirkung der Werbung auf den Verbraucher (6, 7, 11, 14, 17, 19, 21, 22, 23).

243

Übung 2 (S. 199)

Positive Aspekte: 1, 2, 3, 6, 9, 10, 16, 19, 20, 21, 24, 25, 26.

Negative Aspekte: 4, 5, 7, 11, 12, 13, 14, 15, 18, 22, 23, 28.

Erste Vorgehensweise

1.   Positive Aspekte

1.1 Das Fernsehen, ein Mittel der Unterhaltung: 2

1.2 Das Fernsehen, ein Mittel zur Information: 6, 16

1.3 Das Fernsehen, ein Mittel zur Bildung und Kultur: 1, 3, 9, 10, 19, 21, 25, 26

1.4 Das Fernsehen und Austausch unter den Menschen: 20, 24

2.   Negative Aspekte

2.1 Das Fernsehen, ein Mittel der Unterhaltung: 15

2.2 Das Fernsehen, ein Mittel zur Information: 4, 11, 13, 14, 28

2.3 Das Fernsehen, ein Mittel zur Bildung und Kultur: 5, 7, 12, 27

2.4 Das Fernsehen und der Austausch zwischen den Menschen: 18, 22, 23

Zweite Vorgehensweise

1.   Das Fernsehen, ein Mittel der Unterhaltung

1.1 Positive Aspekte: 2

1.2 Negative Aspekte: 15

2.   Das Fernsehen, ein Mittel zur Information

2.1 Positive Aspekte: 6, 16

2.2 Negative Aspekte: 4, 11, 13, 14, 28

3.   Das Fernsehen, ein Mittel zur Bildung und Kultur

3.1 Positive Aspekte: 1, 3, 9, 10, 19, 21, 25, 26

3.2 Negative Aspekte: 5, 7, 12, 28

4.   Das Fernsehen und der Austausch zwischen den Menschen

4.1 Positive Aspekte: 20, 25

4.2 Negative Aspekte: 18, 22, 23

Reihe 3 (S. 201)

Gliederungen für die Themen der **Übung 1** (S. 181)

  1. HG (Hauptgliederung) = argumentative oder dialektische Gliederung; UG (Untergliederung) = Gliederung nach Gruppen und/oder nach Wichtigkeit (vom weniger Wichtigen zum Wichtigeren).

  2. HG = Gliederung Tatsachen (oder Situation) – Ursachen – Folgen mit Gewicht auf den Tatsachen; UG = aufzählende oder Gruppengliederung.

3. HG = Gliederung – Ursachen – Tatsachen – Folgen; UG = Gruppengliederung (wirtschaftliche, soziale, politische Ursachen).

4. HG = Gruppengliederung (menschliche, soziale, politische Folgen); UG = Gliederung nach der Wichtigkeit.

5. HG = Tatsachen – Ursachen – Folgen; UG = Gruppengliederung.

6. HG = Gliederung nach den beiden in der Aufgabenstellung vorgegebenen Kategorien: charakteristische Merkmale, Rolle – UG = Gruppengliederung. Man könnte z. B. zu folgender Lösung kommen: 1. gemeinsame Merkmale, a) geringgeschätzte Rolle, b) konventionelle, typische Rolle usw. – 2. Funktion der Rolle, a) sie dienen der Weiterführung der Handlung, b) sie dienen den Zielen des Autors usw.

7. HG = Gruppengliederung (soziale, wirtschaftliche und familiäre Einflüsse, Einflüsse der Massenmedien, der Industrialisierung und Verstädterung) – UG = Gliederung nach Wichtigkeit.

8. HG = Gruppengliederung – UG = Gliederung nach Wichtigkeit.

9. HG = argumentative oder dialektische Gliederung: UG = Gruppengliederung. So könnte es aussehen: 1. Übereinstimmungen, a) Themen (Ichkult, Natur); b) der Stil (Fülle und Anschaulichkeit, reicher Wortschatz) – 2. Einschränkungen, a) Rousseau ist nicht der erste, b) verschiedene Tendenzen der Romantiker erscheinen bei ihm nicht usw.

10. HG = Tatsachen (oder Situation) – Ursachen – Folgen; UG = aufzählende Gliederung oder Gruppengliederung.

Gliederungen für die Themen der **Übung 2** (S. 182)

1. HG = vergleichende Gliederung – UG = Gruppengliederung (die Schwäche der Regime, die Strategie usw.) und nach Wichtigkeit.

2. HG = Gruppengliederung – UG = Gliederung nach Wichtigkeit.

3. HG = argumentative oder dialektische Gliederung – UG = Gruppengliederung und nach Wichtigkeit.

4. HG = Gruppengliederung – UG = Gliederung nach Wichtigkeit.

5. idem.

Reihe 4 (S. 201)

1. Erste Gliederung: c. – Zweite Gliederung: b. (a. berücksichtigt nicht die Forderung nach genauen Beispielen). – Dritte Gliederung: b.

2. Erste Gliederung: HG = Ursachen - Tatsachen – Folgen; UG = Gruppengliederung für I und III, chronologische Gliederung für II. – Zweite Gliederung: HG = Gruppengliederung; UG = aufzählende Gliederung. – Dritte Gliederung: HG = Gruppengliederung; UG = Gliederung vom Allgemeinen zum Speziellen.

Baustein 9
Der Arbeit eine Form geben

Reihe 1 (S. 215)

Der erste Abschnitt zieht die Aufmerksamkeit des Lesers durch ein ungewöhnliches stilistisches Mittel auf sich: »Wenn die Menschen heute« usw. sowie durch suggestive Ausdrücke, Schlagwörter (große Mißstände, geißeln, kein tauberer Tauber als ... goldenes Zeitalter). Er gibt das Thema an: Bedeutung der Maschine für den Menschen. Der zweite Abschnitt präzisiert das Thema (»Reden wir nicht von ..., reden wir nur über ...«) und kündigt den Aufbau an: »erspart Mühen ... schafft Überfluß ... wird ... dauerhafte Freizeit garantieren«.

Reihe 2 (S. 216)

Auszug 1
HG (Hauptgedanke): erster Satz; NG (Nebengedanke): die anderen Sätze. Satz 2 gibt die Gründe an, Satz 3 liefert Beispiele.
Auszug 2
HG: erster und zweiter Satz; NG: die übrigen Sätze; sie schildern die Folgen.
Auszug 3
Abschnitt 1 – HG: die zwei ersten Sätze; – NG: die übrigen Sätze; sie untermauern den HG, erklären ihn und sind nach einer Struktur a contrario aufgebaut (Antithese – These).
Abschnitt 2 – HG: erster Satz; – NG: die übrigen Sätze; sie geben die Ursachen an.

Reihe 3 (S. 217)

Übung 1
1. A = 2; B = 4; C = 1; D = 4; E = 3; F = 1.
2. Erster Abschnitt: 2+A; zweiter Abschnitt: 3+E; dritter Abschnitt 1+F +C; vierter Abschnitt: 4 + D + B.

Übung 2
1. C – E – F.
2. E – C – F.
3. E + D + A + K (erster Abschnitt); C + H + J + B (zweiter Abschnitt); F +G + I (dritter Abschnitt).

Reihe 4 (S. 220)

1. Die beiden ersten Sätze bringen die Antwort auf die im Text behandelte Frage. Es handelt sich um eine kurze Zusammenfassung. Der letzte Satz schafft eine Öffnung durch seinen Bezug auf einen Soziologen.

2. Die beiden ersten Sätze geben einen allgemeinen Überblick, der durch den Ausdruck »Aus den folgenden Gründen« eingeleitet wird. Die anderen Sätze, das Ergebnis des Nachdenkens, unterstreichen die Schwierigkeit, ja die Unmöglichkeit, die vorhandene Situation zu ändern durch die Wiederholung von »wenn«; die Schlußfolgerung endet mit einer lapidaren Formulierung, die dazu geeignet ist, die Aufmerksamkeit durch eine einfache Feststellung ohne Appell aufrechtzuerhalten: »nie und zu keiner Zeit ...«.

3. Der erste Satz faßt das Wesentliche des Hauptteils zusammen. Der zweite spricht den Leser zweimal an, um seine Aufmerksamkeit aufrechtzuerhalten: »Werden wir es sein ..., denn wir müssen ...«. Er beinhaltet eine Aufforderung zum Handeln.

4. Die Schlußfolgerung, die durch den Ausdruck »Zusammenfassend kann man sagen« als Konjunktion eingeleitet wird, beginnt damit, kurz noch einmal die Tatsachen zu erinnern (erster Satz). Die Bedeutung des Problems wird im zweiten Satz unterstrichen dadurch, daß Bezug auf einen Experten genommen wird, dessen Ansicht alarmierend ist: »Geißel ..., Geschwindigkeit verdoppeln ...« .

Reihe 5 (S. 221)

Übung 1
Hierzu wird keine Lösung vorgeschlagen, da die Lösungsmöglichkeiten sehr zahlreich sind. Versichern Sie sich jedoch, daß Sie den Hauptgedanken oder den übergreifenden Gedanken am Anfang (oder auch am Ende) eines jeden Abschnittes erwähnen.
Beispiel: »Die Werbung hat zahlreiche Auswirkungen auf das wirtschaftliche Leben. So bewirkt sie zum Beispiel ...«.

Übung 2
Hier gilt das zur vorhergehenden Übung Gesagte. Sicher haben Sie festgestellt, daß die Argumente 8 und 17 sich nur schwer in eine Gruppe einordnen lassen und gut in der Einleitung benutzt werden können. Das Argument 8 bietet die Möglichkeit, das Thema vorzustellen und die ganze Bandbreite des Phänomens zu unterstreichen, das Argument 11 kann gut benutzt werden, um den Aufbau vorzustellen.

Nachwort

Am Ende dieses Buches hoffe ich, daß Sie herausgefunden haben, wie Ihr Gehirn arbeitet und Sie sich nun aller Ihrer Möglichkeiten bewußt sind.

Ich wünsche Ihnen, daß Sie sich die Methoden angeeignet haben, durch die Sie besser behalten können, besser von Ihren Vorlesungen, Seminaren, Kursen profitieren, Ihre Aktivitäten harmonisch organisieren und Ihre Arbeiten abfassen können, kurz gesagt, daß Sie in der Lage sind, Ihre Prüfungen vorzubereiten und sie gelassen angehen können.

Sie sind nun mit einer Palette von Methoden ausgestattet, die Ihnen während Ihres Studiums und darüber hinaus in Ihrem Leben helfen werden. Nutzen Sie sie so oft wie möglich.

Ich für meinen Teil habe dieses Buch konzipiert in einem wirklichen Austausch mit Ihnen. Ich hatte Sie dabei immer vor Augen. Daß Sie dieses Gespräch mit Ihnen über das geschriebene Wort auch als solches empfunden haben, wünsche ich mir von ganzem Herzen.

Schließlich waren es das Erstaunen, das Interesse und die Reaktionen der Studenten in meinem Methodologie-Kurs, die mich veranlaßt haben, Sie teilhaben zu lassen. Ohne sie wäre dieses Buch nie entstanden. Daher meinen Dank an sie.

Dank auch meinen Kindern Sylvain und Guillaume, die wirklich nicht die einfachsten Kritiker waren. Ihre Fragen und ihre Mißbilligung haben mich manches Mal veranlaßt, andere Wege zu suchen, andere Methoden zu erforschen.

Brigitte Chevalier

Quellen

[1] Bruno Bettelheim, Survivre (Überleben), éd. Laffont, 1979
[2] Anne Guérin, Le Monde, Oktober 1975
[3] Alain, Propos sur l'éducation, (Gedanken über die Erziehung), P.U.F., 1978
[4] Versuch entnommen aus T. Buzan, Une tête bien faite (Ein gut gemachter Kopf), éd. d'Organisation, 1981
[5] Alain, op. cit.
[6] Hugues de Jouvenel, Ca m'interesse (Das interessiert mich), Nr. 100, Juni 1989 (S. 80-81)
[7] Fabienne Maleysson, Que Choisir? (Was soll ich wählen), Nr. 268, Januar 1991
[8] Jaques Fauvet, »Difficultés de l'information« (Die Schwierigkeiten des Informierens), Le Monde, 27. Mai 1977
[9] M. Tieche, La Vie et ses problèmes (Die Probleme des Lebens)
[10] J. Rostand, Inquiétudes d'un biologiste (Befürchtungen eines Biologen), éd. Stock
[11] J. de Rosnay, L'Expansion (Die Expansion), Nr. 202, 1982
[12] V. Fay, Le Monde diplomatique, 26. September 1971
[13] J. L. Servan-Schreiber, Le Pouvoir d'informer (Die Macht des Informierens), éd. Laffont, 1972
[14] Jean Dorst, Avant que nature meure (Bevor die Natur stirbt), éd. Delachaux et Niestlé, 1971
[15] A. de la Garanderie, Pédagogie des moyens d'apprendre: les enseignants face aux profils pédagogiques, éd. Le Centurion 1982
[16] G. Bouthoul, La Guerre, Coll. »Que sais – je?«, Presse universitaires de France, 1983
[17] Nach T. Buzan, Une tête bien faite, éd. d'Organisation, 1981
[18] Aus: Morgen wollen wir auch noch leben: Natur, Gesundheit, Lebensraum, Dossier über die Umwelt, herausgegeben von der Präfektur der Region Pays de la Loire und der Universität von Nantes, Dezember 1970

[19] Nach: J. Savigneau, »La Violence/ die Gewalt«, Le Monde, Dossiers et Documents, Juli/ August 1979, Nr. 63, S. 1

[20] Savigneau, op. cit.

[21] Nach Philippe Lamour, Revue politique et parlementaire, Januar–Februar 1963

[22] Auszug aus einer von Studenten erarbeiteten Presseschau, 1988

[23] J. Fourastié, Des loisirs, pour quoi faire?, (Freizeit ja, aber was damit anfangen?), éd. Casterman, 1977

[24] J. Cazeneuve, Sociologie de la radio télévision, éd. P.U.F.

[25] E. Goldsmith, »5000 Tage, um die Erde zu retten«, Ca m'interesse (Das interessiert mich) Nr. 121, März 1991, S. 7

[26] G. Gauthier, P. Pilard, Télévision active – Télévision passive (Fernsehen aktiv, Fernsehen passiv), éd. Téma, 1970

[27] Jean Fourastié, Des loisirs, pour quoi faire? (Freizeit – und was damit anfangen), éd. Casterman

[28] »Die Beziehungen zwischen der kulturellen Ausstattung und dem Wachstum der Region«, Studie des Conseil Économique et Social, J.O., 23. April 1966

[29] Lanza del Vasto, Le Pèlerinage aux sources (Pilgern zu den Quellen), coll. Folio, éd. Gallimard, 1989

[30] G. Gaultier, P. Pilard, Télévision active – Télévision passive,(Fernsehen aktiv, Fernsehen passiv) éd. Téma, 1970

[31] Jean Cazeneuve, La vie dans la société moderne (Das Leben in der modernen Gesellschaft), coll.»Idées«, éd. Gallimard, 1982

[32] Liliane Maury, »On ne raconte plus d'histoire aux enfants« (Man erzählt Kindern keine Geschichten mehr), Le Monde de l'Éducation , Dezember 1981

[33] Liliane Maury, op. cit.

[34] Perspective, Nr. 15, April 1969

[35] Der »Heiratsmarkt«, Le Monde, 14. August 1983

[36] Simone de Beauvoir, La Vieillesse, éd. Gallimard, 1970

[37] Philippe Cibois, »Retraites et dénatalités« (Ruhestand und Abnahme der Geburtenzahl), Le Nouvel Observateur, 14. Januar 1983

[38] Auszug aus einer von Studenten erarbeiteten Presseschau, 1988

[39] Fabienne Maleysson, Que Choisir? (Was soll ich wählen), Nr. 268, Januar 1991

Die individuellen Ratgeber rund um Karriere und Beruf.
Mit den richtigen Tipps für den schnellsten Weg zum Traum-
job. Hier finden Sie die erfolgreichen Werke der beiden
Erfolgsautoren **Jürgen Hesse** und **Hans Christian Schrader,**
den führenden Experten auf dem Gebiet der Bewerbungs-
beratung.

Hesse/Schrader
**Die überzeugende
Initiativbewerbung**
158 Seiten
€ 13,90 (D) / sFr 24,–
ISBN 3-8218-3806-X

Schürmann/Mullins
**Weltweit bewerben
auf Englisch**
184 Seiten
€ 15,90 (D) / sFr 27,50
ISBN 3-8218-3807-8

Hesse/Schrader
Small Talk
160 Seiten
€ 12,90 (D) / sFr 24,–
ISBN 3-8218-3813-2

Hesse/Schrader
Testtraining 2000plus
508 Seiten
€ 21,90 (D) / sFr 37,–
ISBN 3-8218-3800-0

Hesse/Schrader
**Testaufgaben.
Das Übungsprogramm**
224 Seiten
€ 13,90 (D) / sFr 24,–
ISBN 3-8218-3801-9